D1721324

Risikomanagement-Schriftenreihe der RMA

Band 3

Vernetzung von Risikomanagement und Controlling

Grundlagen – Praktische Aspekte – Synergiepotenziale

Herausgegeben von der

Risk Management Association e.V. (RMA) und
dem Internationalen Controller Verein e.V. (ICV)

Erarbeitet im gemeinsamen Arbeitskreis
„Risikomanagement und Controlling"

ERICH SCHMIDT VERLAG

Bibliografische Information der Deutschen Nationalbibliothek

Die Deutsche Nationalbibliothek verzeichnet diese Publikation
in der Deutschen Nationalbibliografie; detaillierte bibliografische
Daten sind im Internet über http://dnb.d-nb.de abrufbar.

Weitere Informationen
zu diesem Titel finden Sie im Internet unter
ESV.info/978 3 503 17400 3

Gedrucktes Werk: ISBN 978 3 503 17400 3
eBook: ISBN 978 3 503 17401 0

ISSN 2365-2233

Dieses Papier erfüllt die Frankfurter Forderungen
der Deutschen Nationalbibliothek und der Gesellschaft für das
Buch bezüglich der Alterungsbeständigkeit und entspricht
sowohl den strengen Bestimmungen der US Norm Ansi/Niso
Z 39.48-1992 als auch der ISO-Norm 9706.

Satz: L101, Fürstenwalde
Druck und Bindung: Hubert & Co., Göttingen

Inhaltsverzeichnis

Vorwort

Unternehmerisches Handeln ist ein seit Jahrhunderten erprobtes Handlungsmodell, mit dem die Differenz zwischen einem Faktorverbrauch und der Werteerzeugung im Sinne einer Wertschöpfung (Rendite) optimiert werden soll. Da dieser Prozess sich zwangsläufig unter unsicheren Erwartungen vollzieht, ist er untrennbar mit dem Eingehen von Risiken verbunden. Das Management von Risiken – also die Erzeugung einer mehr oder weniger großen Sicherheit – aber kostet mehr oder weniger Mittel und reduziert bzw. erhöht damit automatisch die Rendite.

Eine der gängigsten Definitionen legt als Risiko die Abweichung von einem Ziel (oder von der Planung unter sicheren Erwartungen) fest. Ziele festzulegen und Wege zu deren Erreichen aufzuzeigen ist eine der Kernaufgaben des Controllings. Auf erkennbare Risiken bei der Entscheidungsfindung hinzuweisen ebenfalls. Warum also ein Buch über das Zusammenwirken von Controlling und Risikomanagement schreiben?

Die im Nachgang zur weltweiten Finanzkrise 2009 aufgekommenen weitreichenden Veränderungen der wirtschaftlichen Rahmenbedingungen, wie die Globalisierung und Vernetzung der Kapitalmärkte und der Wertschöpfungsketten und jüngst die abrupten geopolitischen Veränderungen, beeinträchtigen in einem bisher nicht bekannten Umfang das Erreichen der unternehmerischen Ziele und haben in ihrer Folge zu zahlreichen gesetzlichen und anderen Vorgaben hinsichtlich der Einführung von Management-Instrumenten zur Beherrschung von Risiken geführt. Zwar wurden die Unternehmen schon zur Jahrtausendwende vom Gesetzgeber (im Rahmen des KonTraG) gezwungen, ein Risikomanagement einzurichten und dessen Wirksamkeit zu überprüfen, jedoch sind die gesetzlichen Vorgaben eher kasuistisch als systematisch strukturiert und z. T. sogar widersprüchlich formuliert. Viele Unternehmen sind diesen Anforderungen bei der Umsetzung daher häufig eher formal und deklaratorisch begegnet. Was vielfach auch heute noch fehlt, ist der systematische Einzug des Risikomanagements in der ganzen Breite und Tiefe des Unternehmens.

Dabei handelt es sich um nicht mehr und nicht weniger als die vollständige Erfassung aller operativen und strategischen Risiken, deren Bewertung mit geeigneten Instrumenten und die Ableitung wirksamer Maßnahmen zur Risikominimierung bzw. -optimierung im Rahmen der Unternehmensstrategie.

In der Vergangenheit hat sich die Betrachtung der Risiken und das entsprechende Management häufig auf Risiken konzentriert, deren Zufallsverteilungen bekannt sind oder über deren Zufallsverteilung man eine gute Schätzung vornehmen kann. Von überragender Bedeutung – wie man festgestellt hat – sind aber insbesondere solche Risiken, die auf schlecht prognostizierbare Brüche einer Entwicklung, z. B. im gesellschaftlichen, politischen, technischen und wirtschaftlichen Umfeld (Digitalisierung, Brexit, Trump-Regierung, Klimawandel u. v. a.) entweder nahezu unvorhersehbar eintreten und/oder aus einer gewissen partiellen Blindheit nicht erkannt werden können.

Die Zusammenarbeit zwischen Controllern und Risikomanagern bzw. zwischen den Unternehmensfunktionen Controlling und Risikomanagement ist jedoch aus unterschiedlichsten Gründen – auf Seiten Controlling häufig aus einer emotionalen Distanz zu statistischen Operationen und auf Seiten Risikomanagement aus mangelnder Vertrautheit mit der kennzahlenorientierten Unternehmenssteuerung auf allen Unternehmensebenen – stark verbesserungsbedürftig. Dies zeigte sich besonders augenfällig auch in diversen empirischen Untersuchungen. Natürlich ist für diesen Mangel nicht zuletzt auch ein Mangel in der Verbindung der beiden genannten Funktionen in der akademischen und berufsfortbildenden Lehre verantwortlich.

Selbst Großunternehmen wie DAX- oder MDAX-Unternehmen sind von einer optimalen fachlichen Kooperation geschweige denn von einer Integration dieser Funktionen meilenweit entfernt. Das alles zeigt, dass es neuer nachdrücklicher Anstöße bedarf, um die dringend notwendige fachliche Verknüpfung der beiden Funktionen bis hin zu einer echten funktionalen Integration voranzutreiben.

Diesen Bezugsrahmen aufzuspannen und für Klarheit bei den Begriffen zu sorgen und Hinweise für eine praxiserprobte Aufgabenverteilung zwischen Controlling und Risikomanagement zu geben, ist Ziel und Gegenstand dieses Buches.

Entstanden ist es im gemeinsamen Arbeitskreis Risikomanagement & Controlling der Risk Management Association (RMA) und dem Internationalen Controller Verein (ICV).

Die RMA ist die unabhängige Interessenvertretung von Risikomanagern außerhalb der Finanzindustrie und bietet mit Publikationen, Arbeitskreisen und Konferenzen vielfältige Möglichkeiten der Weiterbildung und Vernetzung.

Mit über 6.500 Mitgliedern in 16 Ländern und mehr als 60 regionalen oder branchenbezogenen Arbeitskreisen ist der ICV die größte internationale Organisation für Controller und bietet eine Vielzahl von Foren für einen regelmäßigen Erfahrungsaustausch und entwickelt zusammen mit führenden Praktikern, Beratern und Wissenschaftlern Controlling-Lösungen zu aktuellen Themenstellungen.

Wir wünschen dieser Schrift gebührende Aufmerksamkeit bei Managern, Controllern und Risikomanagern.

Wörthsee und München, im März 2018   *Karl-Heinz Steinke*[1]
                                                        Prof. Dr. Rainer Kalwait[2]

---

1   Karl-Heinz Steinke ist Mitglied des Vorstandes im Internationalen Controller Verein.

2   Prof. Dr. Rainer Kalwait ist ehemaliger Vorstand der RMA und heute im Beirat der RMA aktiv.

Autorenverzeichnis

Gabriel Berenstein ist Student der Betriebswirtschaftslehre an der LMU München und Mitarbeiter bei beku-Consult im Bereich Risk Management.

Sabine Blumthaler verantwortete bei der M-net Telekommunikations GmbH bis Februar 2018 die Themen Interne Revision, Risiko- und Fraudmanagement und ist im Vorstand des Deutschen Fraud Forums aktiv.

Karsten Findeis verantwortet das konzernweite Risikomanagement bei der Nordex SE in Hamburg und ist stellvertretender Leiter des Fachkreises Controlling und Risikomanagement der Risk Management Association e.V.

Michael Flachs ist Department Manager im Bereich Corporate Risk Management & Internal Controls bei der MediaMarktSaturn Retail Group.

Tobias Flath arbeitet seit mehr als 10 Jahren bei PwC im Bereich Consulting und ist Leiter des gemeinsamen Arbeitskreises „Risikomanagement und Controlling" der Risk Management Association e.V. und des Internationalen Controller Vereins e.V.

Prof. Dr. Werner Gleißner ist Vorstand der FutureValue Group AG und Honorarprofessor für Betriebswirtschaft, insb. Risikomanagement, an der Technischen Universität Dresden. Er ist Mitglied des Beirats der Risk Management Association e.V.

Eva Göppel ist Bachelor of Science der informationsorientierten Betriebswirtschaftslehre und Mitarbeiterin bei PwC im Bereich Risk Consulting.

Gina Heller-Herold ist Inhaberin der auf Risikomanagement fokussierten Beratungsgesellschaft beku-Consult in Puchheim bei München. Seit 2004 ist sie als Unternehmensberaterin im Finanz-Umfeld tätig.

Claudia Maron leitet die Abteilung Governance und Digitale Ökonomie bei DATEV eG. Als Delegierte verantwortet sie für den ICV (Internationaler Controller Verein) die Region Deutschland Süd.

Prof. Dr. Karsten Oehler verantwortet den Lösungsbereich Corporate Performance Management bei der pmOne AG in Unterschleißheim. Er ist zudem Professor für Rechnungswesen und Controlling an der Provadis School of International Management and Technology.

Prof. Dr. Ute Vanini ist Professorin für Controlling und Risikomanagement an der Fachhochschule Kiel, Sprecherin des Arbeitskreises Controlling an Fachhochschulen und Hochschulen für angewandte Wissenschaften in der DACH-Region und Mitglied des Verwaltungsrats der Investitionsbank Schleswig-Holstein.

Marco Wolfrum verantwortet als Partner den Bereich Leistungserstellung bei der FutureValue Group AG und ist stellvertretender Vorsitzender des Vorstands der Risk Management Association e. V.

Abbildungsverzeichnis

Tabellenverzeichnis

Risikomanagement und Controlling: Status quo und Weiterentwicklungspotenziale im Überblick

Marco Wolfrum

Controlling und Risikomanagement sowie ihre Integration im Rahmen einer Modernen Wertorientierung[3] sind wichtige Teildisziplinen der Unternehmensführung. Eines der zentralen Anliegen des Controllings ist die Vorbereitung unternehmerischer Entscheidungen. Da grundsätzlich alle Entscheidungen unter Unsicherheit getroffen werden müssen, spielt auch die Kenntnis der damit verbundenen Risiken eine wichtige Rolle. In den Beiträgen dieses Buches sollen daher die zahlreichen Verknüpfungen zwischen Risikomanagement und Controlling aufgezeigt werden. Es geht dabei nicht um eine zwingende organisatorische Verflechtung der beiden Bereiche. Eine solche bietet sicherlich viele Vorteile, wie Blumthaler/Flachs in ihrem Beitrag aufzeigen, ist aber eben keine zwingende Notwendigkeit. Ziel ist es, praxistaugliche Möglichkeiten aufzuzeigen, wie Controlling und Risikomanagement sich gegenseitig unterstützen können.

Die Kernaufgabe des Risikomanagements besteht darin, Risiken zu identifizieren und zu überwachen, Risikoinformationen zu systematisieren, zu integrieren und Aussagen zum Gesamtrisiko zu treffen. Als rechtliche Grundlage für Risikomanagement im Unternehmen wird vor allem das Kontroll- und Transparenzgesetz (KonTraG) von 1998 angesehen und hier insbesondere § 91 Abs. 2 AktG – mit seiner Ausstrahlwirkung auch auf andere Unternehmensformen, insb. GmbHs:

„Der Vorstand hat geeignete Maßnahmen zu treffen, insbesondere ein Überwachungssystem einzurichten, damit den Fortbestand der Gesellschaft gefährdende Entwicklungen früh erkannt werden."

Dabei ist klar, dass nicht Einzelrisiken, sondern der aggregierte Gesamtrisikoumfang für die Beurteilung der (freien) Risikotragfähigkeit und den Grad der Bestandsbedrohung eines Unternehmens maßgeblich ist. Dies sind damit wesentliche Begrifflichkeiten für das Risikomanagement im Unternehmen, die zu konkretisieren sind. Im neuen Prüfungsstandard des Instituts der Wirtschaftsprüfer (IDW PS 981) zur freiwilligen Prüfung von Risikomanagementsystemen von März 2017 wird daher auch die Formulierung einer Risikostrategie gefordert, die insb. Aussagen trifft zu

---

3   Vgl. Schmidt et al. (2015).

- Risikotragfähigkeit: maximales Risikoausmaß, welches das Unternehmen ohne Gefährdung seines Fortbestands tragen kann

- Risikotoleranz: maximal tolerierte Abweichung in Bezug auf die angestrebte Zielsetzung

- Risikoappetit: grundsätzliche Bereitschaft, zur Erreichung angestrebter Ziele und Wertsteigerungen damit verbundene Risiken einzugehen.[4]

Praktische Ausgestaltungsmöglichkeiten für Risikotragfähigkeitskonzepte werden in den Beiträgen von Findeis/Maron sowie Gleißner/Wolfrum dargestellt.

Damit beschäftigen sich sowohl Controlling als auch Risikomanagement mit der Zukunft des Unternehmens. Während das Controlling die Zielwerte (deterministische Planung) liefert, zeigt Risikomanagement Abweichungspotenziale (stochastische Planung) und deren Steuerungsmöglichkeiten auf.

Das Risikomanagement wird in Unternehmen oftmals eher KonTraG-orientiert ohne Verbindung zu anderen Managementsystemen wie dem Controlling aufgebaut. In einem mehr oder weniger isolierten Prozess werden Informationen zu primär operativen Risiken verwaltet.

Dabei sind aber gerade Risikomanagement und Controlling aufeinander angewiesen. Zumindest dann, wenn man Risikomanagement nicht nur als leidige Pflichtübung im Sinne einer Risikobuchhaltung sieht. Das sinnvolle Grundverständnis ist vielmehr ein entscheidungsorientierter Ansatz des Risikomanagements, es sollen Risikoinformationen in Entscheidungen einfließen. Der adäquate Umgang mit Risiken ist eine der Kernaufgaben der Unternehmensführung.

Unternehmerische Entscheidungen basieren auf strategischen Zielen und deren Umsetzung in eine Planung. Und bei jeder Planung muss mit der Möglichkeit von Planabweichungen, also Risiken, gerechnet werden. Eine fundierte Entscheidung setzt voraus, dass erwartete Erträge und die damit verbundenen Risiken gegeneinander abgewogen werden. Bei jeder unternehmerischen Entscheidung sind somit zwei Faktoren zu berücksichtigen:

- Welcher **Ertrag** beziehungsweise welche **Rendite** ist zu erwarten?

- Welches **Risiko** ist mit dieser Entscheidung verbunden?

Ein quantitatives, auf Entscheidungen ausgerichtetes Risikomanagement, die Risikoaggregation als Schlüsseltechnologie und damit auch eine enge Verknüpfung zwischen Risikomanagement und Controlling sind also mehr oder weniger die Kernaspekte, um gesetzlichen Anforderungen in der Unternehmensführung gerecht zu werden.

Synergien bzw. Verknüpfungen zwischen Risikomanagement und Controlling ergeben sich aber nicht nur bei der Vorbereitung wichtiger unternehmerischer Entschei-

---

4   Vgl. Gai/Vause (2004).

dungen. Auch die Risikoanalyse an sich kann durch das Controlling sehr gut unterstützt werden. Zum einen können wesentliche Risiken begleitend zum Planungsprozess identifiziert und am besten auch schon – im Sinne einer sinnvollen Abschätzung – quantifiziert werden. Bei der Erstellung einer Planung werden Annahmen getroffen, bspw. über die Entwicklung der Umsätze, Preissteigerungen, Tariflohnsteigerungen oder Zins- und Währungsentwicklungen. Bei allen solchen wesentlichen Planungsprämissen kann man nun die Frage stellen, ob deren künftige Entwicklung mehr oder weniger gesichert ist. In der Regel wird dies nicht der Fall sein, sondern sie werden mit Unsicherheit behaftet sein. Damit hat man aber eben Risiken identifiziert, die ja mögliche Planabweichungen charakterisieren. Werden nun bei der Planung nicht nur die Annahmen als unsicher charakterisiert, sondern auch schon mögliche Bandbreiten dafür eingeschätzt, so stellen diese eine vielfach schon ausreichend adäquate Risikoquantifizierung dar.

Auch durch das Controlling durchgeführte Analysen von Plan-Ist-Abweichung stellen wichtige Erkenntnisse für das Risikomanagement bereit. Es sollten sich alle erkannten Abweichungen bzw. deren Ursachen im Risikoinventar des Unternehmens widerspiegeln. Risiken sind die Ursachen für Planabweichungen, also müssten sich alle (wesentlichen) aufgetretenen Abweichungen durch bekannte Risiken erklären lassen. Ist dies nicht der Fall, wurde offensichtlich ein bisher nicht bekanntes Risiko identifiziert. Und auch die Höhe der eingetretenen Abweichungen ist eine nützliche Information. Entweder kann sie zur quantitativen Einschätzung eines nun neu identifizierten Risikos herangezogen werden. Oder, wenn das Risiko schon bekannt war, kann sie zur Validierung der bestehenden Quantifizierung dienen.

Daneben gibt es aber durchaus weitere Aspekte eines Zusammenwirkens zwischen Controlling und Risikomanagement. Bspw. ist bei Risiken mit einer Eintrittswahrscheinlichkeit von über 50 % zu fragen, ob diese nicht eigentlich in der Planung berücksichtigt werden müssten. Dies kann beispielsweise auch in Form von anspruchsvolleren Planwerten oder von Rückstellungen geschehen. Die quantitativen Risikoanalysen können dabei nicht nur den Hinweis für eine Planänderung ergeben, sondern auch über die mögliche Höhe der Planänderung. Es sei an dieser Stelle darauf hingewiesen, dass ein Risiko, das in der Planung bspw. über eine Rückstellung berücksichtigt wurde, normalerweise immer noch im Risikomanagement betrachtet werden muss. Es bestehen in der Regel nämlich durchaus noch Unsicherheiten. Entweder die Unsicherheit, ob der eingeplante Betrag ausreicht, das Risiko zu decken, oder das Risiko vielleicht gar nicht eintritt (Was im Allgemeinen dazu führt, dass sich daraus eine mögliche Chance ergibt).

Schließlich kann das Zusammenspiel von Controlling und Risikomanagement auch helfen, geeignete Entlohnungs- und Anreizsysteme im Unternehmen zu schaffen, die darauf abzielen, von Planungsverantwortlichen „gute", d.h. realistische, nicht verzerrte Planwerte zu erhalten und von den Risikoverantwortlichen „gute" im Sinne von realistischen, nicht verzerrten Risikoquantifizierungen.

Dieses Buch soll einerseits den aktuellen Stand des Zusammenwirkens von Risikomanagement und Controlling in den Unternehmen darstellen, aber vor allem auch Möglichkeiten aufzeigen, dieses noch zu vertiefen. So stellt Gleißner in seinem Beitrag dar, dass in den allermeisten Unternehmen die Vorbereitung unternehmerischer Entscheidungen von einer weitgehenden Risikoblindheit gekennzeichnet ist. Er stellt dabei verschiedene Facetten der Risikoblindheit dar, wie Risikoverdrängung, verzerrte Risikowahrnehmung und die mangelnde Fähigkeit, Gewinnchancen und Verlustgefahren in komplexen Entscheidungssituationen adäquat zu berücksichtigen. Insbesondere psychologische Aspekte werden hierbei eingehender betrachtet.

Grundlagen und Rahmenbedingungen zu Risikomanagement und Controlling im Hinblick auf eine stärkere Vernetzung werden von Heller-Herold und Berenstein dargestellt. Es werden hier wesentliche Begrifflichkeiten definiert, Ziele und Aufgaben von Risikomanagement und Controlling skizziert sowie ein Überblick über rechtliche Anforderungen und wesentliche Standards für Risikomanagement und Controlling gegeben.

Auf die Notwendigkeit einer stärkeren Verknüpfung von Risikomanagement und Controlling geht Vanini in ihrem Beitrag ein. Sie geht dabei auch auf das *Risk Management Integration Maturity Model* (RiskMIMM) zur Beurteilung des Ausmaßes der Integration von Risikomanagement und Controlling ein. Eine empirische Studie, basierend auf diesem Reifegradmodell, zeigt, dass eine stärkere Integration der Bereiche Risikomanagement und Controlling aus Sicht der Unternehmen wünschenswert wäre, und dass ein höherer Reifegrad fast durchgängig positive Wirkungen hat.

Einen kurzen Überblick über praktische Möglichkeiten und Grenzen der Harmonisierung von Risikomanagement und Controlling gibt Findeis wieder. Er verdeutlicht die vielfältigen Möglichkeiten, beide Bereiche miteinander zu verzahnen, um so einen echten Mehrwert für das Unternehmen und damit auch eine deutliche Akzeptanzsteigerung für das Controlling und das Risikomanagement als zukunftsorientierter Berater des Managements zu schaffen.

In den beiden Beiträgen von Findeis/Maron sowie Gleißner/Wolfrum werden an jeweils einem Fallbeispiel praktische Möglichkeiten aufgezeigt, die Risikotragfähigkeit eines Unternehmens zu ermitteln. Grundsätzlich geht es hierbei um die Frage, welchen Risikoeinschlag ein Unternehmen finanziell maximal verkraften kann, ohne in seiner wirtschaftlichen Existenz gefährdet zu sein (Bestandsbedrohung). Damit ist zunächst die Frage zu beantworten, welche Situationen zu einer Bestandsbedrohung führen können. Während Findeis/Maron hier die Vorgehensweise hinsichtlich einer möglichen Überschuldung verdeutlichen, stellen Gleißner/Wolfrum die Verletzung eines Mindestratings in den Mittelpunkt und damit die Finanzierungsfähigkeit eines Unternehmens. Sich mit diesen Fragestellungen auseinander zu setzen, ist dabei nicht nur für große (kapitalmarktorientierte) Unternehmen interessant, sondern gerade auch für kleine mittelständische Unternehmen. Große Unternehmen weisen häufig im Status quo eine gute Bonitätseinschätzung (Rating) auf und können damit auch entsprechend große Risikoeinschläge einigermaßen verkraften. Kleinere Unternehmen werden von Banken (oder Ratingagenturen) alleine aufgrund ihrer geringeren Unternehmensgröße meist schon schlechter eingestuft und können damit eben auch weniger Risiko tragen.

Flath/Göppel/Heller-Herold widmen sich in ihrem Beitrag der Notwendigkeit einer Harmonisierung von Risikomanagement und Controlling in Hinblick auf Strategie und Steuerung, um damit die Grundlage zum Aufbau eines strategischen Risikocontrollings zu schaffen. Anhand eines Praxisbeispiels wird verdeutlicht, welchen Mehrwert strategisches Risikocontrolling durch eine Gesamtbetrachtung des im Unternehmen bestehenden Risikos mit den definierten Strategieparametern generieren kann.

Mit organisatorischen Aspekten von Risikomanagement und Controlling in ihrem Zusammenwirken setzen sich Blumthaler/Flachs auseinander. Sie stellen darin Möglichkeiten sowohl für den Neuaufbau als auch die Harmonisierung beider Abteilungen sowie Umsetzungsalternativen von vernetzten bzw. integrierten Prozessen dar und erläutern die damit verbundenen Vorteile.

Personelle Aspekte der Harmonisierung von Risikomanagement und Controlling stehen im Mittelpunkt des Beitrags von Heller-Herold. Sie zeigt auf, wie Mitarbeiter bei der prozessualen Harmonisierung von Controlling und Risikomanagement am besten integriert werden und sowohl Controlling als auch Risikomanagement im Unternehmen vernetzt ausgerollt werden können.

Der zweite Beitrag von Findeis/Maron widmet sich der Frage, wie Risikoinformationen bei der Planung prozessual Berücksichtigung finden können. Erst durch die adäquate Berücksichtigung von Risiken entsteht ein integriertes Steuerungssystem. Und nur dadurch können überhaupt entscheidungsrelevante Planwerte abgeleitet werden, um auch gesetzlichen Anforderungen an eine Entscheidungsvorbereitung Genüge zu tun (Business Judgement Rule).

Oehler schließlich gibt einen Einblick in IT-technische Aspekte zur Harmonisierung von Risikomanagement und Controlling. Controlling- und Risikomanagementlösungen jeweils für sich sind vielfältig am Markt verfügbar, integrative Lösungen sind aber noch dünn gesät bzw. nur mit einem nicht unerheblichen Aufwand realisierbar.

Literatur

Gai, P./Vause, N. (2004): Risk appetite: concept and measurement, in: Financial Stability Review, Dezember 2004, S. 127–136.

Giersberg, K.-W./Gleißner, W./Presber, R. (2009): Grundzüge ordnungsgemäßer Planung: Mindestanforderung und Weiterentwicklungsperspektiven, in: Controller Magazin, März/April 2009, S. 62–64.

Gleißner, W. (2008): Erwartungstreue Planung und Planungssicherheit – Mit einem Anwendungsbeispiel zur risikoorientierten Budgetierung, in: Controlling, 02/2008, S. 81–87.

Gleißner, W. (2017): Grundlagen des Risikomanagements im Unternehmen, 3. Auflage, München.

Gleißner, W. (2017b): Risikomanagement, KonTraG und IDW PS 340, in: WPg – Die Wirtschaftsprüfung, 3/2017, S. 158–164.

Gleißner, W./Wolfrum, M. (2001): Risiko: Grundlagen aus Statistik, Entscheidungs- und Kapitalmarkttheorie, in: Gleißner, W./Meier, G. (2001): Wertorientiertes Risikomanagement für Industrie und Handel, Wiesbaden.

Gleißner, W./Wolfrum, M. (2008): Die Ermittlung von Eigenkapitalkosten nicht börsenorientierter Unternehmen, in: Finanz Betrieb 9/2008, S. 602–614.

Gleißner, W./Wolfrum, M. (2009): Risikomaße, Performancemaße und Rating: die Zusammenhänge, in: Hilz-Ward/Everling (Hrsg.), Risk Performance Management, Wiesbaden, 2009.

Gleißner, W./Wolfrum, M. (2017): Risikotragfähigkeit, Risikotoleranz, Risikoappetit und Risikodeckungspotenzial, in: Controller Magazin, November/Dezember 2017, S. 77–84.

Graumann, M. (2014): Die angemessene Informationsgrundlage bei Entscheidung, WISU, Heft 3/2014, S. 317–320.

Graumann, M./Grundei, J. (2015): Nachweis einer „angemessenen Information" im Sinne der Business Judgement Rule, in: ZCG 5/15, S. 197–204.

Presber R./Stengert, U. (2002): Kreditrating – Eine Chance für mittelständische Unternehmen, Schäfer/Poeschel.

Risk Management Association e.V. (Hrsg.) (2018): Managemententscheidungen unter Risiko, Risikomanagement-Schriftenreihe der RMA, Erich Schmidt Verlag Berlin.

Schmidt, W. et.al. (2015): Moderne Wertorientierung, Leitfaden des Internationalen Controller Vereins (ICV), Haufe.

Schmidt, W./Steinke, K.-H. (2017): Auf dem Weg zum Controlling 4.0, Leitfaden des Internationalen Controller Vereins (ICV), Haufe.

Controlling und Risikomanagement im gemeinsamen Kampf gegen die Risikoblindheit

Werner Gleißner

1 Problemstellung: Gute Entscheidungen, Business Judgement Rule und Risikoblindheit

Der Erfolg eines Unternehmens hängt wesentlich davon ab, dass die Unternehmensführung Entscheidungen trifft, die unternehmerische Chancen und Gefahren, also Risiken, adäquat berücksichtigen. Ohne Risiken wäre die Zukunft sicher vorhersehbar und damit die Entscheidungsfindung sehr einfach. Es sind also gerade Risiken, die unternehmerische Entscheidungen schwierig und den Unternehmenserfolg unsicher machen. Das Controlling als die Instanz, die sich meist mit der Vorbereitung unternehmerischer Entscheidungen befasst, müsste sich also insbesondere mit der Analyse und entscheidungsorientierten Aufbereitung von Risiken befassen – gegebenenfalls im Zusammenspiel mit dem Risikomanagement. Aber dies geschieht bisher oft praktisch nicht.

Leider stellt man fest, dass die in den Unternehmen agierenden Menschen – wie auch in ihrem Privatleben – tendenziell von einer Risikoblindheit in drei Facetten betroffen sind[5]: Die Menschen neigen zunächst dazu, Risiken einfach zu verdrängen und sich nur mit einem möglichen, dem „gewünschten", Zukunftsszenario zu befassen. Drängt man nun Menschen, sich mit Risiken zu befassen, die zu anderen Zukunftsszenarien führen könnten, werden diese Risiken nur stark verzerrt wahrgenommen. Relativ unbedeutende, aber leicht vorstellbare und plastische Risiken werden überschätzt; eher abstrakte oder schleichende Risiken systematisch unterschätzt. Und wenn man dieses Problem der Risikowahrnehmung beseitigt und den Menschen korrekte Informationen über die Höhe eines bestehenden Risikos vorlegt, werden diese Risikoinformationen bei einer Entscheidung nicht adäquat berücksichtigt. Die Intuition der Menschen versagt im Umgang mit Risiko in neuen und komplexen Entscheidungssituationen. Und dies führt neben teuren Fehlentscheidungen oft auch zur Verletzung gesetzlicher Mindestanforderungen an die Entschei-

---

[5] Die Risikoblindheit ist ein wichtiger, aber nicht der einzige, Aspekt, der aus psychologischen Bedingungen die Unternehmensführung erschwert, siehe Gleißner (2013).

dungsvorbereitung, was persönliche Haftungsrisiken impliziert („Verletzung der Sorgfaltspflicht").

Die aus dem § 93 Absatz 1 Satz 1 AktG abgeleitete „Business Judgement Rule" regelt nämlich schadensersatzträchtige Pflichtverletzungen des Vorstands oder Aufsichtsrats (siehe auch § 116 AktG) und gilt weitgehend auch für Geschäftsführer. Grundsätzlich liegt eine derartige Pflichtverletzung vom Vorstand dann nicht vor, wenn dieser „bei einer unternehmerischen Entscheidung vernünftigerweise annehmen durfte, auf der Grundlage angemessener Information zum Wohle der Gesellschaft zu handeln".[6] Damit also die Business Judgement Rule greift, muss im Rahmen einer Entscheidung zwischen alternativen Handlungsmöglichkeiten gewählt werden und die Entscheidung bestimmte Eigenschaften aufweisen:

„Dazu gehören nach Auffassung des BGH geeignete Ziele sowie das Abwägen der Vor- und Nachteile der in Betracht kommenden Handlungsmöglichkeiten. Letzteres erfordert Prognosen, wie sich die Handlungsmöglichkeiten auswirken, und dass die damit verbundenen Risiken gemessen und beurteilt werden ..."[7]

Um „angemessene Informationen" vorliegen zu haben benötigt man bei einer Entscheidung bei Risiko bzw. Unsicherheit natürlich insbesondere Risikoinformationen als Ergebnis einer fundierten Risikoanalyse. Und diese sind mit den erwarteten Erträgen abzuwägen. Leider gelingt dies nicht „intuitiv" und auch die betriebswirtschaftlichen Instrumente der Entscheidungsvorbereitung helfen in vielen Unternehmen nicht. Es herrscht eine mehr oder wenig stark ausgeprägte Risikoblindheit (vgl. Gleißner, 2015, „Der Vorstand und sein Risikomanager" mit einer Vielzahl von Beispielen).

Risikoverdrängung, verzerrte Risikowahrnehmung und die mangelnde Fähigkeit, Chancen und Gefahren (Risiken) in komplexen Entscheidungssituationen adäquat zu berücksichtigen, stellen das grundlegende Problem jeder Unternehmensführung bei einer nicht sicher vorhersehbaren Zukunft dar. Und man kann es daher auch als die grundlegende Aufgabe für das Controlling ansehen, im Zusammenspiel mit dem Risikomanagement den Top-Managern – Vorstände und Geschäftsführer – zu helfen, Chancen und Gefahren (Risiken) adäquat bei ihren Entscheidungen zu berücksichtigen (wie es auch aus § 93 AktG folgt).

2   Facetten der Risikoblindheit

Für die oben kurz skizzierte, weit verbreitete Risikoblindheit im Unternehmen findet man leicht viele Indizien, die nachfolgend erläutert werden, um für die Bedeutung des gemeinsamen Kampfs von Controlling und Risikomanagement gegen die Welt der Scheinsicherheiten zu sensibilisieren. Hier zunächst eine Übersicht:

---

6   Vgl. Graumann/Linderhaus/Grundei (2010), S. 328.

7   Vgl. Graumann (2014), S. 319.

1. Die offene Diskussion über Risiken wird vermieden, weil ein bestehendes Risiko als „Fehler" interpretiert wird.

2. Risiko wird noch immer nicht verstanden als Überbegriff für mögliche positive und negative Planabweichungen (Chancen und Gefahren).

3. Die verzerrte Risikowahrnehmung und fehlende Risikokompetenz der Menschen führt dazu, dass (1) plakative, aber unbedeutende Risiken Angst auslösen und (2) wichtige, aber abstrakte Risiken ignoriert werden.

4. Die ökonomisch wichtige und gesetzlich geforderte Risikoaggregation zur frühen Erkennung „bestandsgefährdender Entwicklungen" aus Kombinationseffekten von Einzelrisiken ist in Unternehmen kaum etabliert.

5. Die Mitarbeiter haben keine Zeit für Risikoanalysen (und keine Hilfsmittel), auch nicht <u>vor</u> einer geplanten Aktivität oder Entscheidung.

6. Viele Entscheidungen werden ohne Berücksichtigung der mit diesen verbundenen Risiken getroffen (z. B. Entscheidung zur Finanzierungsstruktur, Akzeptanz von Covenants, Investitionen) – und dies gilt im Privatbereich der Menschen genauso (siehe z. B. Entscheidungen bez. Rauchen, Vorsorgeuntersuchungen, Aktienanteil in der Altersvorsorge oder Absage eines Urlaubs infolge von Terroranschlag).

7. Entgegen ökonomischer Vernunft und gesetzlicher Vorgaben (§ 93 Aktiengesetz, Busniness Judgment Rule) findet man bei den geforderten „angemessenen Informationen" in Entscheidungsvorlagen eines Vorstands typischerweise nicht die Erkenntnisse einer vorgelagerten Risikoanalyse.

8. Die sogenannten „wertorientierten Unternehmenssteuerungssysteme" sind tatsächlich risikoblind und nur kapitalmarktorientiert, weil der Werttreiber „Kapitalkosten" nicht von aggregierten Ertragsrisiken abhängig berechnet wird.

9. Unternehmen wissen oft nicht einmal, was eine „bestandsgefährdende Entwicklung" (§ 91 AktG) ist und haben oft keine Methode sie zu erkennen (Risikoaggregation).

10. Bei Unternehmenssteuerung und Unternehmensbewertung wird der gerade vom Extremrisiko abhängige Werttreiber „Insolvenzwahrscheinlichkeit" (Rating) ignoriert – und die ewig sichere Existenz des Unternehmens angenommen.

11. Obwohl Unternehmen mit „niedrigem Fundamentalrisiko" (Ertragsschwankungen) einen weit überdurchschnittlichen Erfolg an den Aktienbörsen zeigen, spielt das Thema Risiko in der Strategieentwicklung eine untergeordnete Rolle (weit entfernt von einem „robusten Unternehmen"). Speziell fehlt damit die Flexibilität, auf Risiken adäquat zu reagieren.

12. Obwohl bei einer nicht sicher vorhersehbaren Zukunft gerade die Existenz von Risiken die grundlegende Herausforderung der Entscheidungsfindung ist, hat das Risikomanagement – z. B. im Vergleich zum Controlling – in den Unternehmen eine untergeordnete Bedeutung.

13. Es fehlt das Verständnis, dass bei einer nicht sicher vorhersehbaren Zukunft letztlich jedes Management auch Risikomanagement sein sollte (weil die Wirkungen der initiierten Maßnahmen unsicher sind).

14. Lehrbücher und Ausbildungsgänge im Bereich Controlling lehren Risikoanalyse, Risikoaggregation und risikogerechte Bewertung (für die Entscheidungsvorbereitung) nicht.

Diese Thesen werden nachfolgend etwas näher betrachtet. Welche Situation findet man in vielen Unternehmen vor?

Oft wird schon der Begriff „Risiko" missverstanden und die Existenz eines Risikos als ein „Fehler" interpretiert, obwohl Unternehmertum ohne das Eingehen von Risiken bekanntlich unmöglich ist. Der Risikobegriff wird zudem auf die Möglichkeit einer negativen Planabweichung – also eine Gefahr – eingeengt und damit unangemessen negativ besetzt. Grundsätzlich ist ein Risiko nichts anderes als die Möglichkeit einer Planabweichung, was Chancen und Gefahren einschließt.

Ein Blick in die Risikoinventare deutscher Unternehmen zeigt zudem, dass hier – wie auch im privaten Leben der Menschen – Risiken oft völlig falsch eingeschätzt werden. Wesentliche, aber relativ abstrakte Risiken fehlen oder werden unterschätzt. Dafür fürchtet man sich vor relativ unbedeutenden Risiken, nur weil sie leicht vorstellbar sind oder man davon gerade in den Medien regelmäßig hört (wie z. B. über das Risiko eines möglichen Terroranschlags).

Menschen haben also bereits große Schwierigkeiten, einzelne Risiken adäquat zu beurteilen: Aber die Fähigkeit des Menschen, aus mehreren Einzelrisiken auf den sich daraus ergebenden Gesamtrisikoumfang (Eigenkapitalbedarf) zu schließen, ist praktisch null. Für die Bedrohungslage eines Unternehmens – den „Grad der Bestandsgefährdung" – sind aber nicht primär Einzelrisiken, sondern die möglichen Kombinationseffekte von mehreren Einzelrisiken maßgeblich. Es ist erschreckend zu sehen, dass die für die Auswertung solcher Kombinationseffekte von Einzelrisiken und die Bestimmung des Gesamtrisikoumfangs erforderlichen Verfahren zur Risikoaggregation noch immer in vielen Unternehmen nicht existieren. Dies ist ein klarer Verstoß gegen gesetzliche Anforderungen, die auf die Früherkennung „bestandsgefährdender Entwicklungen" – gerade aus Kombinationseffekten von Einzelrisiken – zielen und damit eine Risikoaggregation (Monte-Carlo-Simulation) zwingend erfordern.

Die fehlende Aggregation von Risiken im Kontext der Unternehmensplanung führt auch dazu, dass die naheliegende Brücke zwischen Risikomanagement und Controlling in vielen Unternehmen nicht existiert. Durch die Berechnung einer großen risikobedingt möglichen Anzahl von Zukunftsszenarien bei der Risikoaggregation entsteht nämlich eine Bandbreitenplanung ("Korridorplanung"), die Transparenz schafft über die Planungssicherheit und den Umfang möglicher Planabweichungen. Sie führt damit automatisch über die Integration von Risikomanagement-Techniken im

Controlling zu einer Weiterentwicklung eines traditionellen „einwertigen" Controllings, das sich oft nur mit wenigen Zukunftsszenarien befasst.

Problematisch ist weiterhin, dass auch in der Controlling-Literatur die eigentlich zentral wichtigen Themen Risikoanalyse, Risikoaggregation (Risikosimulation) und risikogerechte Bewertung kaum behandelt werden. Controller lernen weitgehend ein „Controlling unter Sicherheit" – die es aber in der Praxis nicht gibt. Man erstellt bei Planung und Budgetierung „pseudosichere" Planwerte, die – vielleicht – als Zielwerte der Unternehmenssteuerung taugen, aber nicht als Entscheidungsgrundlage. Dafür benötig man nämlich Erwartungswerte, die „im Mittel" eintreten; was auch „wahrscheinlichste Werte" nicht gewährleisten. Oft wird noch nicht einmal erkannt, dass die Planwerte (z. B. bei einer Investitionsrechnung) vollkommen ungeeignet sind. Die nötigen Erwartungswerte kann man aber ohne eine Risikoanalyse, die Transparenz schafft über Chancen und Gefahren, gar nicht ableiten. Und auch eine Entscheidung über die Finanzierungsstruktur ist ohne Kenntnis über den aggregierten Risikoumfang und damit den Umfang möglicher Verluste wenig sinnvoll – und auch dieser Zusammenhang zwischen Risiko und Finanzierung wird oft übersehen. Wieder einmal Risikoblindheit. Eigentlich sollte klar sein: Mehr Risiko führt zu höheren möglichen Verlusten und damit einem höheren Bedarf an Eigenkapital.

Eine Ursache für die Defizite bei Risikoanalyse und Risikoaggregation in den Unternehmen ist sicherlich auch darin zu sehen, dass im Vergleich zu anderen Aktivitäten – z. B. internes Reporting, Budgetierung oder Rechnungslegung – hier wenig Zeit und personelle Ressourcen eingesetzt werden, weil das Thema verdrängt wird – einmal mehr psychologisch bedingte Risikoblindheit. Besonders fatal ist dies, wenn die immer bestehenden Chancen und Gefahren (Risiken) bei wesentlichen unternehmerischen Entscheidungen nicht berücksichtigt werden (also z. B. bei Investitions- oder Strategieentscheidungen oder bei der Akquisition eines anderen Unternehmens).

Notwendig ist hier bei einer fundierten und rationalen Entscheidungsvorbereitung das Abwägen erwarteter Erträge und Risiken, wobei auch hier der aggregierte Gesamtrisikoumfang maßgeblich ist. Die hier notwendigen Verfahren einer „risikogerechten Bewertung"[8] (z. B. Strategiebewertung) sind in vielen Unternehmen nicht etabliert. Stattdessen werden noch immer „kapitalmarktorientierte Bewertungsverfahren" aus den 1960er Jahren (z. B. auf Grundlage des Capital Asset Pricing Models, CAPM) genutzt, die quasi zu einer methodisch-institutionalisierten Risikoblindheit führen. Diese kapitalmarktorientierten Verfahren sind weitgehend das Gegenteil dessen, was sie zu sein vorgeben und eigentlich fast „Etikettenschwindel": Sie sind nämlich insbesondere nicht wertorientiert, weil sie ein Abwägen der erwarteten Erträge mit den Risiken des Unternehmens (Ertragsrisiko) gar nicht vorsehen. Statt bei der Entscheidungsvorbereitung – durch das Controlling – die mit der Entscheidung

---

8   Siehe zu den Verfahren einer risikogerechten Bewertung Gleißner/Wolfrum (2008); Gleißner (2011) und Dorfleitner/Gleißner (2018).

verbundenen Risiken zu analysieren, zu aggregieren und zu bewerten, nimmt man meist den sogenannten „Beta-Faktor" des CAPM als groben Proxi für den Risikoumfang. Der aus historischen Aktienrendite-Schwankungen abgeleitete Beta-Faktor zeigt aber nicht, welche Ertragsrisiken (Cashflow-Volatilität) zukünftig aus einer Entscheidung (z. B. bezüglich einer neuen Strategie) resultieren, sondern eben nur historische Aktienrisiken. Der Vergleich des Ertrag-Risiko-Profils verschiedener Handlungsoptionen kann nicht durch die statistische Analyse historischer Aktienrendite-Schwankungen ersetzt werden. Investitionsrechnung mit einem „unternehmens- oder geschäftsbereichstypischen" Diskontierungszinssatz als „Hurdle Rate" zeigen das Ignorieren der an sich relevanten projektspezifischen Risiken und damit Risikoblindheit.

Schon die oben erwähnten gesetzlichen Anforderungen der „Business Judgement Rule" (§ 93 Aktiengesetz) betonen, dass bei der Vorbereitung unternehmerischer Entscheidungen die Unternehmensführung über „angemessene Informationen" verfügen muss, die auch zu dokumentieren sind („Beweislastumkehr"). Bei Entscheidungen unter Risiko sind es natürlich insbesondere die Erkenntnisse einer Risikoanalyse, die vor der Entscheidung, z. B. für eine Investition (Investitionsrechnung), dem Vorstand vorliegen müssen.[9] Mehr Risiken führen zu einem höheren Bedarf an knappem Eigenkapital und höheren Anforderungen an die risikogerechte notwendige Rendite (also höheren Kapitalkosten). Diesen Zusammenhang zu ignorieren, ist ein wesentlicher Aspekt der methodisch bedingten Risikoblindheit in vielen Unternehmen.

Interessanterweise geht diese Risikoblindheit soweit, dass man sich noch nicht einmal – wie ebenfalls gesetzlich gefordert – mit der Möglichkeit schwerer Krisen und der möglichen Insolvenz des eigenen Unternehmens befasst („Insolvenzrisiko"). Tatsächlich ist die durch die Ratingnote ausgedrückte Insolvenzwahrscheinlichkeit – selbst abhängig vom Risikodeckungspotenzial und den Ertragsrisiken des Unternehmens – ein wesentlicher und wenig beachteter Werttreiber.[10] Man unterstellt in der traditionellen „Going-Concern-Planung" schlicht, dass ein Unternehmen ewig existiert (was auch bei der Unternehmensbewertung bei der Berechnung der sogenannten „unendlichen Rente" auffällt). Tatsächlich zeigen die Insolvenzstatistiken sehr deutlich, dass Unternehmen nicht ewig existieren und die Möglichkeit einer Krise oder gar Insolvenz im Entscheidungskalkül zu berücksichtigen ist.

Es ist die Kernanforderung des Gesetzgebers im Hinblick auf das „Überwachungssystem" – das durchaus aus Controlling und Risikomanagement bestehen kann –, dass „bestandsgefährdende Entwicklungen" speziell eben auch aus Kombinationseffekten von Einzelrisiken, früh erkannt werden (siehe § 91 Aktiengesetz[11]). Gefordert ist nicht etwa ein Risikoinventar (wenngleich dieses unter Umständen nützlich ist),

---

9   Siehe dazu Graumann (2014); Gleißner (2017a) und Gleißner et al. (2018).

10   Sie wirkt langfristig quasi wie eine negative Wachstumsrate, siehe Gleißner (2010 und 2017b).

11   Zu den gesetzlichen Grundlagen Füser/Gleißner/Meier (1999) und Gleißner (2017c).

sondern die Betrachtung eben dieser „möglichen bestandsgefährdenden Entwicklungen", die sich ergeben können aus der Verletzung von Covenants oder von Mindestanforderungen an das Rating. Wie weit selbst die Möglichkeit bestandsgefährdender Entwicklungen in den Unternehmen verdrängt wird, wird daran offenkundig, wenn man betrachtet, dass die meisten Unternehmen noch nicht einmal definiert haben, was denn tatsächlich eine solche „bestandsgefährdende Entwicklung" wäre – und wer nicht weiß, was eine bestandsgefährdende Entwicklung ist, wird sie auch kaum, wie vom Gesetzgeber gefordert, identifizieren können.

Ebenso muss man feststellen, dass insgesamt im Bereich der Entwicklungen einer Unternehmensstrategie mit Unsicherheit, Ungewissheit und Risiken nur rudimentär umgegangen wird.[12] Sinnvoll erscheint offensichtlich die Entwicklung „robuster Unternehmensstrategien", die auch in einer großen Anzahl im Einzelnen nicht sicher vorhersehbarer Zukunftsszenarien zumindest das Überleben und einen adäquaten Mindesterfolg gewährleisten.[13] Eine Beschäftigung mit einer Vielzahl möglicher Zukunftsszenarien ist natürlich aufwändiger als die alleinige Betrachtung von nur einem Zukunftsszenario. Psychologen reden bei dieser offensichtlich nicht sinnvollen Fokussierung auf allein ein Plan- bzw. Zukunftsszenario von einer „Kontrollillusion" (oder auch „Fokusillusion").

3 Psychologie als ein Grund für die verbreitete Risikoblindheit

Risikoblindheit zu bekämpfen ist schwierig, weil sie z. T. auf sehr tiefe „psychologische" Ursachen zurückzuführen ist. Die psychologische Forschung zeigt nämlich, dass Menschen eine ausgeprägte Aversion gegenüber Risiken und – mehr noch – gegenüber Verlusten haben. Aus dem Bedürfnis der Menschen, ihr Umfeld zu kontrollieren und kognitive Dissonanzen zu vermeiden, ergeben sich erhebliche Konsequenzen für den Umgang mit Risiken in Unternehmen: Vorhandene Risiken werden bewusst oder unbewusst ignoriert, sinnvolle Risikobewältigungsverfahren damit nicht genutzt und eingetretene Planabweichungen im Nachhinein nicht im Hinblick auf die ursächlichen Risiken analysiert. Das Controlling stellt zwar „Planabweichungen" fest; fragt aber oft nicht, inwieweit diese auf bekannte – oder unbekannte – Risiken zurückzuführen sind. Zudem werden Risiken mit Managementfehlern verwechselt und nicht als zwangsläufige Notwendigkeit jeglicher unternehmerischen Tätigkeit wahrgenommen. Daher werden bestehende Risiken oft absichtlich nicht transparent analysiert. Zudem zeigen Befragungen von Managern, dass diese eine erheblich vom wissenschaftlichen Bild abweichende Vorstellung von Risiken ha-

---

12   Siehe zur Bedeutung von Ungewissheit im Kontext der Unternehmensstrategie, Gleißner (2017d) und Schwenker/Dauner-Lieb (2017).

13   Siehe dazu Gleißner (2017d).

ben.[14] Die Risikowahrnehmung und Risikobereitschaft im Management ist stark geprägt durch persönliche Charakteristika und den aktuellen Kontext (Renn, 2014). So ist die Risikoneigung von Managern in einer wahrgenommenen Verlustsituation (unterhalb einer vorgegebenen Zielgröße) wesentlich ausgeprägter, als wenn sich der Manager in einer Situation sieht, in der er seine Ziele bereits erreicht hat. Insgesamt nehmen Manager Risiko gar nicht als Wahrscheinlichkeitskonzept wahr, und die Einschätzung eines Risikos ist im Wesentlichen durch die potenzielle Schadenshöhe, nicht durch die Eintrittswahrscheinlichkeit geprägt. Ein Risiko wird als „managebar" aufgefasst, obwohl es eigentlich gerade die nicht vorhersehbaren (zufälligen) Veränderungen in der Zukunft erfasst.

Die psychologische Forschung zeigt zudem, dass Menschen den Begriff „Risiko" kontextabhängig und differenziert – aber oft nicht im betriebswirtschaftlichen Sinn – interpretieren (vgl. Gleißner, 2017c mit einer Übersicht zur psychologischen Risikowahrnehmungsforschung).

Risikoklassen	Erklärung	Beispiele
Risiko als unmittelbare Bedrohung	Technische Risiken mit hohem Katastrophenpotential und geringer Eintrittswahrscheinlichkeit. Gefühl der Bedrohung durch Zufälligkeit des Gefahreneintritts	Kernkraftwerke, Staudämme, Chemieanlagen, Erdgaslager
Risiko als Schicksalsschlag	Natürliche Gefahren mit geringer Eintrittswahrscheinlichkeit. Wahrnehmung von Gefahrenzyklen (alle 100 Jahre)	Überschwemmungen, Erdbeben, Vulkanausbrüche, Starkregen, Wirbelstürme
Risiko als Herausforderung der eigenen Kräfte	Risiken, die man durch eigenes Verhalten steuern und meistern kann	Extrembergsteigen, gefährliche Sport- und Freizeitaktivitäten
Risiko als Glücksspiel	Abwägung von Wahrscheinlichkeiten für Verlust und Gewinn	Lotterien, Pferdewetten, z. T. Börsenspekulation, Abschließen von Versicherungen
Risiko als Frühindikator für schleichende Gefahren	Risiken, die man mit den eigenen Sinnesorganen nicht wahrnehmen und bewerten kann. Angewiesenheit auf Vertrauen in Risikoexperten	Lebensmittelzusätze, elektromagnetische Felder, ionisierende Strahlung, Pestizidrückstände, Innenraumbelastung, Feinstaub

Tabelle 1: Semantische Muster der Risikoklassen.[15]

---

14   Siehe z. B. Marsh/Shapira (1987).

15   Quelle: Renn (2014), S. 264, weiterführend zur Risikowahrnehmung im Zeitalter der „reflexiven Modernisierung" siehe Renn (2014), S. 298–301.

Die psychologische Dissonanztheorie erklärt, wie Menschen mit „unangenehmen Informationen", und dazu gehören eben Risiken, umgehen (vgl. Tabelle 2).

Bezeichnung	Erklärung
Ignorieren	Unsere Selektions- und Aufmerksamkeitsfilter lassen erst gar keine Informationen passieren, die unsere vorgefassten Positionen und Einstellungen gefährden könnten.
Abwehr	Unsere Aufmerksamkeitsfilter lassen nicht zu, dass Informationen im Gedächtnis abgespeichert werden, die unsere vorgefassten Positionen und Einstellungen gefährden könnten.
Unterstützung	Wir suchen aktiv nach Informationen, die unsere vorgefassten Positionen und Einstellungen unterstützen und dafür Belege aufführen.
Relativierung der Glaubwürdigkeit	Die Quelle für dissonante Informationen wird entweder in ihrer Glaubwürdigkeit herabgestuft oder in ihrer Kompetenz für den Inhalt dieser Informationen in Frage gestellt.

Tabelle 2: Ausgewählte Mechanismen der Reduktion von kognitiver Dissonanz.[16]

Heuristiken, wie die sogenannte „Verfügbarkeitsheuristik" von Kahneman und Tversky, können zu einer massiven Fehleinschätzung der Wahrscheinlichkeit zukünftiger Ereignisse führen und damit speziell zu einer verzerrten Einschätzung der Risiken. Renn (2014, S. 40) verweist darauf, dass bei der Beurteilung möglicher Schäden (Risiken) die Komplexität der Sachverhalte, die Unsicherheit über das Eintreiben der vermuteten Folgen und die Ambiguität bei der Bewertung dieser Folgen bedeutsam sind. Das individuell wahrgenommene Risiko hängt unter anderem von den folgenden Faktoren ab:[17]

- Bewusst oder unbewusst angewandte kognitive Prozesse (Informationsverarbeitung),

- Einschätzungen über das Ausmaß drohender Verluste oder Schäden und deren Bewertung (Schrecklichkeit, Katastrophenpotenzial),

- situative Merkmale des einschätzenden Sachverhalts, wie Freiwilligkeit der Risikoaussetzung und wahrgenommene Beherrschbarkeit der Risikosituation,

- Art der Quellen oder Ursachen des Risikos,

- Glaubwürdigkeit von und Vertrauen in Institutionen, die mit der Handhabung etwaiger Risiken betraut sind,

- Reaktionen des sozialen Umfelds auf das Risiko (Medienberichterstattung, Risikokommunikation etc.),

---

16   Quelle: Renn (2014), S. 214.
17   Siehe weiterführend Renn (2014).

- Einschätzungen durch andere Personen (Referenzgruppen) und
- persönliche Erfahrungen mit dem Risiko (Vertrautheit und Wissen).[18]

Fazit: Es ist ein grundlegendes Problem von Menschen, Risiken adäquat einzuschätzen und in den Entscheidungen zu erfassen, das nicht nur den „Privatbereich", sondern auch das Verhalten der Menschen in Unternehmen betrifft. Verdrängung von Risiken, verzerrte Risikowahrnehmung und Fehler im Umgang mit Risiken sind völlig normal, wenn man nicht konsequent Gegenmaßnahmen ergreift. Und die Betrachtung mehrerer Risiken – die Risikoaggregation – liegt außerhalb des Bereichs der kognitiven Fähigkeiten von Menschen. Risikoblindheit ist damit ein sehr grundlegendes Problem. Man kann und sollte Menschen für dieses Problem, das zu Fehlentscheidungen in Unternehmen führt, sensibilisieren. Eine „Lösung" erfordert aber mehr: nötig ist der Aufbau eines betriebswirtschaftlichen Instrumentariums, das insbesondere darauf auszurichten ist, Risikoblindheit entgegenzuwirken. Man benötigt diese Instrumente, weil die Intuition zu oft bei risikobehafteten Entscheidungen in komplexen Situationen versagt (was aber Menschen gerne verdrängen).

4 Implikationen für Controlling und Risikomanagement

Welche Implikationen ergeben sich aus der hier in mehreren Facetten beschriebenen praktischen Risikoblindheit vieler Unternehmen, speziell für das Controlling und das Risikomanagement? Notwendig für die gesamte Unternehmenssteuerung und speziell das Controlling ist es, sich konsequenter als bisher mit Chancen und Gefahren (Risiken) und damit alternativen Zukunftsszenarien zu befassen. Dies erscheint bei einer nicht sicher vorhersehbaren Zukunft offensichtlich. Die Unsicherheit über die Zukunftsentwicklung ist die wesentlichste Herausforderung der Unternehmensführung im Allgemeinen und der Entscheidungsfindung im Besonderen. Sich dieses Sachverhalts zu vergegenwärtigen, ist der Anfang für eine Weiterentwicklung hin zu einer risiko- und damit letztlich wertorientierten Unternehmensführung. Notwendig sind insbesondere leistungsfähige Verfahren für Risikoanalyse, simulationsbasierte Risikoaggregation und risikogerechte Bewertung von Handlungsoptionen (z. B. für eine Strategiebewertung). Gerade mit der Nutzung der Monte-Carlo-Simulation als Schlüsseltechnologie zur Aggregation von Risiken im Kontext der Unternehmensplanung werden Controlling und Risikomanagement verbunden und es entsteht eine „Bandbreitenplanung", die Scheingenauigkeiten vermeidet und Voraussetzungen schafft, um die Planungssicherheit zu verbessern – und eben um risikoadäquat das Ertrag-Risiko-Profil von Handlungsoptionen zu vergleichen.

Der wichtigste Treiber in vielen Unternehmen ist hier möglicherweise eher das Controlling als das Risikomanagement. Dies liegt daran, dass aus guten Gründen das

---

18 In Anlehnung an Gleißner (2009).

Controlling in vielen Unternehmen die zentrale Instanz für die Vorbereitung unternehmerischer Entscheidungen für Vorstand und Geschäftsführung ist. Und genau bei der Vorbereitung von unternehmerischen Entscheidungen sind die mit diesen einhergehenden Chancen und Gefahren (Risiken) zu berücksichtigen. Ein guter Startpunkt für einen „Kampf gegen die Risikoblindheit" besteht entsprechend darin, zunächst einmal die wesentlichen unternehmerischen Entscheidungen systematisch zu erfassen und dann herauszuarbeiten, mit welchen Methoden diese adäquat vorzubereiten sind – und speziell in welcher Weise in der Entscheidungsvorbereitung Chancen und Gefahren (Risiken) berücksichtigt werden sollen. Dies führt automatisch dazu, dass im Controlling Methoden für die Identifikation, Quantifizierung und Aggregation von Risiken bereitgestellt werden müssen. Ob die entsprechenden Fähigkeiten im Controlling aufgebaut werden, oder Controlling hier mit dem Risikomanagement zusammenarbeitet, ist zweitrangig.

Der Ausbau der Fähigkeiten eines Unternehmens im Umgang mit Chancen und Gefahren fängt an mit der Sensibilisierung für das Grundproblem: Risiken werden gerne verdrängt und nicht adäquat in Entscheidungen berücksichtigt, was als die „Risikoblindheit" interpretiert werden kann, die die psychologische Forschung zeigt. Erst wenn die Entscheider akzeptieren, dass ein intuitiver Umgang mit Risiken in komplexen Entscheidungssituationen nicht aussichtsreich ist, hat man die Grundlagen dafür geschaffen, um ein adäquates betriebswirtschaftliches Instrumentarium zur Entscheidungsunterstützung des Top-Managements aufzubauen. Eine Schlüsselstellung hat hier das Controlling. Das Controlling muss adäquate Instrumente für eine Risikoanalyse und Risikoaggregation sowie risikogerechte Bewertung von Handlungsalternativen entwickeln und bei der Entscheidungsvorbereitung für das Top-Management nutzen.

Literatur

Dörner, D. (2003): Die Logik des Misslingens. Strategisches Denken in komplexen Situationen.

Dorfleitner, G./Gleißner, W. (2018): Valuing Streams of Risky Cash Flows with Risk-Value Models, in: Journal of Risk, 3/2018, S. 1–27.

Flath, Th./Biederstedt, L./Herlitz, A. (2015): Mit Simulationen Mehrwerte schaffen, in: Controlling & Management Review, 59. Jg., Heft 1, März 2015, S. 82–89.

Füser, K./Gleißner, W./Meier, G. (1999): Risikomanagement (KonTraG) – Erfahrungen aus der Praxis, in: Der Betrieb, 15/1999, S. 753–758.

Gleißner, W. (2009): Risikowahrnehmung, Risikomaße und Risikoentscheidungen: theoretische Grundlagen, in: Everling, O./Müller, M. (Hrsg.): Risikoprofiling von Anlegern, Bank-Verlag Medien, S. 305–343.

Gleißner, W. (2010): Unternehmenswert, Rating und Risiko, in: Die Wirtschaftsprüfung, 14/2010, 63. Jg., S. 735–743.

Gleißner, W. (2011): Risikoanalyse und Replikation für Unternehmensbewertung und wertorientierte Unternehmenssteuerung, in: WiSt 7/2011, S. 345–352.

Gleißner, W. (2013): Für Kinder, Laien und Vorstände, in: Harvard Business Manager, 11/2013, S. 104–107.

Gleißner, W. (2015): Der Vorstand und sein Risikomanager, uvk Konstanz.

Gleißner, W. (2017a): Entscheidungsvorlagen für den Aufsichtsrat: Fallbeispiel Akquisition, in: Der Aufsichtsrat, Heft 04/2017, S. 54–56.

Gleißner, W. (2017b): Das Insolvenzrisiko beeinflusst den Unternehmenswert: Eine Klarstellung in 10 Punkten, in: BewertungsPraktiker Nr. 02 v. 26.05.2017, S. 42–51.

Gleißner, W. (2017c): Grundlagen des Risikomanagements, 3. Aufl., Vahlen Verlag München.

Gleißner, W. (2017d): Robuste Unternehmen und strategisches Risikomanagement, in: Risiko Manager, Heft 2/2017, S. 20–28.

Gleißner, W. (2017e); Risikomanagement, KonTraG, IdW PS 340, in: WPg, 3/2017, S. 158–164.

Gleißner, W./Kimpel, R./Kühne, M./Lienhard, F./Nickert, A.-G./Nickert, C. (2018): Managemententscheidungen unter Risiko. Haftung – Recht – Business Judgement Rule, Erich Schmidt Verlag, Berlin (erscheint in Kürze).

Gleißner, W./Kalwait, R. (2010): Integration von Risikomanagement und Controlling – Plädoyer für einen völlig neuen Umgang mit Planungssicherheit im Controlling, in: Controller Magazin, Ausgabe 4, Juli/August 2010, S. 23–34.

Gleißner, W./Wolfrum, M. (2008): Eigenkapitalkosten und die Bewertung nicht börsennotierter Unternehmen: Relevanz von Diversifikationsgrad und Risikomaß, in: Finanz Betrieb, 9/2008, S. 602–614.

Graumann, M. (2014): Die angemessene Informationsgrundlage bei Entscheidung, in: WISU, Heft 3/2014, S. 317–320.

Graumann, M./Grundei, J. (2015): Nachweis einer „angemessenen Information" im Sinne der Business Judgement Rule, in: ZCG, 5/15, S. 197–204.

Graumann, M./Linderhaus, H./Grundei, J. (2010): Wann haften Manager für Fehlentscheidungen. Ein Überblick über die Rechtslage zivilrechtlicher Innenhaftung, in: WiSt 7/2010, S. 325–330.

Kahneman, D. (2015): Schnelles Denken, langsames Denken, Siedler Verlag, München.

Marsh, J./Shapira, Z. (1987): Managerial Perspectives on risk and risk taking, in: Management Science, 33/1987, S. 1404–1418.

Renn, O. (2014): Das Risikoparadox – Warum wir uns vor dem Falschen fürchten, Fischer Taschenbuch, Frankfurt.

Schwenker, B./Dauner-Lieb, B. (2017): Gute Strategie. Der Ungewissheit offensiv begegnen. Eine neue Agenda strategischer Führung, Campus Verlag.

Sinn, H.-W. (1980): Ökonomische Entscheidungen bei Unsicherheit, Tübingen.

Vanini, U. (2017): Reifegrade der Integration von Risikomanagement und Controlling, in: Gleißner, W./Klein, A. (Hrsg.): Risikomanagement und Controlling, 2. Aufl., Haufe-Lexware, München, 2017, S. 169–182.

Allgemeine Grundlagen und Rahmenbedingungen der Vernetzung von Controlling und Risikomanagement als Basis für eine effektive Zusammenarbeit

Gina Heller-Herold und Gabriel Berenstein

Die Begrifflichkeiten bzw. Definitionen sowie die Rahmenbedingungen bilden eine wichtige Grundlage zur Vernetzung von Controlling und Risikomanagement. Es bietet sich förmlich an, diese auch als Grundlage für die unternehmensinternen Dokumentationen zu erstellen, die in Unternehmen aufgebaut wurden bzw. noch werden. Ziel ist, ein einheitliches Verständnis vom Wording zu schaffen.

Darüber hinaus bildet es eine wichtige Grundlage, Klarheit darüber zu haben, welche aufsichtsrechtlichen, gesetzlichen oder konzerninternen Rahmenbedingungen Einfluss auf die Unternehmenssteuerung aus Sicht von Controlling und Risikomanagement haben. Diese sind – sofern sich aufsichtsrechtliche, gesetzliche oder konzerninterne Rahmenbedingungen ändern – in die Strukturen und Prozesse sowie Dokumentationen und die operative Umsetzung des Controllings und Risikomanagements zu überführen.

1 Risiko- und Chancenmanagement

1.1 Allgemein

Risikomanagement wird dem Oberbegriff Governance, Risk & Compliance (im Folgenden GRC) zugeordnet. GRC beschreibt die drei wichtigsten Handlungsebenen in einem Unternehmen. Der Erfolg eines Unternehmens ist fast ausschließlich bestimmt von der Führung in den jeweiligen Bereichen. GRC steuert und unterstützt eine Vielzahl Aktivitäten. Ziele der GRC sind gesteigerte Effektivität und Effizienz sowie ein vorbildliches ethisches Verhalten. Das Risikomanagement spaltet sich darin auf in das Interne Kontrollsystem (IKS), das Business Continuity Management (BCM) und das Outsourcingmanagement.

Dabei wird Risiko- und Chancenmanagement als ein ganzheitlicher, integrativer Ansatz zum systematischen Umgang mit Risiken und Chancen im Unternehmen verstanden und

- ist mit der Unternehmensplanung verzahnt
- bezieht alle Ebenen in der Unternehmensorganisation (top-down und buttom-up) mit ein[19]
- ist mit der unternehmensinternen Kontrolle (dem Internen Kontroll-System (IKS)) verbunden
- ist in der Unternehmenskultur (im Sinne der Risikokultur) integriert
- genügt dem Anspruch gesetzlicher und aufsichtsrechtlicher Anforderungen
- ist in die konzernweiten Rahmenbedingungen konsistent integriert (im Falle einer möglichen Konzernstruktur)
- berücksichtigt die Anforderungen der Stakeholder
- ist integrativer Bestandteil der Überwachung des Unternehmens (als Basis der Corporate Governance und Compliance)
- ist Bestandteil der aktiven Steuerung des Unternehmens (von der Planung über Investitions- und Onbording-Entscheidung bis hin zur ganzheitlichen Steuerung).

Die wesentlichen Begriffe des Risiko- und Chancenmanagements sind:

Chance	Risiko	Schaden
Chance ist eine mögliche **positive** Abweichung von einer Zielgröße.	Risiko im engen Sinne ist eine mögliche **negative** Abweichung von einer geplanten Zielgröße (Downside-Risk).	Schaden ist die **Realisierung** des Risikos, d. h. das Risiko ist schlagend geworden.
	Risiko im weiten Sinne umfasst mögliche **positive und negative** Abweichung von einem betrieblichen Ziel und somit Chancen und Risiken.	
Ex ante-Betrachtung	Ex ante-Betrachtung	Ex post-Betrachtung

Tabelle 3: Differenzierung Chance, Risiko, Schaden [20]

Somit ist ein Risiko i. w. S. (im weiten Sinne) immer eine Abweichung von einer Plangröße. Im weiteren Verlauf wird – sofern von Risiko gesprochen wird und es nicht anders ausgewiesen sein sollte – das Risiko im weiten Sinne, d. h. die positiven und negativen Abweichungen von einem betrieblichen Ziel – also die Chancen und Risiken, verstanden. Daraus abgeleitet wird aus Gründen der Lesefreundlichkeit sowie der Betrachtung des Risikomanagements im weiten Sinne nur „Risikomanagement" anstelle von „Risiko- und Chancenmanagement" erwähnt.

---

19 in Anlehnung an RMA-Arbeitskreis „Risiko- und Chancenmanagement".
20 In Anlehnung Vanini (2012).

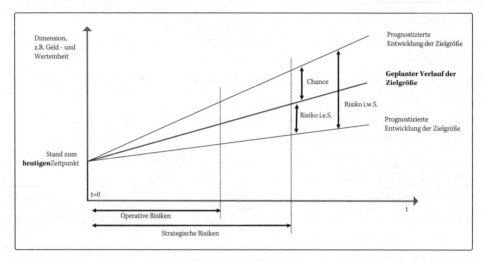

Abbildung 1: Chance, Risiko im engen und im weiteren Sinne im zeitlichen Verlauf[21]

Jedes unternehmerische Handeln ist mit Unsicherheiten und somit Risiken verbunden. Mit zunehmenden Abstand des Prognosezeitpunkts zum aktuellen Stichtag nimmt die Prognosesicherheit ab. Die Unsicherheiten werden größer und ggf. ist auch die Informationsgrundlage eingeschränkt, weshalb die Schwankungsbreite um eine erwartete Zielgröße zunimmt.

Die Grafik beschreibt, dass je weiter ein Unternehmen in die Zukunft plant, es desto eher mit Unsicherheiten konfrontiert ist, d. h. die Prognosesicherheit nimmt erfahrungsgemäß im Zeitverlauf ab. Diese Unsicherheiten können zudem mit höheren Chancen oder Risiken verbunden sein, müssen es aber nicht.

Unter Risikomanagement ist nicht nur das Risikomanagementsystem zu verstehen, welches formal in der Organisation verankert ist, sondern alle Aktivitäten eines Unternehmens, welche mit Chancen und Gefahren verbunden sind. Darunter fallen auch Aktivitäten, die sich mit Risikomanagement implizit oder explizit auseinandersetzen, unter anderem das Qualitätsmanagement, Treasury oder auch das Controlling. Risikomanagement umfasst also alle organisatorischen Regelungen und Aktivitäten zur systematischen, regelmäßigen und unternehmensweiten Umsetzung des Risikomanagement-Prozesses sowie dessen Unterstützung durch geeignete Instrumente und Methoden. Sichergestellt werden muss, dass das Risikomanagement nicht nur die bestehenden Risiken analysiert, sondern auf dieser Basis Handlungsoptionen im Rahmen von Zielen und Projekten festlegt. Vor allem im Vorfeld unternehmerischer Entscheidungen müssen die damit verbundenen Risiken im Hinblick auf die Veränderung des Gesamtrisikos des Unternehmens analysiert werden.

---

21   In Anlehnung an Vanini (2012).

Die Ziele des Risikomanagements bestehen in:

- dem Erkennen und Steuern von Risiken,
- der Sicherung des Fortbestandes des Unternehmens,
- der Absicherung der Unternehmensziele gegen störende Ereignisse,
- der Erfüllung des KonTraG und weiterer gesetzlicher Anforderungen,
- dem Trainieren von Reaktionsmöglichkeiten über alle Unternehmensebenen hinweg,
- der Erhöhung der internen Transparenz,
- der Entwicklung und dem Management von (Früh-)Warnsignalen,
- der verbesserten Grundlage von Entscheidungen, insbesondere Investitionsentscheidungen,
- der Optimierung der Risikokosten, wobei sich Risikokosten verstehen als Kosten, die für die Inkaufnahme eines Risikos anfallen, d. h. je nach Definition sowohl der mögliche Schaden als auch die Kosten für Präventivmaßnahmen,
- dem Erhöhen des Risikobewusstseins von Mitarbeitern,
- der Unterstützung der Eigenverantwortung der zentralen Bereiche,
- der Senkung der Kapitalkosten,
- der Unterstützung der Geschäftsführung und
- der Steigerung des Unternehmenswertes.

Die Umsetzung des Risikomanagements ist Aufgabe der Unternehmensführung.

1.2 Risikomanagement-Kreislauf

In der Literatur gibt es mehrere Darstellungsformen zum Ablauf bzw. zu den Schritten des Risikomanagements. Grundsätzlich vollzieht sich Risikomanagement im Kreislauf und durchläuft dabei die in der folgenden Übersicht dargestellten Etappen. Mit jedem Durchlauf des Kreislaufs wird – bei stringenter Anwendung – ein höheres Niveau erreicht. Risikomanagement sollte im Gesamtunternehmen einheitlich und vor allem ganzheitlich gelebt werden.

Nach der Identifikation der Risiken werden diese bewertet. Die so erhobenen Risiken werden zumeist im Risikomanagement im Rahmen des Berichtswesens an die Verantwortungs- und Entscheidungsträger kommuniziert bzw. reportet. Heute ist in Unternehmen oft erkennbar, dass das Risikomanagement bereits mit dem Report entsprechende Maßnahmenvorschläge unterbreitet, die sodann von den Verantwortungs- und Entscheidungsträgern bzw. im Rahmen von Management-Boards beschlossen bzw. verabschiedet werden. Erst danach werden diese Maßnahmen im Rahmen der Risikosteuerung mit dem Ziel der Minimierung bzw. des bewussten Eingehens von Risiken umgesetzt.

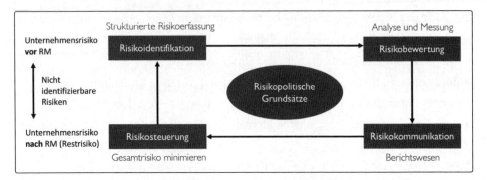

Abbildung 2: Risikomanagement-Kreislauf

1.2.1 Risikoidentifikation

Zur Strukturierung des Risikomanagements ist es auf Basis des allgemeinen Risiko-begriffs sinnvoll, die Risiken nach unterschiedlichen Risikoarten – zum Teil auch Risikokategorien genannt – zu unterscheiden (vgl. folgende Grafik). In der Praxis sind unterschiedliche Handhabungen zu beobachten, wir haben hier eine eher ag-gregierte Form gewählt und diese sehr allgemein gehalten. Der Fokus für unsere Auswahl lag in der Bündelung der verschiedenen Perspektiven und in der Loslösung von der Darstellung unterschiedlicher Branchen.

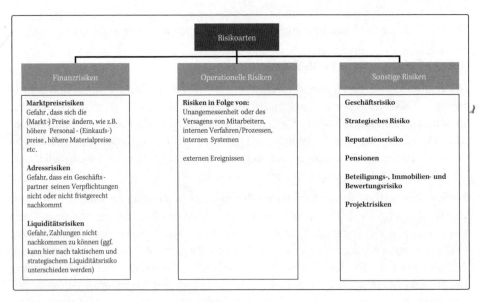

Abbildung 3: Definition der möglichen Risikoarten

Jedes Risiko hat eine Ursache und eine Wirkung (häufig auch eine Ausstrahlungswirkung auf andere Risikoarten). Als Grundlage für die Zuordnung empfielt sich die Ursache zugrunde zu legen. So kann beispielsweise die ursächliche Neueinführung eines IT-Systems in einem Call-Center (entspricht der Risikoart operationelle Risiken, in der Untergruppe interne Systeme) mit folgenden Risiken verbunden sein:

- schlechte IT-Ausbildung der Callcenter-Mitarbeiter (entspricht der Risikoart operationelle Risiken, Ursache Mitarbeiter)
- Nichtzahlen von Rechnungen (entspricht der Risikoart Adressrisiko),
- Kundenabwanderungen (mit Auswirkung auf das Geschäftsrisiko),
- Umsatzrückgang (mit Auswirkung auf das Liquiditätsrisiko) und
- Presseveröffentlichung (mit Auswirkung auf das Reputationsrisiko)

Die nach dem Verursachungsprinzip auszuwählende Risikoart ist hier das operationelle Risiko in der Untergruppe „interne Systeme", jedoch bestehen hier Ausstrahlungswirkungen auf die vorgenannten Risikoarten.

Darüber hinaus läßt sich jedes Risiko einer GuV- und Bilanz-Position zuordnen und mit der Balanced Score Card verbinden, was in der Praxis zum Großteil noch Optimierungspotential aufweist.

Es lohnt sich, auf die Begriffe Geschäftsrisiko, strategisches Risiko, Reputationsrisiko und Projektrisiko näher einzugehen:

Das **Geschäftsrisiko** ist definiert als das mit dem operativen Geschäft verbundene Risiko und besteht vor allem darin, dass ein Unternehmen die Einhaltung seiner Strategie und somit das Erreichen seiner angestrebten Marktposition nicht mehr gewährleisten kann. In der Praxis bezeichnet es auch die Gefahr von Verlusten aus Ergebnisschwankungen, die bei gegebener Geschäftsstrategie aus Veränderungen von (externen) Rahmenbedingungen resultieren.

Strategische Risiken können als Gegenspieler der operationellen Risiken angesehen werden. Diese Risikoart umfasst die Gefahr, dass langfristige Ziele und Potentiale aufgrund unzureichender Strategien kaum oder aber gar nicht erreicht und ausgeschöpft werden. Dabei spielen die internen Faktoren des Unternehmens eine bedeutende Rolle. Auch mit zu berücksichtigen sind:

- die Motivations- und Führungsrisiken,
- die soziale Betriebserlaubnis (licence to operate) und
- die strategische Marktpositionierung (Geschäftsgrundlage).

Die **Reputationsrisiken** verstehen sich als die Gefahr der sinkenden eigenen Reputation und bilden die Gefahr, die dem Ruf des Unternehmens und der Marke bei den Stakeholdern schaden kann. Da die Grundlage einer jeden geschäftlichen Beziehung das Vertrauen ist, sind vor allem in der heutigen, digitalen Zeit, Reputationsrisiken eine ernstzunehmende Bedrohung. Bei schlagenden Reputationsrisiken sinkt als

Folge das Vertrauens in die Marke, der Umfang bzw. die Anzahl der Aufträge, was sowohl Auswirkungen auf das Liquiditätrisiko hat und im schlimmsten Fall existenzgefährdend werden kann. Daher werden Reputationsrisiken heute häufig als wesentlich eingestuft.

Projektrisiken: Die heutige Zeit ist von einem immer schnelleren Wandel geprägt, was eine professionelles Projektmanagement und somit auch Projektrisikomanagement erfordert. Projekte werden häufig in einer zentralen Abteilung gemanagt. Die wesentlichen Ergebnisse, Kennzahlen und Abweichungen werden in einem Projektreport der Geschäftsführung und den Fachabteilungen gegenüber generiert. Die Ergebnisse fließen wiederum sowohl im Controlling als auch im Risikomanagement in die Reports mit ein.

Für die Identifikation der Risiken werden heute eine Vielzahl an Methoden angewandt, wie z. B.:

- Unternehmensinterne Checklisten
- Besichtigungen und Begehungen (häufig im Rahmen von Outsourcing angewandt)
- Dokumentenanalysen (z. B. Prüfungs- und Revisionsprotokolle, Schadensberichte, Prozessbeschreibungen, Kundenzufriedenheitsberichte, außergewöhnliche Aufwandsposten, Lagerbestandsberichte)
- Konkurrenz-, Wettbewerbs- und Branchenstrukturanalyse
- Führungskräfte- und Mitarbeiterbefragung (z. B. Risk Self Assessment über diverse Kreativitätsmethoden oder Kick-off- und Workshop-Veranstaltungen)

1.2.2 Risikobewertung

Risiken können unterteilt werden in messbare und nicht messbare Risikoarten.

Nicht messbare Risikoarten werden einer qualitativen Bewertung unterzogen, d. h. z. B.

- in gering – mittel – hoch oder
- in unbedeutend, mittleres bedeutendes, schwerwiegendes und bestandgefährdendes Risiko

eingeteilt.

Dagegen werden messbare Risiken einer quantitativen Bewertung unterzogen und anhand von Eintrittswahrscheinlichkeit und Schadensausmaß bewertet.

Für die Bewertung der Risiken kommen z. B. folgende Methoden zur Anwendung:

- Risikoportfolio bzw. Risk-Map
- Szenarioanalysen (als best-, real- und worst-case-Szenario dargestellt)
- Risk-Modelle (z. B. Value at Risk-Berechnung für die Berechnung des Marktpreisrisikos von Aktien)

- Scoring-Modelle (z. B. bei Vorhandensein mehrerer Risikofaktoren für ein Risiko, Festlegung von diversen Bewertungskriterien (z. B. Risikoeinstufung) und einer dazugehörigen Skala (z. B. gering bis hoch), aus dessen Kombination sich ein Score errechnet.

1.2.3 Risikokommunikation

Die Risikokommunikation bzw. -berichterstattung umfasst die Erstellung und die Übergabe von Risikoinformationen in Berichtsform (Risikoreport) an entsprechende Adressaten.

Die Risikoberichterstattung lässt sich unterteilen nach:

- den Adressaten (interne oder externe Berichterstattung)
- dem Zeithorizont (turnusmäßig, z. B. monatliches Reporting, jährlicher Lagebericht oder ad-hoc-Bericht bei wesentlichen außerplanmäßig auftauchenden Risiken bzw. Verstößen/Eskalationen)
- Gesetzlichen Vorgaben (z. B. Lagebricht bei Aktiengesellschaften oder freiwilliges Reporting).

Um dem Ziel der Schaffung von Risikotransparenz im Unternehmen nachzukommen, sind folgende Punkte im Unternehmen zu fixieren:

Berichtsinhalt	Zeitfaktor	Personenkreis	Methoden	Zweck
Inhalt Detaillierungsgrad Genauigkeit Anzahl Quellen	Zulieferung von Informationen durch Fachabteilungen Berichtsturnus Berichtszeitraum Auslieferungszeitpunkt	Ersteller Empfänger	Technische Umsetzung Versand	Ziel des Reports

Tabelle 4: Festzulegende Punkte in Bezug auf die Risikokommunikation

1.2.4 Risikosteuerung

Ziel der Risikosteuerung ist, die vorher identifizierten, bewerteten und kommunizierten Risiken im Sinne der (Risiko)Strategie, der Risikotragfähigkeit und der Risikoneigung des Managements/der Eigentümer durch gezielte Maßnahmen zu beeinflussen.

Der Risikoappetit ist der Risikoumfang, den ein Individuum oder eine Organisation für die Erzielung einer bestimmten Rendite bereit ist, zu übernehmen. Der Risikoappetit eines Unternehmens wird aus der Unternehmensstrategie und den Unternehmenszielen abgeleitet und durch die Risikoneigung des Managements beeinflusst. Er ist der Maßstab für die Allokation von Risikodeckungspotential auf die Geschäftsaktivitäten und -einheiten eines Unternehmens.[22]

---

22 Vgl. Vanini (2012).

Dabei versteht sich die Risikotragfähigkeit als maximal möglicher Verlust, der gerade noch durch die verfügbaren Reserven, dem Risikodeckungspotential, eines Unternehmens abgedeckt werden kann. Das Risikodeckungspotential umfasst dabei die maximal verfügbaren Reserven des Unternehmens, durch die die finanziellen Auswirkungen eingetretener Risiken aufgefangen werden können. Durch das Risikodeckungspotential soll vermieden werden, dass eingetretene Risiken zu einer Überschuldung oder einer Zahlungsunfähigkeit des Unternehmens führen.[23]

Die vorgenannte Definition der Risikotragfähigkeit bezieht sich auf die finanzielle Sicht. Risikotragfähigkeit kann auch auf die soziale Betriebserlaubnis, der sog. „lincense to operate", sowie auf die strategische Marktpositionierung bezogen werden. Letzteres umfasst den Wegfall der Geschäftsgrundlage, z. B. einer möglichen Disruption. Laut ICV besteht im Controlling das zentrale Ziel in der Finanzierbarkeit der Strategie (der Marktpositionierung) eines Unternehmens, worauf die Risikotragfähigkeit abstellen muss.

Rechtliche Grundlage sind in diesem Zusammenhang z. B. der IDW PS 340 und der IDW PS 981 sowie für Banken die MaRisk.

Die Risikosteuerung ist ein sehr wesentlicher Punkt, da hier durch geeignete Maßnahmen das Ziel verfolgt wird, dass die Risiken reduziert und nicht in Form von Schäden schlagend oder deren Auswirkung gemindert werden. Folgende Risikosteuerungsstrategien lassen sich ableiten:

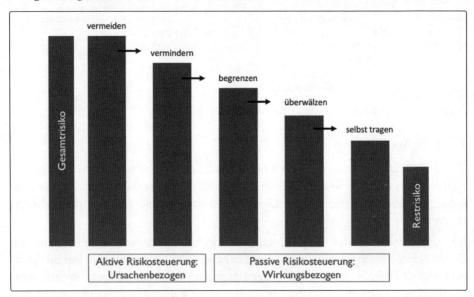

Abbildung 4: Risikosteuerungsmaßnahmen[24]

---

23   In Anlehnung an Vanini (2012).

24   In Anlehnung an Vanini (2012).

Der folgende Überblick über die Risikosteuerungsmaßnahmen erklärt die einzelnen Säulen und wie sie in der Praxis umgesetzt werden können.

Aktive Strategien der Risikosteuerung		Passive Strategien der Risikosteuerung		
„vermeiden"	„vermindern"	„begrenzen"	„überwälzen"	„selbst tragen"
Verzicht auf risikoreiche Geschäfte, Kündigen von Geschäftsbeziehungen, Abstoßen oder vermeiden einzelner Geschäftsfelder	Maßnahmen zur Senkung der Eintrittswahrscheinlichkeit oder des möglichen Schadensausmaßes eines Risikos, z. B. Verminderung durch Risikodiversifikation im Rahmen der Portfoliotheorie insbesondere durch negative Korrelation: • Produkt-, Kundengruppen-, Marktdiversifikation • Regionale Diversifikation • objektbezogene Diversifikation, z. B. Back-up-Rechenzentrum, • Personenbezogene Diversifikation z. B. durch räumlich getrenntes Reisen von Schlüsselpersonen	Setzen von Limits, beispielsweise in Form von: Nominal- oder Volumenslimite, die Finanzpositionen begrenzen Stopp-Loss-Limite, die den Verkauf einer Position bewirken, wenn ein bestimmter Preis über- oder unterschritten wird Risikolimite begrenzen das Risiko für Geschäftsfelder, Vermögenspositionen, Kundengruppen oder Märkte	Versicherung von Geschäftsfeldern, beispielsweise in Form von: Sachversicherungen, Haftpflichtversicherungen, technische Versicherungen, Transportversicherungen, Versicherung von Reputationsrisiken Weiterhin können z. B. durch bestimmte Vertragsklauseln Risiken auf Geschäftspartner übertragen werden.	Ein gewisses Restrisiko muss vom Management getragen werden, z. B. in Form von: Finanzielle Reservebildung in Form von Rücklagen, Wertberichtigungen, Rückstellungen aus dem Gewinn, CF Personelle Reservebildung z. B. in Form von Springern zum Überbrücken von Krankheitsfällen Materielle Reservebildung durch zusätzliche Lagerbestände, um Lieferengpässe zu vermeiden.

Tabelle 5: Definition der Risikosteuerungsmaßnahmen[25]

Jedes einzelne Risiko wird bewertet vor einer möglichen Maßnahme, die das Risiko vermeidet, reduziert, begrenzt usw. (Bruttorisiko). Sodann wird die Wirkung der Maßnahme bewertet, um im Ergebnis ein bestimmtes Restrisiko nach der Risikosteuerungsmaßnahme (Nettorisiko) zu erhalten.

---

25   In Anlehnung an Vanini (2012).

2 Controlling

2.1 Allgemein

Controlling bedeutet allgemein laut dem Internationalen Controller Verein eV (im Folgenden „ICV" genannt) „Steuern" oder „Regeln". Controller im Sinne des ICV gestalten und begleiten:

- den Management-Prozess der Zielfindung,
- die Planung und
- Steuerung der Unternehmensprozesse und
- tragen damit Mitverantwortung für die Erreichung unternehmerischer Ziele und sind in die Entscheidungsfindung involviert.

Der Controller sorgt dafür, dass jeder sich im Rahmen der erarbeiteten Ziele und Pläne selbst kontrollieren kann. Das Controlling wird jedoch nicht von den Controllern allein betrieben. Es entsteht durch Manager und Controller im Team.

Planung und Steuerung sind zentrale Begriffe des Controllings:

Grundlage jeder Planung ist die Strategie des Unternehmens. Strategie ist – laut ICV – das Entwickeln von zielbezogenen Erfolgspotenzialen (die richtigen Dinge tun), das operative Geschäft ist das Nutzen der verfügbaren Potenziale (die Dinge richtig tun), um die Strategie zu finanzieren. Lang-, mittel- und kurzfristige Aspekte sind sowohl für das strategische als auch das operative Geschäft möglich.

Planung:

Eine Planung ist – nach ICV – eine gemeinsame Willenserklärung zur Realisierung vereinbarter Ziele, während das Budget diese Willenserklärung in konkrete Verantwortlichkeiten für Kostenstellenleiter übersetzt.

Für die Planung ist die Fristigkeit von entscheidender Bedeutung, wobei in lang-, mittel- und kurzfristige Horizonte unterschieden wird. Wie weit sich dieser Horizont erstreckt, ist branchen- und vor allem unternehmensabhängig. Eine Strategie eines IT-Startups umfasst beispielsweise in der heutigen zunehmend digitalisierten Welt einen geringeren Zeitraum als die eines bereits lange etablierten Pharmakonzerns. Als allgemeine Richtlinie dient aber ein Zeitfenster von einem Jahr für die operative und drei bis fünf Jahre für die strategische Planung, wobei aber auch die strategische Planung kurzfristige Aspekte beinhalten kann.

Folgende Eigenschaften der Planung sollten berücksichtigt werden:

Strategische Planung ist …	Operative Planung ist …
eher mittel-/langfristig orientiert, kann aber auch kurzfristige Aspekte beinhalten	eher kurzfristig orientiert, kann aber auch mittel- und langfristige Aspekte beinhalten
verzögert wirksam	relativ schnell wirksam
strukturbestimmend	ablaufbestimmend
häufig auf aggregierter Ebene formuliert	häufig sehr detailliert formuliert
häufig nur dem Management bekannt	meist bis zur Basis bekannt
schwer zu korrigieren	leichter zu korrigieren
Grundlage für die operative Planung	sehr stark umsetzungsorientiert
→ *Orientierung am Effektivitätskriterium*	→ *Orientierung am Effizienzkriterium*

Tabelle 6: Vergleich strategischer und operativen Planung (Erweiterung in Anlehnung an: gemeinsame Erarbeitung RMA und ICV)

Rollierende Planung:

Die rollierende Planung bezeichnet eine periodenübergreifende, fortschreibende Planung, meist monatlich oder quartalsweise. Eine Planung für beispielsweise fünf Jahre, welche zu Beginn von Jahr eins beschlossen wurde, wird mit Eintritt des zweiten Jahres mithilfe der neu erhobenen Daten überprüft und ggf. revidiert. Der neu entstandene Plan ist jedoch keine korrigierte Version des ursprünglichen Plans, sondern eine neue, eigenständige Planung, welche einen Weg für die kommenden fünf Jahre vorgibt. Da auch diese mit Anbruch der nächsten Geschäftsperiode überprüft und überarbeitet wird, kann von keiner klassischen, rollierenden Planung gesprochen werden.[26]

Forecast:

Forecast bezeichnet regelmäßige, vom Controller erstellte Vorhersagen zu den wichtigsten betrieblichen Zielgrößen. Rollierend, d. h. im wiederkehrende Turnus für einen Zeithorizont von 12 bis 18 Monaten erstellt, sollen sie die Effektivität der operativen Planung sowie der Budgetierung erhöhen. Ein wesentlicher Erfolgsfaktor des Forecasts ist die Konzentration wichtiger Zielgrößen eines Unternehmens, darunter fallen empfindliche Änderungen in Planungsprämissen mit einer hohen strategischen Relevanz. Der Informationsgehalt eines Forecasts basiert sowohl auf mathematischen als auch statistischen Methoden bzw. Modellen.[27]

---

[26] in Anlehnung an: https://www.haufe.de/unternehmensfuehrung/profirma-professional/rollierende-planung-und-rollierende-hochrechnung-konzept-und-bewertung_idesk_PI11444_HI3677388.html.

[27] in Anlehnung an: https://www.haufe.de/controlling/controllerpraxis/kennzahlen-fuer-den-forecast_112_157094.html.

Budgetierung:

Die Planung ist Grundlage der Budgetierung. Die Budgetierung übersetzt die Planung – also die gemeinsame Willenserklärung – in konkrete Verantwortlichkeiten für Kostenstellenleiter. Die Budgetierung ist heute als Instrument bzw. Verfahren für den Controller fest etabliert. Dabei besteht das Budget aus verschiedenen Teilplänen, die z. B. den Umsatz, die entstehenden Kosten, das Personal, das Marketing und die Investitionen beinhalten.[28]

Das Wort WEG ist das Leitwort für die Unternehmensplanung:

- Das **W** steht für Wachstum.
- Das **E** steht für Entwicklung.
- Das **G** steht für Gewinn.[29]

Unsicherheit kann durch Wahrscheinlichkeiten und Bandbreiten ausgedrückt werden und bildet damit die sinnvolle Verknüpfung von Controlling und Risikomanagement.

Controller-Arbeit ist – laut ICV – Methodik und Verhalten. Die Methoden sind Rechnungs- und Planungswesen und das Verhalten beinhaltet Führung durch Ziele. Das bedeutet, dass Controller-Arbeit Verhaltenskenntnis erfordert wie zum Beispiel das Frageverhalten.[30]

Die Aufgabe des Controllers in diesem Zusammenhang ist, dass sich jeder im Rahmen der erarbeiteten Ziele und Pläne selbst kontrollieren kann und genau diese Information in Kombination mit Maßnahmenvorschlägen transparent kommuniziert wird. Das Controlling entsteht durch die Zusammenarbeit von Managern und Controllern im Team.[31]

2.2 Controlling-Kreislauf

Der Controlling-Kreislauf – hier als Management-Prozess auf Basis des ICV dargestellt – unterscheidet bezüglich der Planung 5 Schritte und ist als Kreislauf zu verstehen:

---

28   in Anlehnung an: http://www.controlling-strategy.com/budgetierung.html.

29   Vgl. www.icv-controlling.com.

30   Vgl. www.icv-controlling.com

31   Vgl. www.controlling-wiki.com.

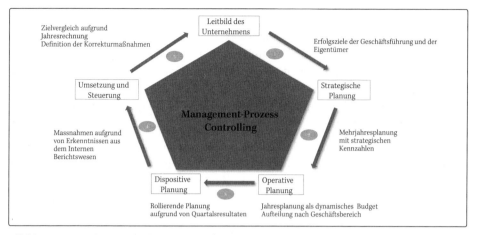

Abbildung 5: Prozess bzw. Kreislauf im Controlling (Schaubild aus Vorlesung „Grundlagen des Controlings"; Haegi, Marcus; Schweizerisches Institut für Betriebsökonomie; Zürich 2008)

Basierend auf diesem Kreislauf wird im folgenden Gliederungspunkt ein integrierter Prozess dargestellt.

3 Gemeinsame Aufgaben, Ziele und Kennzahlen in Risikomanagement und Controlling

3.1 Allgemein

Aus den vorgenannten Definitionen, Aufgaben, Zielen und Abläufen ergeben sich sowohl Schnittstellen als auch Schnittmengen zwischen dem Risikomanager und dem Controller in Zusammenwirken mit dem Management:

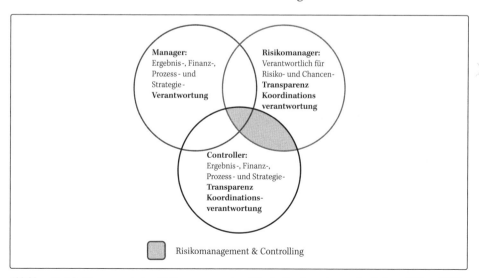

Abbildung 6: Schnittmenge zwischen Risikomanagement und Controlling (gemeinsame Erarbeitung RMA und ICV)

47

Verwendung von KPIs und KRIs:

Key Performance Indicators (KPIs) sind betriebswirtschaftliche Kennzahlen, die zur Messung unternehmerischer Zielsetzungen verwendet werden. Sie beruhen auf identifizierten strategischen Erfolgspotenzialen und beantworten darauf bezogene „Schlüssel-Fragen". Aufgrund ihres Bezugs zur Leistung werden KPIs im Management und Controlling verwendet, um einzelne Projekte und Abteilungen zu managen. Je nach zu untersuchendem Bereich werden unterschiedliche Kennzahlen zugrunde gelegt.[32]

Mithilfe sogenannter Key Risk Indicators (KRIs) werden betriebswirtschaftliche Risiken gemanagt. Üblicherweise werden diese heute im Risikomanagement der Unternehmen identifiziert, bewertet, reportet und gesteuert. Anhand dieser Indikatoren lassen sich frühzeitig risikoreiche Tendenzen erkennen und daraus relevante Steuerungsmaßnahmen ableiten. Eine negative Abweichung der oben genannten KPIs vom Planwert kann ebenfalls als ein Risiko aufgefasst werden.

Die folgende Tabelle beinhaltet eine ausgewählte Anzahl an Kennzahlen, die sowohl KRI als auch KPI sein können, entscheidend ist hier die Betrachtungsweise:

Bezeichnung	Beschreibung	Berechnung	Anwendungsmöglichkeiten im Controlling und Risikomanagement z. B. in Bezug auf:
Arbeitsproduktivität	Betriebswirtschaftliche Kennzahl, die den Output einer bestimmten Periode auf den Arbeitseinsatz aufteilt.	$$\text{Arbeitsproduktivität} = \frac{\text{Output}}{\text{Arbeitseinsatz}}$$	Operationelle Risiken aus Prozessen, Mitarbeiter mit Folge des Nichterreichens der Ziele
Fluktuationsquote	Sie gibt an, welcher Anteil des Personals im letzten Jahr abgegangen ist. Aussagekräftig ist dieser Indikator nur im Zeitvergleich und mit anderen Unternehmen.	$$\text{Fluktuationsquote} = \frac{\text{Personalabgänge}}{\text{durchschnittler Personalbestand}}$$	Operationelle Risiken wie Mitarbeiter oder Prozesse, Kommunikation
Kundenakquisekosten (CAC)	Sie bestehen aus Marketing- und Vertriebskosten, die bei der Gewinnung von Neukunden entstehen.	$$CAC = \frac{\text{Vertriebs- \& Marketingkosten}}{\text{akquirierte Kunden}}$$	Reputationsrisiken

---

32 https://www.controllingportal.de/Fachinfo/Kennzahlen/Key-Performance-Indicators-KPI.html.

Bezeichnung	Beschreibung	Berechnung	Anwendungsmöglichkeiten im Controlling und Risikomanagement z. B. in Bezug auf:
Kundenbeschwerden	Dokumentation der Anzahl und Gründe für Kundenbeschwerden und Vergleich mit historischen Daten, ggf. Ableitung von Maßnahmen, um die Kunden wieder zufrieden zu stellen.	Anzahl der eingegangenen Kundenbeschwerden i. V. m. Beschwerdegrund	Operationelle Risiken wie Mitarbeiter, Prozesse, Reputationsrisiken
Relativer Marktanteil	Der relative Marktanteil gibt an, welchen Anteil der eigene Marktanteil am Marktanteil des größten Konkurrenten ausmacht.	Relativer Marktanteil $$\frac{\text{Marktanteil des eigenen Unternehmens}}{\text{Marktanteil des größten Konkurrenten}}$$	Eine Veränderung gibt mögliche Impulse für die Lebensphase des Produktes/Geschäftsfelds und lässt Geschäftsrisiken erkennen

Tabelle 7: Darstellung beispielhafter KPIs (Key Performance Indicators) und KRIs (Key Risk Indicators)

3.2 Controlling-Risikomanagement-Kreislauf

Auf Basis des in Gliederungspunkt 2.2. dieses Abschnitts dargestellten Controlling-Kreislaufs lässt sich ein – von den Abteilungen Controlling und Risikomanagement – vereinheitlichter Controlling-Risikomanagement-Kreislauf ableiten, der im Folgenden dargestellt ist (siehe nächste Seite).

Aus dem Controlling- und dem Risikomanagement-Kreislauf lassen sich viele sehr entscheidende Gemeinsamkeiten erkennen. So sind alle fünf Schritte identisch und die Ausgestaltung ergänzt sich beim Risikomanagement um die Betrachtung der Chancen und Risiken, wodurch es gerade logisch und zielführend erscheint, sich über die Harmonisierung beider Abteilungen – Controlling und Risikomanagement – Gedanken zu machen.

Darüber hinaus können für die Bereiche Controlling und Risikomanagement Umsetzungsaspekte bzw. Ziele abgeleitet werden, die die Abteilungen Controlling und Risikomanagement – separat betrachtet – im Unternehmen haben.

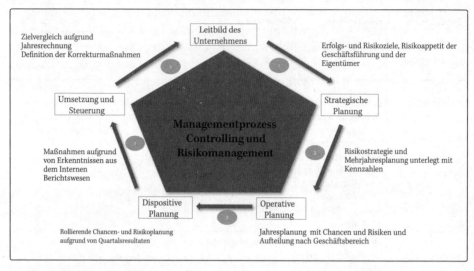

Abbildung 7: Managementkreislauf Controlling und Risikomanagement (Schaubild aus Vorlesung „Grundlagen des Controllings"; Haegi, Marcus; Schweizerisches Institut für Betriebsökonomie; Zürich 2008)

Die Ziele von Controlling und Risikomanagement sind in der folgenden Tabelle dargestellt:

	Controlling	Risikomanagement	Integration von Controlling und Risikomanagement, z. B. in folgende Prozesse:
1.	Betriebswirtschaftliches Gewissen		Strategie- und Planungsprozesse, Risikotragfähigkeit, Risikoappetit
2.	Zukunftsorientiert		Strategie- und Planungsprozesse
3.	Den Unternehmenszielen verpflichtet		Strategie- und Planungsprozesse, Onboarding, Outsourcing, Investitionen
4.	Erkennbar und messbar		Review der Zielvereinbarungen
5.	Einheitliche Datenbasis		Integrierte Reportingprozesse
6.	Unterstützen und moderieren		Strategie, Zielvereinbarungsprozesse, top down, buttom up
7.	Zweckgerechte Bewertung und Berichterstattung		Vereinheitlichte Controlling-Risiko-Reports
8.	Adressatengerechtigkeit		Vereinheitlichte Controlling-Risiko-Reports
9.	Plausibilitätsprüfung von betriebswirtschaftlichen Planungen		Planung unter Chancen- und Risikoaspekten
10.	Definiert und koordiniert Zeitraum, Inhalt, Ablauf und Methoden des Planungsprozesses	Identifizieren und Bewerten von Chancen und Risiken	Planung unter Chancen- und Risikoaspekten, Onboarding, Outsourcing, Investitionen

Tabelle 8: Ziele von Controlling und Risikomanagement im Überblick (gemeinsame Erarbeitung der RMA und des ICV)

Bei genauer Betrachtung ist erkennbar, dass die Ziele in allen Bereichen identisch sind. Lediglich im 10. und letzten Ziel ist ein Unterschied erkennbar. D. h. der Bereich Controlling ist insoweit in der Pflicht, die Grundlagen der allgemeinen Planung zu legen und diese bei der Umsetzung proaktiv zu begleiten. Diese bestehen – zusammenfassend dargestellt – in der Koordination des Zeitraums und Inhalts sowie dem Festlegen des Ablaufs und der Methoden des Planungsprozesses. Ein Mehrwert lässt sich schaffen, indem die identifizierten und bewerteten Chancen und Risiken in die Planung integriert werden.

Wie sieht das Idealbild aus, welches aus der Harmonisierung von Risikomanagement und Controlling entstehen würde? Heutzutage hat der Controller eine Managementberatungsfunktion. Die Controlling-Routineaufgaben und die Berechnungsaufgaben werden automatisiert. Zwei Aufgaben werden in Zukunft die Controllerarbeit dominieren: die Datenqualität einschließlich der Datenrisiken und die Managementberatung. Bei letzterem wird ein Volatilitätstraining in Verbindung mit einem klaren Risikobewusstsein zu einem wichtigen Bestandteil. Auch im Bereich des Risikomanagers sind Automatisierungstendenzen erkennbar. An dieser Stelle kann die Harmonisierung der beiden Bereiche wesentliche Vorteile für die Unternehmensführung aufweisen, da eine Zusammenarbeit Synergien bilden würde, welche nicht mit Softwarelösungen nachgebildet werden können. Somit hört Controlling dort auf, wo Risikomanagement beginnt und umgekehrt.

4 Rechtliche Anforderungen und wesentliche Standards für Controlling und Risikomanagement im Überblick

Eine wesentliche Grundlage bei der Betrachtung von Controlling und Risikomanagement sind die rechtlichen Anforderungen, die mittlerweile eine Vielzahl von Gesetzen für die unterschiedlichen Zielgruppen bilden.

Die folgende Tabelle schafft einen Überblick der gesetzlichen Rahmenbedingungen und soll es somit ermöglichen, in der Praxis die einzelnen relevanten Gesetze zusammen mit ihrem Regelungsinhalt und der zugehörigen Zielgruppe im Blick zu haben:

Abkürzung	Kurztitel	Regelungsinhalt	Zielgruppe
§ 93 AktG/Business Judgement Rule	§ 93 Aktiengesetz/ Business Judgement Rule	Die Business Judgment Rule (BJR) ist ein Rechtsprinzip, welches die Unternehmensleitung vor der persönlichen Haftung durch unternehmerische Entscheidungen schützt, sofern diese sorgfältig vorbereitet wurden und an den Interessen des Unternehmens ausgerichtet waren.	Geschäftsführung

Abkürzung	Kurztitel	Regelungsinhalt	Zielgruppe
COSO	Committee of Sponsoring Organizations of the Treadway Commission	Dieses Kontrollmodell dient der Dokumentation, Analyse und Gestaltung des internen Kontrollsystems, beschränkt sich allerdings stark auf die Finanzberichterstattung.	Geschäftsführung, Controlling, Wirtschaftsprüfer
DRS 20	Deutscher Rechnungslegungsstandard 20	Dieser Standard regelt die Lageberichterstattung für alle Mutterunternehmen, die einen Konzernlagebericht gemäß § 315 HGB aufzustellen haben oder freiwillig aufstellen. Er empfiehlt eine entsprechende Anwendung auf den Lagebericht gemäß § 289 HGB.	Wirtschaftsprüfer, Controlling
EBV	Eigenbetriebsverordnung	Für gemeindliche Unternehmen, die außerhalb der allgemeinen Verwaltung als Sondervermögen ohne eigene Rechtspersönlichkeit geführt werden, gelten die Vorschriften dieser Verordnung und die ergänzenden Bestimmungen der Betriebssatzung des Eigenbetriebs. Jedes Bundesland führt eigene EBV.	Geschäftsführung
GoP	Grundlagen ordnungsgemäßer Planung	Die GoP sind anerkannte Verhaltensrichtlinien der Unternehmensplanung, die sich unter anderem aus dem HGB, AktG, GmbHG und der InsO ableiten lassen. Grundlage für diese Mindestanforderungen an die Unternehmensplanung finden sich neben der rechtlichen Komponente auch im Bereich Wissenschaft und Praxis.	Management, Controlling

Abkürzung	Kurztitel	Regelungsinhalt	Zielgruppe
§ 53 HGrG	§ 53 Haushaltsgrund- sätzegesetz	Regelt die Rechte gegenüber privatrechtlichen Unterneh- men. § 53 regelt zudem die Darstellung von Verlust- und Gewinnursachen sowie Informationen über die Vermögens- und Ertragslage sowie die Liquidität und Rentabilität der Gesellschaft.	Geschäftsführung, Wirtschaftsprüfer
IDW PS 340, IDW PS 981, IDW PS 951, IDW PS 370	Institut der Wirt- schaftsprüfer in Deutschland, Prüfungsstandard	Die IDW-Prüfungsstandards entsprechen den Internatio- nal Standards on Auditing unter Berücksichtigung von Anpassungen des IDW an geltendes deutsches Recht.	Wirtschaftsprüfer
ISO 27001	Geltungsbereich (Scope) des Informatio nssicherheitsmanage- mentsystems (ISMS)	Das hier geregelte Risikoma- nagement für Informations- sicherheiten umfasst die Auf- nahme aller Prozesse, Daten, IT-Systeme und andere für die Informationsverarbeitung erforderliche Werte in Assets und daraus abgeleitet die Steuerung dieser.	IT
ISO 31000	Risikomanagement- Standard	Drei Prinzipien des Stan- dards: • Risikomanagement als Führungsaufgabe • Umsetzung des Top-down- Ansatzes • Berücksichtigung aller un- terschiedlichen Risiken in einer Organisation	Geschäftsführung, Risikomanagement

Abkürzung	Kurztitel	Regelungsinhalt	Zielgruppe
ISO 9001	Qualitätsmanagementsysteme – Anforderungen	Diese Norm legt die Mindestanforderung für das Qualitätsmanagement fest, an die sich ein Unternehmen halten muss, um Produkte und Dienstleistung bereitstellen zu können, welche den Erwartungen der Stakeholder, vor allem der Kunden und Behörden, genügen. Darüber hinaus ist es Ziel, dass Managementsysteme einem stetigen Verbesserungsprozess unterliegen sollten.	Qualitätsmanagement Geschäftsführung
KonTraG	Gesetz zur Kontrolle und Transparenz im Unternehmensbereich	Mit dem KonTraG sollte die Corporate Governance in deutschen Unternehmen fortentwickelt werden. Neu war die Erweiterung der Haftung von Vorstand, Aufsichtsrat und Wirtschaftsprüfer.	Geschäftsführung, Aufsichtsrat
MaRisk	Mindestanforderungen an das Risikomanagement	Die MaRisk wurden als Verwaltungsanweisungen von der BaFin verfasst. Die MaRisk haben das Ziel, die Ausgestaltung des Risikomanagements in deutschen Kreditinstituten zu regulieren.	Risikomanagement, Finanzbranche
ONR	Risikomanagement für Organisationen und Systeme, Anwendung der ISO 31000 in der Praxis	Die Normen von Austrian Standards beschreiben die Grundsätze und Richtlinien zur Anwendung von Risikomanagement in Organisationen und Unternehmen und sind Umsetzungshilfe für das Risikomanagement nach ISO 31000.	Österreich, Geschäftsführung, Risikomanagement

Tabelle 9: Überblick relevanter Rahmenbedingungen und Gesetze

Literatur

consultnetwork: http://www.controlling-strategy.com/.

CONTROLLING-Portal.de: https://www.controllingportal.de/.

ControllingWiki: https://www.controlling-wiki.com/de/.

Haegi, M.: Vorlesung „Grundlagen des Controllings" am Schweizerischen Institut für Betriebsökonomie Zürich, 2008.

Haufe: https://www.haufe.de.

Internationaler Controller Verein: https://www.icv-controlling.com/.

Vanini, U.: Risikomangement, Grundlagen, Instrumente, Unternehmenspraxis, Schäffer Pöschel, 2012.

Die Notwendigkeit einer Integration von Risikomanagement und Controlling

Ute Vanini

Bis zur Finanz- und Wirtschaftskrise 2008/2009 war die Implementierung eines betrieblichen Risikomanagements (RM) in vielen Unternehmen eine Notwendigkeit, die vor allem durch die Anforderungen des Gesetzes zur Kontrolle und Transparenz im Unternehmensbereich (KonTraG), des Bilanzrechtsmodernisierungsgesetzes (BilMoG) oder des Deutschen Corporate Governance Kodex (DCGK) getrieben wurde. Die starke Prägung durch formale gesetzliche Anforderungen führte dazu, dass in vielen Unternehmen isolierte Risikomanagementsysteme (RMS) aufgebaut wurden, die weder methodisch noch prozessual in die bereits vorhandene Unternehmenssteuerung und das Controlling integriert waren.[33]

Zudem erfolgte vielfach eine Konzentration auf die Erfassung und Bewertung von Risiken z.B. in umfangreichen Risikoinventaren, während die Chancen möglicher Umweltentwicklungen oder von Managemententscheidungen nicht weiter betrachtet wurden. Als Konsequenz steht das RM teilweise im Ruf eines „Geschäftsverhinderers" und leidet unter Akzeptanzproblemen.[34] Der Nutzen eines derartigen RMS für eine über die gesetzlichen Mindestanforderungen hinausgehende, integrierte Unternehmenssteuerung ist insgesamt eher beschränkt.

Parallel wurden von Seiten der Wissenschaft und der Beratung komplexe Methoden vor allem zur Risikobewertung sowie unterstützende IT-Lösungen entwickelt, die eine Weiterentwicklung des Risikomanagements in Richtung einer risikoorientierten Unternehmenssteuerung grundsätzlich ermöglichen, jedoch nur teilweise in der Praxis implementiert wurden. Insbesondere kleinere und mittlere Unternehmen (KMU) benötigen aufgrund ihrer eingeschränkten personellen und finanziellen Ressourcen eher pragmatische und weniger komplexe Ansätze des RM.[35]

Für die o. g. Probleme bietet die instrumentelle, organisatorische und personelle Integration von Ansätzen des RM in das Controlling einen vielversprechenden Lösungsansatz. Sowohl das Controlling als auch das RM unterstützen letztendlich das Management bei der Erreichung der Unternehmensziele. Während das Controlling z. B.

---

33 vgl. Appel und Hoffjan 2014, S. 65 ff.

34 vgl. Kajüter 2009, S. 117; Gleißner und Kalwait 2010, S. 27 f.

35 vgl. Appel und Hoffjan 2014, S. 69 f.

durch geeignete Analysen und Prognosen die Entscheidungsqualität des Managements verbessern soll[36], versucht das Risikomanagement durch die Identifikation, Bewertung und Steuerung von Risiken negative Abweichungen von den Unternehmenszielen zu vermeiden und die Existenz des Unternehmens zu sichern.[37] Über den Zielbezug ergeben sich somit vielfältige Integrationsansätze. So können bereits im Controlling vorhandene Instrumente und Berichte genutzt und deren Aussagekraft durch Risikoinformationen verbessert werden, so dass Synergieeffekte sowohl im Controlling wie auch im RM realisiert werden können. Zudem werden teilweise dieselben Instrumente im RM und im Controlling eingesetzt, z. B. Szenario- und Sensitivitätsanalysen.[38]

Insbesondere für mittelständische Unternehmen mit ihren knappen finanziellen und personellen Ressourcen bietet eine Integration von Ansätzen des Risikomanagements in das Controlling zahlreiche Vorteile. Jedoch ist es derzeit unklar, inwieweit die Integration von RM und Controlling in der Unternehmenspraxis bereits umgesetzt wurde und wie erfolgreich diese Umsetzung war. Zur Analyse des Integrationsniveaus von Risikomanagement und Controlling können u. a. Reifegradmodelle verwendet werden, die einen standardisierten Prozess zur Integration von Funktionsbereichen definieren, der sowohl zur Ermittlung der eigenen Ausgangsposition wie auch für ein Benchmarking verwendet werden kann.[39]

1 Risk Management Integration Maturity Model

Eine organisatorische Verselbständigung des Risikomanagements ist insbesondere in KMU nicht zwangsläufig erforderlich. Eine teilweise oder vollständige Übernahme insbesondere von Aufgaben der Risikoidentifikation, -bewertung und -kommunikation durch das Controlling lässt sich durch folgende Argumente rechtfertigen:[40]

- Es werden identische Methoden und Instrumente verwendet. So stammen einige RM-Instrumente wie Szenario- und Sensitivitätsanalysen aus dem Controlling.

- Risiken sind als Abweichungen von den geplanten Unternehmenszielen definiert. Die Risikoidentifikation und -bewertung lässt sich folglich auf der Basis der Unternehmensplanung und Budgetierung sowie Soll-Ist-Abweichungsanalysen durchführen.

- Eine Integration von RM und Controlling lässt sich auch aus dem KonTraG herleiten, das das betriebliche Controlling als wesentliches Element eines RMS betrachtet.

---

36   vgl. u. a. Weber und Schäffer 2014, S. 1 ff.

37   vgl. Vanini 2012, S. 19 f.

38   für eine umfassende Diskussion vgl. Vanini 2016.

39   vgl. Hillson 1997, S. 35 f.

40   vgl. Gleißner und Kalwait 2010, S. 29 ff.

Insbesondere das Risikocontrolling als Teilbereich des Risikomanagements lässt sich unterschiedlich in das Controlling integrieren:[41]

- Es findet keine Integration von Controlling und Risikocontrolling statt. Die vollständige Trennung scheint jedoch nur bei sehr großen Unternehmen, einer sehr spezifischen Methodenkompetenz im Risikocontrolling[42] oder hohen gesetzlichen Anforderungen an das RM z. B. in der Finanzbranche sinnvoll.

- Das Controlling ist offiziell für einen Teil der RM-Aufgaben zuständig, z. B. für die Risikobewertung. Das Risikocontrolling wird somit teilweise in das Controlling integriert.

- Das Controlling wird zu einem risikoorientierten Controlling weiterentwickelt, d. h. Risiko- und Renditeinformationen werden stets gemeinsam analysiert und kommuniziert. In der Idealform sind Rendite und Risiko gleichwertige Kriterien jeder Managemententscheidung.

Bei der Integration von Aufgaben des RM in das Controlling müssen folgende *Dimensionen* untersucht werden:

Dimension	Beschreibung
Strategie/ Steuerung	Eine Integration von RM und Controlling erfordert die Einbeziehung der erwarteten Rendite und des Risikos eines Unternehmens und seiner Teilbereiche in die Unternehmensstrategie sowie die Unternehmenssteuerung. Nur durch eine integrierte Strategie wird sichergestellt, dass sowohl Rendite- als auch Risikomaße als Unternehmensziele und damit als Entscheidungskriterien für das Management festgelegt werden.
Organisation/ Prozesse	Sollen RM und Controlling integriert werden, müssen deren Aufbau- und Ablauforganisation aufeinander abgestimmt werden. Durch eine stärkere organisatorische Integration werden Doppelarbeiten vermieden und Ineffizienzen abgebaut.
Personal	Die personelle Integration erfolgt durch eine disziplinarische und fachliche Zuordnung beider Bereiche zum selben Geschäftsführungsmitglied, gemeinsame Ausbildungsinhalte von Risikomanagern und Controllern und eine systematische Jobrotation.
Instrumente	Bei einer Integration sollen insbesondere zentrale Instrumente der Unternehmenssteuerung durch das RM und das Controlling gemeinsam genutzt werden. So sollten beispielsweise die strategische und die operative Planung miteinander verknüpft und die Risikoaspekte in die Planung z. B. durch Szenarien oder Simulationen integriert werden. Zudem sollten eine integrierte Berichterstattung von Erfolgsgrößen, Chancen und Risiken und der Einsatz von risikobereinigten Rendite-Kennzahlen erfolgen.

---

41 vgl. Winter 2007, S. 26 ff.

42 vgl. Gleißner 2011, S. 224 ff.

Dimension	Beschreibung
Technik/IT	Eine Integration im Bereich Technik/IT erfordert die Möglichkeit des wechselseitigen Zugriffs auf die Instrumente und Systeme des jeweils anderen Bereichs. Zudem sollten entsprechende Schnittstellen für den Daten- und Informationsaustausch eingerichtet sein. Die Integration kann bis zu einem vollständig integrierten System reichen, das von beiden Bereichen genutzt wird.

Tabelle 10: Dimensionen der Integration von RM und Controlling (Quelle: Vanini und Leschenko (2017))

Das Ausmaß der Integration von RM und Controlling lässt sich durch sogenannte *Reifegradmodelle* bewerten. Reifegradmodelle kommen aus dem Qualitätsmanagement und der Softwareentwicklung. Das wohl bekannteste Reifegradmodell ist das „Capability Maturity Model Integration" (CMMI)-Modell der Carnegie Mellon Universität, das auch als Grundlage für die Entwicklung weiterer Reifegradansätze in verschiedenen Disziplinen und Branchen diente.[43]

Anhand eines *Reifegrades* wird beurteilt, inwieweit ein bestimmtes Objekt – hier die Integration von Risikomanagement und Controlling – definierte Anforderungen in Bezug auf seine Effektivität und Effizienz erfüllt. Die Modelle verfügen über eine feste Anzahl von Reifegraden für bestimmte Dimensionen des Untersuchungsobjektes (z. B. Mensch, Organisation, etc.). Die Reifegrade bauen in ihrer Abfolge aufeinander auf und können durch entsprechende Kriterien eindeutig bewertet werden. Ein höherer Reifegrad wird erreicht, wenn alle Kriterien des Reifegrads und der niedrigeren Reifegrade erfüllt sind.[44]

Bislang lagen keine Reifegradmodelle zur Integration von RM und Controlling vor. Lediglich Hillson (1997) formulierte ein Reifegradmodell für die Implementierung eines RMS in Organisationen mit fünf Dimensionen und vier Reifegraden. Der Arbeitskreis „Risikomanagement und Controlling" der Risk Management Association e.V. (RMA) und des Internationalen Controllervereins e.V. (ICV) erstellte einen ersten Selbstanalysefragebogen zur Bestimmung des Integrationsgrads von RM und Controlling[45], der von Vanini und Leschenko (2017) zu einem Reifegradmodell weiterentwickelt wurde. Ihr *Risk Management Integration Maturity Model* (RiskMIMM) untersucht den Reifegrad der Integration anhand der o.g. fünf Dimensionen und unterscheidet fünf verschiedene Reifegrade.

Das Reifegradmodell wurde anschließend durch einen Fragebogen operationalisiert und im Rahmen einer Online-Befragung getestet. Da zu jedem Reifegrad in jeder Dimension mindestens eine Frage gestellt und zudem ein Spektrum möglicher Ein-

---

43   für eine Übersicht vgl. Reupke und Struck 2014, S. 575 ff.

44   vgl. Hillson 1997, S. 35 ff.; Reupke und Struck 2014, S. 577.

45   vgl. Fabian et al. 2014.

Initial (Level 1)
- In der Organisation gibt es kein Bewusstsein für die Notwendigkeit einer (teilweisen) Integration von RM und Controlling.
- Es findet keine Integration von RM und Controlling statt.

Aware (Level 2)
- Die Organisation ist sich der Bedeutung von Chancen und Risiken und der Wichtigkeit einer (teilweisen) Integration von RM und Controlling bewusst.
- Es gibt jedoch kaum strukturierte Integrationsansätze.

Defined (Level 3)
- Die Organisation hat eine erste grundlegende Infrastruktur, die die Integration von RM und Controlling unterstützt.
- Es gibt strukturierte Ansätze für eine teilweise Integration von RM und Controlling.

Managed (Level 4)
- Die Aufgaben des Risikocontrollings werden vom Controlling realisiert und beide Bereiche werden organisationsweit als eine Einheit angesehen.
- Rendite- und Risikokriterien bilden die Grundlage für Entscheidungen und Aktivitäten der Unternehmenssteuerung.

Optimising (Level 5)
- RM ist tief in der Organisation verwurzelt, in das Controlling integriert und wird kontinuierlich und selbstorganisiert weiterentwickelt.
- Rendite- und Risikokriterien bilden die Grundlage für die Managemententlohnung.

Abbildung 8: Reifegrade des RiskMIMM (Quelle: Vanini und Leschenko (2017))

flussfaktoren und Erfolgsgrößen erhoben wurde, wurden insgesamt 36 Fragen formuliert. Der Selbstanalysebogen wurde an die Mitglieder der RMA versandt. Die Fragen konnten in einem Untersuchungszeitraum von 01.07. bis zum 01.11.2015 sowie im Rahmen des Jahreskongresses der RMA in Stuttgart am 21. und 22.09.2015 beantwortet werden.[46] Über die Ergebnisse der Studie wird im folgenden Abschnitt berichtet.

2 Ergebnisse der Studie

Insgesamt wurden 99 Fragebögen beantwortet, davon waren 64 auswertbar, da die Antwortpersonen mindestens auf die Pflichtfragen geantwortet haben. Aufgrund des sehr umfangreichen Fragebogens lag die Abbruchquote während der Online-Befragung bei 35 %. 63 % der Unternehmen sind Großunternehmen mit über 500 Mitarbeitern, 25 % sind mittelgroße Unternehmen zwischen 50 und 500 Mitarbeitern, die restlichen Unternehmen haben weniger als 50 Mitarbeiter. 62 % der Unternehmen beurteilen ihre wirtschaftliche Situation als gut bis sehr gut, nur 3,4 % vergeben die Note mangelhaft oder ungenügend.

---

46 vgl. Vanini und Leschenko 2017.

Der Reifegrad der Integration von RM und Controlling ist bei den meisten Unternehmen relativ gering, gleichwohl erreichen in jeder Dimension einige Unternehmen auch den höchsten Reifegrad. Nur ein Unternehmen erreicht in allen Dimensionen den höchsten Reifegrad. Insgesamt schwanken die erreichten Reifegrade stark über die Dimensionen.

Reifegrad	Strategie/ Steuerung	Organisation/ Prozesse	Personal	Instrumente	Technik/IT
Initial	34,4 %	43,8 %	34,4 %	23,4 %	46,9 %
Aware	46,9 %	10,9 %	39,1 %	35,9 %	10,9 %
Defined	1,6 %	10,9 %	10,9 %	10,9 %	12,5 %
Managed	1,6 %	7,8 %	12,5 %	6,3 %	4,7 %
Optimising	15 %	26,6 %	3,1 %	23,4 %	25,0 %

Tabelle 11: Prozentualer Anteil der Unternehmen mit einem bestimmten Reifegrad (Quelle: Vanini und Leschenko (2017))

Ergänzend sei darauf hingewiesen, dass ein Reifegrad z. T. die Erfüllung von zwei Kriterien erforderte. Zudem haben Unternehmen teilweise Kriterien höherer Reifegrade erfüllt, bekommen diese jedoch nicht zugeteilt, da Kriterien in den niedrigeren Reifegraden nicht erfüllt sind. Nachfolgend werden ausgewählte Ergebnisse zu den einzelnen Dimensionen vorgestellt:[47]

- 66 % der Unternehmen gaben an, dass für sie die Integration von RM und Controlling ein wichtiges Anliegen ist, allerdings haben nur 22 % auch eine gemeinsame Strategie für beide Bereiche definiert. Knapp 60 % der Unternehmen unterscheiden zwischen Chancen und Risiken, jedoch steuern nur 30 % der Unternehmen durchgehend intensiv oder sehr stark nach Rendite- und Risikokriterien.

- 44 % der Unternehmen gab an, dass die Organisationsbereiche RM und Controlling intensiv oder sehr stark in Projekten oder bei ad-hoc Themen zusammenarbeiten. In 53 % der Unternehmen sind beide Bereiche organisatorisch integriert.

- 72 % der Unternehmen gaben die Auskunft, dass beide Funktionsbereiche fachlich und disziplinarisch von demselben Geschäftsführungsmitglied geleitet werden. Eine intensive oder sehr starke fachübergreifende Ausbildung erfolgt jedoch nur bei 16 %, eine Jobrotation nur bei 19 % der Unternehmen.

- In 52 % der Unternehmen wird die strategische Planung intensiv oder sogar sehr stark mit der operativen Planung verknüpft. 64 % der Unternehmen entwickeln Szenarien für ihre wichtigsten Plangrößen, 42 % definieren Risikoziele und messen diese durch entsprechende Kennzahlen. Über eine zumindest intensiv integrierte Berichterstattung beider Bereiche verfügen jedoch nur 38 % der Unternehmen.

---

47   für Details vgl. Vanini und Leschenko 2017.

- Die Integration in der Dimension „Technik/IT" ist in den befragten Unternehmen sehr unterschiedlich. So gaben 55 % der Unternehmen an, dass das RM und Controlling auf die IT-Systeme des jeweils anderen Bereichs zugreifen kann, in 31 % der Unternehmen findet eine Integration der IT-Instrumente und Systeme beider Bereiche statt. Insgesamt verfügen zumindest 60 % der Unternehmen über entsprechende Schnittstellen in der IT-Architektur, 34 % sogar über ein gemeinsames IT-System.

- Ältere Unternehmen weisen einen geringeren Reifegrad der Integration von RM und Controlling in den Dimensionen Personal und Instrumente auf. Eine bessere wirtschaftliche Situation des Unternehmens ist ebenfalls mit einem geringeren Reifegrad in der Dimension Instrumente assoziiert. Möglicherweise ist hier der wirtschaftliche Druck zur Generierung von Effizienzvorteilen nicht hoch genug. Überraschenderweise ist die Unternehmensgröße ohne signifikanten Einfluss auf die erreichten Reifegrade der Integration. Aufgrund der Ressourcenknappheit war hier eher erwartet worden, dass kleinere Unternehmen eine stärkere Integration beider Bereiche vorweisen.

Die Studie kommt darüber hinaus zu dem Ergebnis, dass eine stärkere Integration der Bereiche RM und Controlling aus Sicht der Unternehmen wünschenswert wäre, da ein höherer Reifegrad fast durchgängig positive Wirkungen hat.

Erfolgsvariablen	Strategie/ Steuerung	Organisation/ Prozesse	Personal	Instrumente	Technik/IT
Ausmaß der Doppelarbeit		−0,276**			−0.231*
Verbesserte Steuerung von Chancen und Risiken	0,424****	0,271**	0,251*	0,383***	0,226*
Stärkung der Rolle des Aufsichtsrats	0,242*	0,491****	0,206*	0,371***	0,284**
* = p < 0,10 (schwach signifikant), ** = p < 0,05 (signifikant), *** = p < 0,01 (stark signifikant); **** = p < 0,001 (sehr stark signifikant)					

Tabelle 12: Ergebnisse der Korrelationsanalysen zum Erfolg der Reifegrade (Quelle: Vanini und Leschenko [2017])

So wird durch eine stärkere organisatorische und technische Integration von RM und Controlling das Ausmaß an Doppelarbeit in beiden Bereichen signifikant reduziert, die Steuerung von Chancen und Risiken verbessert und die Rolle des Aufsichtsrats in der Unternehmenssteuerung gestärkt.

Zusätzlich konnte die Studie zeigen, dass das Schnittstellenmanagement zwischen den beiden Bereichen in einem positiven Zusammenhang mit den Reifegraden der Dimensionen „Strategie/Steuerung", „Organisation/Prozesse" und „Personal" steht. Ein höherer Reifegrad der Dimension „Organisation/Prozesse" wirkt sich zudem positiv auf den Abbau von Kompetenzstreitigkeiten und ungeklärten Zuständigkeiten aus.

Insgesamt lässt sich eine eindeutig positive Wirkung einer stärkeren Integration von RM und Controlling auf die Effizienz der Zusammenarbeit beider Bereiche und auf eine stärker integrierte Unternehmenssteuerung zeigen.

3 Implikationen für die Unternehmenspraxis

Trotz der positiven Erfolgswirkung kann für viele der befragten Unternehmen Nachholbedarf bei der Integration von RM und Controlling über alle Dimensionen festgestellt werden. Dabei sind insbesondere folgende Ansätze zu nennen:[48]

- Zunächst sollten Unternehmen in ihrer Unternehmensstrategie Vorgaben für ihre Risikotragfähigkeit und ihr angestrebtes Rendite- und Risikoverhältnis festlegen, daraus konkrete Erfolgs- wie auch Risikoziele ableiten und diese durch Kennzahlen und Indikatoren operationalisieren. Die Ableitung einer separaten Risikostrategie ist dann nicht notwendig. In die Strategieableitung sollten sowohl das Controlling als auch das RM eingebunden werden. Ziel ist die integrierte Steuerung des gesamten Unternehmens, aller Unternehmensbereiche und Projekte nach Rendite- und Risikokennzahlen.

- Eine integrierte Unternehmenssteuerung erfordert eine aufbauorganisatorische und prozessuale Integration beider Funktionsbereiche, insbesondere bei der Strategieformulierung, der Unternehmensplanung und im Rahmen des Reportings. Eine vollständige organisatorische Integration ist dabei nicht zwingend notwendig. Jedoch sollten die Schnittstellen klar benannt und gemeinsame Prozesse definiert werden.

- Die größer werdende Umweltunsicherheit und die daraus resultierende Volatilität zentraler Erfolgsgrößen vieler Unternehmen fordern vom Management ein zunehmendes Denken in Szenarien und Bandbreiten. Daher treten neben der erwarteten Rendite einer Alternative die damit verbundenen Risiken in den Fokus von Managemententscheidungen. Dies erfordert die Berücksichtigung von Risiken in den Planungs- und Berichtsprozessen, in Entscheidungsvorlagen sowie als Zielgrößen in Zielvereinbarungs-, Anreiz- und Vergütungssystemen. Insbesondere die jährliche Bilanz-, GuV- und Cash flow-Planung sollte um stochastische Komponenten und Simulationen erweitert werden, um die wachsende Unsicherheit abzubilden und dem Management keine Scheinsicherheit vorzugaukeln.[49]

- Weitere Ansatzpunkte sind eine stärker fachübergreifende Ausbildung von Risikomanagern und Controllern, die Verwendung einer gemeinsamen IT-Lösung oder

---

48   vgl. hierzu auch Vanini 2016, S. 291 ff.

49   vgl. Burger und Buchhart 2002, S. 245 ff.; Gleißner und Romeike 2008, S. 205 ff.

zumindest die Implementierung entsprechender Schnittstellen und Zugriffsmöglichkeiten

Wesentliche Problembereiche einer Integration von RM und Controlling sind die verschiedenen Systematiken beider Organisationsbereiche. So ist das RM häufig nach den Phasen des operativen RM-Prozesses gegliedert, während das Controlling nach den betroffenen Managementfunktionen (Planung, Information, Kontrolle) unterteilt ist. Zudem ist das RM stark durch gesetzliche Anforderungen z.B. aus dem KonTraG geprägt und weist Schnittstellen zu den Bereichen Compliance, Revision und Corporate Governance auf, während das Controlling doch sehr stark betriebswirtschaftlich orientiert ist. Daher stellt eine vollständige organisatorische und personelle Integration sehr hohe Kompetenzanforderungen an die Aufgabenträger und erfordert zudem eine sehr umfassende strategische Denkweise, um die unterschiedlichen Perspektiven beider Bereiche zu integrieren.[50]

Literatur

Appel, M. und A. Hoffjan (2014): State-of-the-Art der empirischen Risikomanagementforschung – Zentrale Erkenntnisse aus Zeitschriftenbeiträgen seit 1998. In: Wirtschaftswissenschaftliches Studium, 43. Jg. Nr. 2, S. 64–70.

Burger, A. und A. Buchhart (2002): Risiko-Controlling. München: Oldenbourg.

Fabian, J., Heller-Herold, G., Fornefett, A. und T. Zucker (2014): Rating für Unternehmen zum Integrationsstand von Controlling und Risikomanagement. In: Kredit & Rating Praxis, 40. Jg. Nr. 4, S. 9–13.

Gleißner, W. (2011): Grundlagen des Risikomanagements im Unternehmen: Controlling, Unternehmensstrategie und wertorientiertes Management, 2. Aufl., München: Vahlen.

Gleißner, W. und R. Kalwait (2010): Integration von Risikomanagement und Controlling. In: Controller Magazin, 35. Jg. Nr. 4, S. 23–35.

Gleißner, W. und F. Romeike (2008): Integriertes Chancen- und Risikomanagement: Verknüpfung mit strategischer Planung, wertorientierter Unternehmenssteuerung und Controlling. In: Risikomanagement in der Unternehmensführung: Wertgenerierung durch chancen- und kompetenzorientiertes Management, R. Kalwait, R. Meyer, F. Romeike, O. Schellenberger und R.F. Erben (Hrsg.), S. 195–220, Weinheim: Wiley.

Hillson, D.A. (1997): Towards a Risk Maturity Model. In: The International Journal of Project & Business Risk Management, Vol. 1 No. 1, pp. 35–45.

Kajüter, P. (2009): Risikomanagement als Controllingaufgabe im Rahmen der Corporate Governance. In: Controlling und Corporate Governance Anforderungen:

---

50   vgl. Vanini 2016, S. 299 ff.

Konzepte, Maßnahmen, Umsetzung, A. Wagenhofer (Hrsg.), S. 109–130, Berlin: Erich Schmidt Verlag.

Reupke, U. und T. Struck (2014): Reifegradmodellanalysen – Potenziale, Herausforderungen und Grenzen für die Steuerung von Prozessen und Prozessmanagement. In: Controlling, 26. Jg., Nr. 10, S. 574–579.

Vanini, U. (2016): Risikocontrolling in der Unternehmenspraxis. In: W. Becker/ P. Ulrich (Hrsg.). Praxishandbuch Controlling. Wiesbaden: S. 285–302.

Vanini, U. (2012): Risikomanagement. Stuttgart.

Vanini, U. und Leschenko, A. (2017): Reifegrade der Integration von Risikomanagement und Controlling – Eine empirische Untersuchung deutscher Unternehmen. In: Controller Magazin, 42 Jg. Nr. 1, S. 36–41.

Weber, J. und U. Schäffer (2014): Einführung in das Controlling, 14. Aufl., Stuttgart: Schäffer-Poeschel.

Winter, P. (2007): Risikocontrolling in Nicht-Finanzunternehmen. In: Wirtschaftswissenschaftliches Studium, 36. Jg. Nr. 1: S. 25–30.

Praktische Möglichkeiten und Grenzen der Harmonisierung von Risikomanagement und Controlling

Karsten Findeis

1 Einleitung

Das Risikomanagement und das Controlling weisen eine Vielzahl von Gemeinsamkeiten auf. In der Praxis wird das Risikomanagement auch durch Controller und nicht von eigenständigen Risikomanagern durchgeführt. Trotz aller Gemeinsamkeiten zeigen sich häufig jedoch auch Unterschiede in der Betrachtung und dem Umgang mit Risiken. Eine gemeinsame Abstimmung bietet hier u. a. den Vorteil, mit einer präziseren und vor allem einheitlichen Datenbasis zu arbeiten sowie die Planungsqualität zu erhöhen.

Grundsätzlich verfolgen beide gemeinsame Ziele. So ist ihre wesentliche Aufgabe eine zukunftsorientierte Beratung des Managements. Basierend auf messbaren/quantifizierbaren Daten werden mögliche Einflüsse identifiziert und auf die künftige Unternehmensentwicklung projiziert. Hierdurch wird dem Management eine Entscheidungsorientierung geboten und es können entsprechend Maßnahmen abgeleitet werden. Auf dem Weg, dieses gemeinsame Ziel zu erreichen, zeigen sich unterschiedliche Dimensionen, die für eine erfolgreiche Harmonisierung von Risikomanagement und Controlling zu berücksichtigen sind.

2 Dimensionen der Harmonisierung

Zeithorizont

Der Zeitraum der betrachteten Zeitperioden kann voneinander abweichen. Für eine Abstimmung der Risiken in den einzelnen Planungsperioden ist jedoch eine einheitliche Betrachtungsweise durch Controlling und Risikomanagement notwendig. Diese einheitliche Betrachtung der Zeitperioden erstreckt sich dabei nicht nur auf die Risikobewertung, sondern auch auf die Maßnahmeneffekte, die Kosten der Maßnahmen und die finanzielle Vorsorge in Form von Rückstellungen und/oder Sicherheitsreserven (Contingency Reserve), die für Projekte im Rahmen der Termin- und Kostenplanung zur Deckung der identifizierten Risiken in der Vertriebskalkulation berücksichtigt werden.

Risikoidentifikation

Aufgabe des Controllings ist es, regelmäßig Abweichungsanalysen durchzuführen, d. h. Planabweichungen zu identifizieren und zu analysieren. Jede Planabweichung, wenn sie nicht auf eine bewusste Planänderung der Unternehmensleitung zurückzuführen ist, wird durch eingetretene Risiken verursacht, die nicht (vollständig) in der originären Planung berücksichtigt wurden. Die Ursachen der identifizierten Planabweichungen stellen also Risiken dar, die vom Controlling an das Risikomanagement zwecks Abgleich kommuniziert werden sollten, ob es sich ggf. um neue, bislang noch nicht dokumentierte Risiken handelt. Perspektivisch sollte aber nicht die ex-post Analyse von Planabweichungen im Fokus des Controllings stehen, sondern vielmehr eine genauere Vorhersage der zukünftig zu erwartenden Unternehmensentwicklung im Rahmen der Planungs- und Budgetierungsprozesse. Sofern nicht das Risikomanagement, sondern das Controlling selbst unsichere Annahmen für die Abschätzung der Zukunft trifft, sollte dies ebenfalls vom Controlling an das Risikomanagement kommuniziert werden.[51]

Risikobewertung – qualitativ/quantitativ

Das Controlling arbeitet in seinen Planungen stets nur mit quantitativen Daten (Zahlenwerte). Dahingegen werden im Risikomanagement die Risiken nicht immer nur quantitativ, sondern ggf. auch qualitativ (nicht-numerisch) bewertet.

Risikobewertung – Planung

Werden unsichere Planungsannahmen durch das Controlling selbst getroffen, so erfolgt die Bewertung der Risiken direkt im Planungs- und Budgetierungsprozess: Ist der Planwert festgelegt, wird erläutert, welche möglichen Ursachen (Risiken) zu Planabweichungen führen können und welche Auswirkung (im quantitativen Umfang) diese insgesamt auf den Planwert möglicherweise haben. Indirekt wird damit die Eintrittswahrscheinlichkeit des Risikos beschrieben.[52]

Risikobewertung – Rückstellungen

Das Controlling betrachtet Rückstellungen als „Maßnahmen", die das Risiko reduzieren, da sie bereits mit Ihrer Verbuchung die GuV als Aufwand belasten. Dahingegen stellen Rückstellungen aus Sicht des Risikomanagements lediglich eine finanzielle Vorsorge dar, mit der die Kosten eines möglichen Schadeneintritts beglichen werden können. Das Risiko selbst bleibt jedoch trotz Rückstellungsbildung in seiner Höhe unverändert. Diese Betrachtungsweise sichert die volle Transparenz über die Höhe der Risiken.

---

51 Vgl. Gleißner/Kalwait (2010).

52 Vgl. Gleißner/Kalwait (2010).

Ein einfaches Beispiel verdeutlicht diese Betrachtungsweise: Ist für ein Risiko von 5,0 Mio. EUR bereits eine Rückstellung von 4,5 Mio. EUR gebildet, dann besteht nach der Logik des Controllings nur noch ein Restrisiko von 0,5 Mio. EUR. Dies hat dann oftmals zur Folge, dass das Risikothema sehr stark in der Wahrnehmung des Managements sinkt, obwohl sich an der Risikosituation nur durch die Bildung einer Rückstellung tatsächlich nichts geändert hat. Ziel sollte es stattdessen sein, echte Maßnahmen zur Reduktion des Risikos von 5,0 Mio. EUR einzuleiten und bei Erfolg, Teile oder idealerweise die ganze Rückstellung wieder aufzulösen und damit dem Ergebnis zuzuführen.

Diese unterschiedliche Sichtweise zur Wirkung von Rückstellungen auf die Risikohöhe lässt sich im Rahmen der Risikoadjustierung der Planung aber mit der einfachen Methode des ungedeckten erwarteten Restrisikos wieder harmonisieren (siehe den Beitrag von Findeis/Maron zu Methoden zur Integration der Risiken in die Planung). Hier werden die Rückstellungen als Risikoreduktion berücksichtigt und damit die allgemeine Betrachtungsweise des Controllings eingenommen.

Risikozuordnung auf GuV-Positionen

Das operative Controlling denkt häufig in kalkulatorischen Rechnungen (z. B. Deckungsbeitragsrechnung). Das Corporate Controlling betrachtet hingegen auch die GuV-Positionen. Für eine effiziente Unternehmenssteuerung ist es daher aber auch notwendig, dass sich das Controlling mit der handelsrechtlichen Welt verbindet, d. h. das Planungsergebnis in eine handelsrechtliche Gewinn- und Verlustrechnung (GuV) überführt. Auf Basis einer solchen GuV kann dann eine Erfolgsanalyse durchgeführt werden, also die Entwicklung der Erlös- und Kostenpositionen und ihre Relation zueinander betrachtet werden.

Berücksichtigt man diese Verzahnung des Controllings mit der handelsrechtlichen Welt, dann ergibt sich daraus für die Harmonisierung des Controllings mit dem Risikomanagement die Notwendigkeit, dass das Risikomanagement die Risiken bereits im Rahmen der Risikoanalyse auch den relevanten GuV-Positionen zuordnet[53]. Dies ermöglicht dann im Rahmen der Adjustierung der Controlling Planung eine sofortige und unkomplizierte Überführung der Risiken auf die jeweils relevante Plan-GuV Position (siehe den Beitrag von Findeis/Maron zu Methoden zur Integration der Risiken in die Planung).

---

53 Der zeitliche Aufwand für die Zuordnung der Risiken zu den relevanten GuV-Positionen kann durch Standardisierung auf ein Minimum reduziert werden. Hierzu wird für jede wesentliche Risikoart die Einstufung zur relevanten GuV-Position einmalig vorgenommen und diese dann den Verantwortlichen für die Dokumentation der Risiken bereitgestellt.

Risikoumfang in der Planung

Werden dem Controlling durch die Unternehmensleitung Top-Down ambitionierte Ziele für die Planung in Form von Ertragszielen (z. B. ein bestimmtes EBIT Ziel) vorgegeben, dann kann dies dazu führen, dass ausgehend vom festgelegten Ergebnisziel, die Planung in Form einer Rückwärtsrechnung ermittelt wird. Auf diese Weise wird der maximale Risikobetrag ermittelt, der in der Planung noch berücksichtigt werden kann, ohne das Ergebnisziel rechnerisch zu gefährden. Ist dieser Betrag kleiner als die Höhe der tatsächlich identifizierten Risiken, hat dies zur Folge, dass die Risiken (negative Zielabweichungen) nicht mehr in vollständiger Höhe berücksichtigt werden (können).

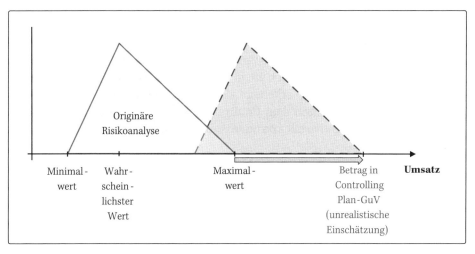

Abbildung 9: Umsatzschwankungsbreite vs. Berücksichtigung in Controlling Planung

Es kann aber auch passieren, dass zwar die Risiken vollständig berücksichtigt werden, denen dann aber möglicherweise weniger valide Chancen (positive Planabweichungen) gegenübergestellt werden, um eine Risikokompensation und damit Ergebnisverbesserung ausweisen zu können. In beiden Fällen wäre keine ausreichende Transparenz zur Risiko-/Chancensituation gegeben.

Da das Risikomanagement nicht diesen planerischen Zwängen unterliegt, kann es hier im Gegensatz zum Controlling eine größere Transparenz der tatsächlichen Risikosituation erzeugen.

Bandbreitenplanung

Plant das Controlling in Bandbreiten, dann sollten die der Planung unterstellten Schwankungsbreiten für die betrachteten GuV-Positionen unbedingt mit den vom Risikomanagement identifizierten konkreten Risiken validiert werden. Dies ist in der Praxis jedoch häufig nicht der Fall.

Maßnahmenmanagement

Die Praxis zeigt, dass die von der Unternehmensleitung verabschiedeten Maßnahmen zum Umgang mit den Risiken tatsächlich gar nicht oder nur teilweise implementiert oder nicht immer im notwendigen Maße auch tatsächlich nachgehalten werden. So berücksichtigt das Controlling zwar die Kosten und Auswirkungen von Maßnahmen zur Risikosteuerung in den Planzahlen. Eine fortlaufende aktive Nachverfolgung aller Maßnahmen zwischen den Planungsphasen erfolgt aber häufig nicht. Diese Rolle wird stärker durch das Risikomanagement wahrgenommen.

Kompetenzstreitigkeiten – Aufgabenzuordnung

Oftmals werden die Risiken und Maßnahmen sowohl von den Controllern als auch von den Risikomanagern parallel erhoben. Durch eine solche nicht abgestimmte Vorgehensweise wird Doppelarbeit verursacht, die das Unternehmen unnötig belastet. Stattdessen sollte eine klare Regelung zur Verantwortung für den Risikoprozess getroffen werden. Hier bietet es sich an, die gesamten Risiken und Maßnahmen nur noch durch den Risikomanager erheben zu lassen. Das Ergebnis des Risikoprozesses stellt der Risikomanager dann dem Controller bereit, der diese Informationen in seiner Plan-GuV als negative oder positive Planadjustierung mitberücksichtigt.

Berichterstattung

Diese klare Aufgabentrennung für den Risikoprozess bietet zudem den Vorteil, dass für die Berichterstattung nur noch auf eine einheitliche Datenbasis zurückgegriffen wird und somit die Kommunikation unterschiedlicher Risikoeinschätzungen vermieden werden kann.

Ad-hoc Berichtsfähigkeit

Ein weiterer Vorteil der Aufgabentrennung zeigt sich bei der ad-hoc Berichterstattung: Erhebt das Controlling die Risiken selbst, dann sind die Risiken in einer Vielzahl von Kalkulationen in der Planung verarbeitet. Diese sind dann zumeist nicht ad-hoc, sondern nur aufwendig manuell extrahierbar. Eine zentrale Datenbank des Risikomanagements, in der alle Risiken und Maßnahmen dokumentiert sind, bietet hingegen sofort einen Überblick über das gesamte Risikoportfolio.

Überprüfungsintervalle

Ebenso zeigt sich in der Praxis häufig, dass die Intervalle der Planungsüberprüfung noch nicht miteinander abgestimmt sind. So kann z. B. das Risikomanagement die Risiken quartalsweise aktualisieren, wohingegen das Controlling eine Mittelfristplanung nur einmal jährlich überarbeitet und damit mit fortschreitendem Zeitablauf nicht mehr die aktuelle Risikosituation ausreichend berücksichtigt.

3 Zusammenfassung

Auch wenn in der Praxis die Betrachtung und der Umgang mit den Risiken im Controlling und Risikomanagement häufig noch unterschiedlich und nicht ausreichend abgestimmt sind, so zeigt sich doch sehr deutlich, dass es eine Vielzahl an Möglichkeiten gibt, beide Bereiche sinnvoll miteinander zu verzahnen. Durch eine solche Harmonisierung können Planabweichungen im Vorfeld eher erkannt werden und damit wirkungsvoller gegengesteuert werden. Dies wiederum signalisiert den externen Adressaten (z. B. Aktionären, Banken, Analysten), dass das Unternehmen valide vorausschauende Steuerungsprozesse implementiert hat. Im Ergebnis kann also ein echter Mehrwert für das Unternehmen geschaffen werden und damit auch eine deutliche Akzeptanzsteigerung für das Controlling und das Risikomanagement als zukunftsorientierter Berater des Managements.

Literatur

Gleißner, W./Kalwait, R. (2010): Integration von Risikomanagement und Controlling – Plädoyer für einen völlig neuen Umgang mit Planungssicherheit im Controlling, in: Controller Magazin Ausgabe 4, Juli/August 2010, S. 23–34.

Die Vernetzung von Risikomanagement und Controlling am praktischen Beispiel der Risikotragfähigkeitsermittlung

Karsten Findeis und Claudia Maron

1 Einleitung und Begriffsklärung

Eine Unternehmenssteuerung sollte jederzeit Transparenz darüber haben, welches **Gesamtrisiko** bereits eingegangen wurde und ob das Unternehmen dieses Gesamtrisiko auch tragen kann oder ob sein Fortbestand bereits gefährdet[54] ist. Aus dem Gesamtrisiko ist hierzu die mögliche Auswirkung auf das **Risikodeckungspotenzial** und die **Zahlungsfähigkeit** abzuleiten, denn nur wenn diese erfüllt sind, kann eine Insolvenz[55] vermieden werden. Damit die Bedrohungslage für das Unternehmen nicht überschätzt wird, sollten als Risiko nicht nur im engeren Sinn die Gefahren, sondern auch die Chancen betrachtet werden. Unter **Risiko** ist eine mögliche **Planabweichung** zu verstehen. Entgegen dem klassischen betriebswirtschaftlichen Verständnis kann die Planabweichung positiv (Chance) oder negativ (Gefahr) sein. Eine mögliche **negative Abweichung vom Planwert** reduziert den Vermögenszuwachs oder generiert einen Verlust.[56]

Welchen **Verlust** ein Unternehmen finanziell **maximal verkraften kann**, ohne in seiner wirtschaftlichen Existenz gefährdet zu sein, bemisst die **Risikotragfähigkeit**. Die Höhe der Risikotragfähigkeit hängt dabei maßgeblich von der Eigenkapitalausstattung[57], den Liquiditätsreserven, aber auch vom laufenden Ergebnis bzw. geplanten zukünftigen Vermögenszuwachs[58] des Unternehmens ab. Im Folgenden

---

54 § 91 Abs. 2 AktG verpflichtet den Vorstand, geeignete Maßnahmen zu treffen, um Entwicklungen frühzeitig zu erkennen, die den Fortbestand der Gesellschaft gefährden können.

55 Vgl. § 18–19 InsO.

56 Nach der Definition des Prüfungsstandards (PS) 340 des Instituts der Wirtschaftsprüfer (IDW) ist unter Risiko „... allgemein die Möglichkeit ungünstiger künftiger Entwicklungen zu verstehen" (IDW PS 340, TZ. 3). Es muss damit nicht zwingend ein Jahresfehlbetrag (absolute Reinvermögensminderung) eintreten, damit ein Sachverhalt als Risiko einzustufen ist. Es reicht bereits eine relative Reinvermögensminderung gegenüber einem erwarteten Planwert aus.

57 Das bilanzielle Eigenkapital dient der Abdeckung von Verlusten. Es wird gemindert, sofern der Eintritt von Risiken zu einem Verlust in der GuV führt. Wird das bilanzielle Eigenkapital durch die Verlustdeckung vollständig aufgezehrt, dann hat dies eine bilanzielle Überschuldung zur Folge.

58 Als Ergebnis oder auch Vermögenszuwachs eines Unternehmens wird die firmenindividuelle Kennzahl der Ergebnissteuerung betrachtet (z. B. EBIT, EBITDA etc.).

wird hierzu ein mögliches Verfahren zur Ermittlung der Risikotragfähigkeit dargestellt. Im Gegensatz zur Risikotragfähigkeit bezeichnet die **Risikotoleranz** nicht die maximale Abdeckung von Verlusten, sondern das individuelle Höchstmaß an Risiken, das ein Unternehmen bereit ist einzugehen, um seine Geschäftsziele zu erreichen.

Für die Überprüfung, ob die **Zahlungsfähigkeit** des Unternehmens bedroht ist, ist das zukünftige **Rating** zu betrachten. Unter Rating versteht man die risikoorientierte Beurteilung der zukünftigen Kreditwürdigkeit (Bonität). Liegen die Risiken in quantifizierter Form vor, lassen sich die Auswirkungen einzelner Entscheidungen auf ein externes Rating berechnen.[59] D.h. es wird auf Basis der Erfolgs- und Risikofaktoren ermittelt, ob das Unternehmen auch in der Zukunft seine Verbindlichkeiten (Zinsen und Tilgungsraten) vollständig und termingerecht zurückzahlen kann, also wie hoch das künftige Kreditausfallrisiko ist. Die Vorgehensweise zur Ermittlung einer Ratingprognose wird in diesem Kapitel nicht näher betrachtet. Eine detaillierte Erläuterung erfolgt hierzu im Beitrag von Gleißner/Wolfrum zur Risikotragfähigkeit unter Rating- und Covenants-Gesichtspunkten.

Im Rahmen der Tragfähigkeitsüberprüfung sollte also nicht nur ein maximaler Schwellenwert („**Worst-Case**"-Szenario) betrachtet werden, bis zu den Zahlungen an die Fremdkapitalgeber gesichert sind. Für die Sicherung der Handlungsfähigkeit eines Unternehmens ist es dagegen wichtiger, dass ermittelt wird, ob ausreichend kurzfristig liquidierbares Vermögen verfügbar ist, das die Fortführung („**Going-Concern**"-Szenario) des Unternehmens dauerhaft sichert.

Die Vorgehensweise zur Überprüfung der Risikotragfähigkeit wird am Beispiel des fiktiven mittelständischen Unternehmens Hamburger Maschinenbau (HMB) GmbH betrachtet. Die wichtigsten wirtschaftlichen Eckdaten im Geschäftsjahr 2018 sind durchweg positiv. Ca. 500 Mitarbeiter erwirtschaften einen Umsatz von 100 Mio. Euro. Der Jahresüberschuss beträgt 15 Mio. Euro. Die Unternehmensleitung legt in der laufenden Geschäftssteuerung großen Wert darauf, jederzeit Transparenz über das bereits eingegangene Gesamtrisiko zu haben und ob es dieses Gesamtrisiko auch tragen kann oder ob der Fortbestand des Unternehmens bereits gefährdet ist.

Im Mittelpunkt stehen folgende Fragen:

- Welche Risiken wurden bereits eingegangen?
- Wieviel Risiken kann oder will sich das Unternehmen leisten?
- Stehen ausreichend Kapital und Liquidität zur Risikodeckung zur Verfügung?
- Welchen Verlust kann das Unternehmen finanziell maximal verkraften, ohne in seiner wirtschaftlichen Existenz gefährdet zu sein?

---

59   Vgl. Reimer/Fiege (2009).

Die Risikotragfähigkeit wird bestimmt, indem das **Gesamt(verlust)risiko** und das **Risikodeckungspotenzial (Reinvermögen** und **geplanter zukünftiger Vermögenszuwachs)** ermittelt und **gegenübergestellt werden** (siehe Abbildung 10).

Abbildung 10: Prozessschritte der Tragfähigkeitsüberprüfung

Zunächst ist der Umfang der gesamten Planabweichung, das **Gesamtrisiko**, zu ermitteln und hiervon der Anteil, der zu einem **Verlust** führen könnte (siehe Abbildung 11).

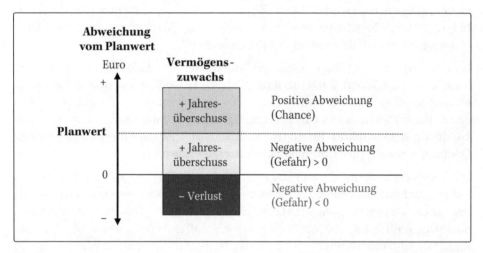

Abbildung 11: Vermögenszuwachs in Abhängigkeit von der Abweichung vom Planwert

Im nächsten Schritt ist das **Risikodeckungspotenzial** zu ermitteln. Dieses hängt von den bereits vorhandenen Vermögenswerten (Reinvermögen: Eigenkapital und Stille Reserven) ab, aber auch vom laufenden Ergebnis bzw. dem geplanten zukünftigen Vermögenszuwachs des Unternehmens. Letzteres ist eine unsichere Größe, da es noch erwirtschaftet werden muss (siehe Abbildung 12).

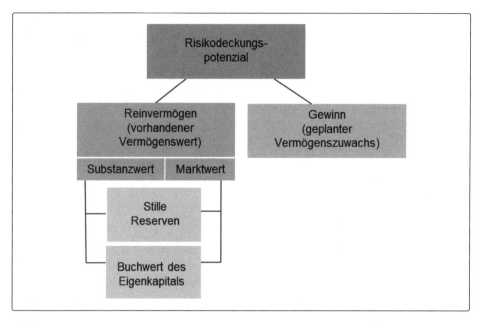

Abbildung 12: Risikodeckungspotenzial: Reinvermögen und zukünftiger Vermögenszuwachs[60]

Im letzten Schritt kann nun die Risikotragfähigkeit bestimmt werden, indem das **Gesamtverlustrisiko** und das **Risikodeckungspotenzial (Reinvermögen** und **geplanter zukünftiger Vermögenszuwachs) gegenübergestellt werden** (siehe Abbildung 13).

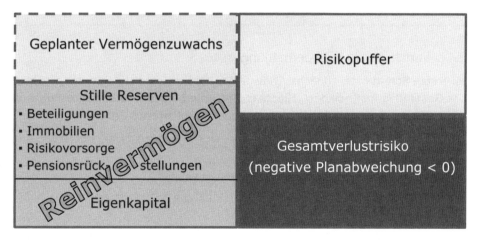

Abbildung 13: Risikodeckungspotenzial, Verlustrisiko und Risikopuffer

---

60   Vgl. Hager (2008).

Es wird empfohlen, die Risikotragfähigkeit für **mindestens 3 Planjahre zu überprüfen**.[61] Negativen Planabweichungen in Form von Verlusten steht im Jahr der Entstehung oftmals zwar noch ein ausreichendes Risikodeckungspotenzial gegenüber. Diese Verluste reduzieren aber das Eigenkapital und die Liquiditätsreserven, so dass im Folgejahr nur ein geringeres Risikodeckungspotenzial verbleibt und damit das Unternehmen anfälliger für bestandsbedrohende Entwicklungen ist.[62]

In den folgenden Kapiteln werden nun anhand des Musterbeispiels für die drei Prozessschritte der Tragfähigkeitsüberprüfung praxisorientierte Lösungen aufgezeigt und Empfehlungen gegeben. Die dazu notwendigen theoretischen Hintergründe sowie unterschiedliche Schwellenwerte werden erläutert.

2 Ermittlung des Gesamt(verlust)risikos

Eine Vielzahl potenzieller Planabweichungen ist i.d.R. in jedem Unternehmen und jeder Geschäftsleitung bekannt. Mit zunehmender Geschäftsgröße und der damit häufig verbundenen steigenden Anzahl und Umfang einzelner Planabweichungen fehlt jedoch häufig eine Gesamteinschätzung, ob das geplante Unternehmensergebnis, unter Berücksichtigung der vom Unternehmen bereits eingegangenen Risiken, erwirtschaftet werden kann.

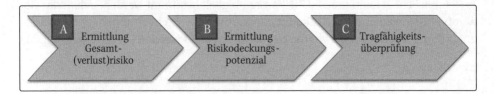

2.1 Verfahren zur Risikoermittlung

Im **ersten Schritt** muss zunächst Transparenz darüber geschaffen werden, wie hoch das **Gesamt(verlust)risiko** ist. Hierzu stehen **unterschiedliche Verfahren** zur Auswahl. Hier werden beispielhaft vorgestellt die Risikobewertung mittels:

(1) Klassische Planung mit Erwartungswerten (Deterministische, einwertige Risikoanalyse)

(2) Szenario Planung (Deterministische Szenarioanalyse)

(3) Risikoadjustierte Planung mit Eintrittssimulation (Stochastische Szenarioanalyse).

---

61 „Der Planungszeitraum sollte grundsätzlich drei Jahre betragen. Dies beinhaltet die Hochrechnung des aktuellen Jahres und drei Planjahre." Vgl. Bundesverband Deutscher Unternehmensberater (BDU), Grundsätze ordnungsgemäßer Planung (GoP) Version 2.1, S. 18. und IDW PS 340, TZ. 10.

62 Vgl. Gleißner, W. (2016).

Bei allen drei Verfahren sind die einzelnen Risiken zunächst zu **identifizieren** und danach die Schadenshöhe und die Eintrittswahrscheinlichkeit zwingend **quantitativ zu bewerten**. Abschließend sind alle bewerteten Einzelrisiken zu einer Gesamtrisikoposition zusammenzufassen (**aggregieren**).

2.1.1 Kritischer Vergleich: Deterministisches vs. Stochastisches Verfahren zur Risikobewertung

Bei der deterministischen **Risikobewertung mit Erwartungswerten** wird eine identifizierte **Planabweichung mit einer Eintrittswahrscheinlichkeit multipliziert**. Das Ergebnis ist ein **Erwartungswert** (gewichteter Mittelwert).

In der Praxis ist diese Vorgehensweise sehr verbreitet, da die Berechnung und Nachvollziehbarkeit von Erwartungswerten einfach ist. Zudem können die einzelnen Risiken anhand des Erwartungswertes miteinander verglichen werden und somit in eine Relevanzreihenfolge gebracht werden.[63]

Häufig vorgetragene Kritikpunkte zur Risikobewertung mit Erwartungswerten in der Praxis lauten hingegen: Die Erwartungswerte der einzelnen Risiken werden nicht auf einer einheitlichen Bewertungsbasis ermittelt. Also statt z. B. alle Risiken nur gemäß dem „Besten" oder aber dem „Schlechtesten" Szenario zu bewerten, werden die einzelnen Risiken unter Anwendung beider Szenarien unterschiedlich bewertet. Zudem wird bemängelt, dass die Abhängigkeiten zwischen Risiken vollständig ausgeblendet werden[64] und „... dass man aus dem Erwartungswert nicht mehr ableiten kann, welche Konsequenzen das Eintreten eines Risikos – also des Schadensfalles – hat. Sehr seltene, aber dann schwerwiegende Risiken, werden bei dieser Sichtweise unterschätzt."[65] Alle diese Kritikpunkte sind bezogen auf die häufig gelebte Praxis des Risikomanagements berechtigt. Sie stellen aber **keine grundsätzliche Schwäche der Bewertungsmethodik** dar. Stattdessen können diese Anwendungsschwächen beseitigt werden, indem z. B. ein einheitlich anzuwendendes Szenario für die Bewertung vorgegeben wird und dessen tatsächliche Anwendung laufend überprüft wird. Die Abhängigkeiten zwischen Risiken können bereits in der Bewertung berücksichtigt werden. Zum Beispiel ist bei einem Zeitverzug der Entwicklung eines Produkts nicht nur das Risiko für den Entwicklungsbereich selbst zu bewerten. Stattdessen sind auch die Risikokosten aller nachgelagerten Einheiten der Prozesskette zu berücksichtigen, wie z. B. die Kosten für die Unterauslastung vorgehaltener Produktionskapazitäten und Strafzahlungen an Kunden aufgrund der verspäteten Produktauslieferung. Sehr seltene, schwerwiegende Risiken können zudem transparent gemacht werden, indem zusätzlich zum Risikoerwartungswert auch die zugrunde-

---

63   Vgl. Rautenstrauch/Hunziker (2010).

64   Vgl. Romeike (2014).

65   Vgl. Gleißner (2016).

liegende Höhe der identifizierten Planabweichung (z. B. auf Basis des „Schlechtesten" Szenarios) in der Berichterstattung mit ausgewiesen wird.

Wenn also die Anwendungsschwächen in der Praxis geheilt werden können, bringt dieses Verfahren mehr Sicherheit bei der Risikoeinschätzung? Da die **Risikobewertungen** entweder **aus historischen Daten abgeleitet** werden oder aber auf **subjektiven Experteneinschätzungen** beruhen, lässt sich der **zukünftige Risikoumfang** des Unternehmens **nicht verlässlich abschätzen.**

Dieser **Schwachpunkt** zeigt sich aber **auch bei der Risikobewertung mit** dem Verfahren (3) **Stochastische Szenarioanalyse**, das im Gegensatz zur Risikobewertung mit Erwartungswerten eine **Vielzahl möglicher Zukunftsszenarien betrachtet.** Hierzu ist für jedes einzelne Risiko die jeweils zugrundeliegende Verteilungsfunktion (oder Dichtefunktion) zu ermitteln. Der **Risikoumfang** wird durch **statistische Streuungsmaße (Parameter der Verteilung)**, wie z. B. die Standardabweichung, beschrieben.[66]

Aber selbst die Risikobewertung mit Stochastischer Szenarioanalyse beinhaltet potenzielle **Schätz- und Modellrisiken** (sog. **Metarisiken**) und damit **Unsicherheiten bezüglich des Risikoumfangs.** Die Risikomodelle unterstellen, dass der Typ der Wahrscheinlichkeitsverteilung und sämtliche Parameter sicher bekannt sind, also eine perfekte Objektivität gegeben ist. Dem ist in der realen Welt aber tatsächlich nicht so. So ergeben sich beispielsweise bei der **Ableitung der Modellparameter aus historischen Daten** bereits Unsicherheiten durch die **subjektive Entscheidung**, für welchen Betrachtungszeitraum die Daten ausgewertet werden sollen. Der Betrachtungszeitraum wird eingeschränkt und dadurch die Datenmenge limitiert. Das hat zur Folge, dass nicht sicher ist, ob alle Risiken tatsächlich Bestandteil der betrachteten historischen Beobachtungen sind.

Es kann aber auch der Fall sein, dass zukünftige Risiken noch nie in der Vergangenheit aufgetreten sind. Diese Risiken sind dann entsprechend auch nicht aus den historischen Daten ableitbar. Zudem sind historische Daten zumeist nur begrenzt oder auch überhaupt nicht verfügbar, so dass kein geeigneter Schätzwert ermittelt werden kann. Für die Risikobewertung werden dann **subjektive Expertenschätzungen** genutzt. Auch wenn man versucht, diese dann auf realistischere Bandbreiten einzuengen[67], in denen sich die Modellparameter bewegen, so bleiben unzureichende Genauigkeit und Vollständigkeit der Risiken eine Modellschwäche.

Prognoseunsicherheiten ergeben sich aber nicht nur durch falsche Eingangsdaten und geschätzte, unsichere Modellparameter als Prognosestartwerte, sondern auch durch **fehlerhaft gewählte Modelle** und prognostizierte **exogene Modellvariablen**, nicht berücksichtigte **außergewöhnliche stochastische Schocks** und eventuelle **Verhaltensänderungen Dritter.** Entgegen der Annahme im Modell bleiben in der Praxis die Marktakteure i. d. R. nicht alle vollkommen untätig und schauen nur zu,

---

66   Vgl. Gleißner (2016).

67   Vgl. Gleißner (2011).

wenn sie unterjährig Veränderungen im Vergleich zu ihrer Einschätzung zum Geschäftsjahresanfang feststellen. Tatsächlich ergreifen sie i.d.R. Maßnahmen, um beispielsweise steigenden Kosten mit Preiserhöhungen oder Kostensenkungsmaßnahmen entgegenzuwirken. Im Ergebnis ist die Risikomodellierung selbst unsicher **und kann nicht überprüft werden**. Die **Metarisiken** (Schätz- bzw. Parameterunsicherheiten) **erhöhen den tatsächlichen Risikoumfang**.

Da tatsächlich **kein Verfahren zur verlässlichen Vorhersage der Zukunft existiert**, muss jedes Unternehmen für sich selbst entscheiden, mit welchem Verfahren es die einzelnen Risiken abschätzen möchte. Alle Verfahren haben unter Berücksichtigung der aufgeführten Vor- und Nachteile ihre Berechtigung. Bei einer engeren Wahl der Risikobewertung mittels der Stochastischen Szenarioanalyse sollte geprüft werden, ob die genauere Abbildung der Realität und die Möglichkeit, den Risikobetrag aus einer Bandbreite zu wählen, in einem angemessenen Verhältnis zum höheren Beratungs- und Schulungsaufwand und zur höheren Komplexität in der Umsetzung stehen.

Eine Übersicht über die beschriebenen Verfahren finden Sie in untenstehender Tabelle 13:

Verfahren	(1)	(2)	(3)
Sichtweise Controlling	Klassische Planung	Szenario Planung	Risikoadjustierte Planung
Sichtweise Risiko- bewertung	Einwertige Risikoanalyse	Extremwerte Risikoanalyse	Multi-Szenario Risikoanalyse
Definition	Untersuchung nur der mittleren erwarteten Plan- abweichung	Untersuchung begrenzt auf die Abschätzung der Extremfälle	Untersuchung beliebig vieler einzelner Szenarien
	Deterministische einwertige Analyse	Deterministische Szenarioanalyse	Stochastische Szenarioanalyse
Methode	Punktwert	Diskret	Diskret und Stetig (Hier Beispiel Stetig)
Implemen- tierungs- aufwand	Gering	Mittel Modellierung der Szenarien notwendig	Hoch Simulations-Software und Statistik-Kenntnisse not- wendig
Ermittlung Zielabweich- ung durch	a) Vergangenheitswerte (Benchmarkwerte), b) subjektive Experten- schätzung (selbst- stellte Szenarien)	a) Vergangenheitswerte (Benchmarkwerte), b) subjektive Experten- schätzung (selbst- erstellte Szenarien)	a) Vergangenheitswerte (Benchmarkwerte), b) subjektive Experten- schätzung (selbst- erstellte Szenarien)

Verfahren	(1)	(2)	(3)
Anzahl zu berücksichtigender Planabweichungswerte (Gesamtrisiko)	Ein Wert	Geringe Anzahl Szenarien, z. B. Drei-Werte-Verfahren: (a) Bester Fall – Maximalwert (b) Planszenario – wahrscheinlichster Wert (c) Schlechtester Fall – Minimalwert	Modellierte Risikoverteilung – Mathematisches Simulationsverfahren (historische Simulation, Monte Carlo[68]) mit hoher Anzahl alternativer Szenarien (z. B. 50.000 Iterationen)
Beispiel Zielabweichung Schadensfall	Planszenario = 10 Mio. Euro	(a) Bester Fall = 15 Mio. Euro (b) Planszenario = 10 Mio. Euro (c) Schlechtester Fall = 5 Mio. Euro	1. Fall = ... 2. Fall = ... 3. Fall = ... 4. 50.000. Fall = ...
Erwartungswert „μ"[69]	Mathematische Berechnung: = 10 Mio. Euro * 100 % = 10 Mio. Euro	Mathematische Berechnung: $\mu = E(X_i) = np_i$ = 15 Mio. Euro * 20 % + 10 Mio. Euro * 50 % + 5 Mio. Euro * 30 % = (3 + 5 + 1,5) Mio. Euro = 9,5 Mio. Euro	z. B. Risikoverteilung folgt einer Normalverteilung $\mu = E(X)$ $= \frac{1}{\sqrt{2\pi}} \int_{-\infty}^{\infty} x e^{-\frac{1}{2}x^2} \, dx$
Standardabweichung „σ"[70]	$\sigma = 0$	$\sigma = \sqrt{Var(X)}$ $= \sqrt{\frac{\sum_{i=1}^{n}(x_i - \mu)^2}{n}}$ $\sqrt{\frac{(5-9,5)^2 + (10-9,5)^2 + (15-9,5)^2}{3}}$ = 16,9	z. B. Normalverteilung $\sigma = \sqrt{Var(X)}$ $= \sqrt{\frac{\sum_{i=1}^{n}(x_i - \mu)^2}{n}}$ x_i ist der i-te Messwert; μ ist der Erwartungswert
Zeitlicher Aufwand für die Risikoquantifizierung	Gering	Hoch stark sinkende Akzeptanz bei den Risikoverantwortlichen insbesondere bei vielen zu betrachtenden Zeitperioden, da drei Werte pro Zeitperiode abzuschätzen sind	Hoch quantitative Beschreibung der Einzelrisiken durch Bestimmung der Verteilungsfunktionen

---

68 Weiterführende Erläuterungen und ein Fallbeispiel für die Aggregation von Risiken mittels Risikosimulation („Monte-Carlos-Simulation"): Vgl. Gleißner (2004).

69 Der Erwartungswert zeigt an, was „im Mittel" passiert.

70 Die Standardabweichung ist ein Volatilitätsmaß. Es quantifiziert das Ausmaß der Schwankungen (Streuungsbreite) einer risikobehafteten Größe um die mittlere Entwicklung (Erwartungswert).

Verfahren	(1)	(2)	(3)
Zeitlicher Aufwand für die Risiko-aggregation	Gering	Gering	Mittel Berechnung übernimmt Software
Nachvoll-ziehbarkeit der Berech-nung	Einfach	Einfach	Schwierig mathematische und statistische Kenntnisse notwendig und sehr große Anzahl Szenarien
Abbildung der Realität	Nur 1 möglicher Zu-stand	3 mögliche Zustände	Hinreichende Anzahl möglicher Zustände

Tabelle 13: Verfahren zur Ermittlung der Planabweichung

2.1.2 Pragmatischste Vorgehensweise zur Risikoermittlung in der Praxis des Mittelstands

Im Mittelstand werden häufig pragmatische Lösungen mit vertretbarem Aufwand bevorzugt. Damit ist das **Verfahren (1)** interessant, auch wenn es nicht die maxima-len positiven/negativen Planabweichungswerte berücksichtigt, sondern die mittlere erwartete Planabweichung (also das Planszenario) betrachtet. Eine Tragfähigkeits-überprüfung mit dieser Datenbasis hat eine **beschränkte Aussagekraft**, da sie **le-diglich** bestimmt, ob die **erwartete Planabweichung im Planszenario** durch ausrei-chend Vermögen gedeckt wäre. Nicht aufgezeigt werden kann, ob der Eintritt extre-mer Planabweichungen (bester/schlechtester Fall) auch noch gedeckt wäre.[71] Eine solche Aussage lässt sich nur mit einem der beiden **Szenarioanalyse-Verfahren** (2) oder (3) treffen.

Da diese beiden Verfahren jedoch zeitintensiver als das Verfahren (1) sind, bietet sich als nächster Schritt die Umsetzung einer Kombination der beiden Verfahren (1) und (2) an. Hierdurch kann der Aufwand im vertretbaren Rahmen gehalten, dafür aber weitaus aussagekräftigere Werte generiert werden. Dabei ist wie folgt vorzugehen:

I. Für **Risiken**, die **geringen +/- Schwankungen** unterliegen, Bottom-up gemäß **Verfahren (1)** die mittlere erwartete Planabweichung (Planszenario) ermitteln

II. Für **Risiken**, die **stärkeren +/- Schwankungen** unterliegen, entweder **Bottom-up** gemäß **Verfahren (2)** den Besten Fall, das Planszenario und den Schlechtesten Fall ermitteln oder aber **zentral** für die wichtigsten GuV-Positionen die **Schwan-kungsbreite** definieren.

Die Kombination der Verfahren (1) und (2) ist eine pragmatische, vereinfachte Vor-gehensweise, die sich auf die Betrachtung einer geringen Anzahl möglicher Risiko-

---

71 Vgl. Gleißner (2004).

zustände beschränkt. Gleichzeitig steigt die Aussagekraft, da Risiken mit ihren Bandbreiten berücksichtigt werden.

Soll hingegen eine größere Anzahl möglicher Risikozustände in die Betrachtung einbezogen werden, ist das **Verfahren (3)** zu wählen. Hier kann bereits eine einfache Dreiecksverteilung (Beschreibung der Schadenshöhe mit drei Werten (Bester Fall/Maximalwert, wahrscheinlichster Fall, Schlechtester Fall/Minimalwert) den Einstieg in die Stochastik erleichtern. Werden die Verfahren konsistent angewendet, unterscheiden sich die Erwartungswerte nicht.

Zusammenfassend kann festgehalten werden, dass es verschiedene Wege zur Risikobewertung und deren Integration in die Unternehmensplanung gibt. Bei der Risikobewertung beginnt dies bei der einwertigen Bewertung und geht bis zu komplexen mathematischen Beschreibungen in stochastischen Modellen. Ähnlich verhält es sich bei der Planung. Eine einwertige, deterministische Planung wird durch die Betrachtung von Szenarien (Bester Fall, Schlechtester Fall) ergänzt und kann zu einer stochastischen Planung weiterentwickelt werden.

Anhand eines Beispiels werden nachfolgend die drei unterschiedlichen Bewertungsverfahren beschrieben. Hierzu wird die Risikosituation der fiktiven **HMB GmbH** betrachtet. Es werden Vergangenheitswerte zugrunde gelegt, um die Wirkungsweise der Methoden und die Ergebniswirkung aufzuzeigen.

Ausgangspunkt ist das von der HMB GmbH aufgestellte Planbudget für das folgende Jahr. Es wurde ein Umsatz von 100 Mio. Euro geplant. Darin enthalten sind Forderungsausfälle, die mit 1,4 % auf dem Niveau des Vorjahres fortgeschrieben wurden, eine durchaus gängige Vorgehensweise bei Planungen (siehe Tabelle 14).

	Jahr	Umsatz	Forderungs- ausfall	Forderungs- ausfall
		in Mio. Euro	in Mio. Euro	in % vom Umsatz
Plan	2017	100,0	1,4	1,4%

Tabelle 14: Unternehmensplanung Forderungsausfall

Das Management möchte zusätzlich eine Einschätzung aus Risikogesichtspunkten zwecks Validierung der Planungsannahme und um ggf. steuernd eingreifen zu können. Die Zeitreihenanalyse zeigt folgende Entwicklung (siehe Tabelle 15):

Jahr	Umsatz	Forderungs-ausfall	Forderungs-ausfall
	in Mio. Euro	in Mio. Euro	in % vom Umsatz
1996	65,4	1,5	2,3%
1997	66,7	1,8	2,7%
1998	68,0	1,6	2,4%
1999	69,4	1,7	2,5%
2000	70,7	1,9	2,7%
2001	72,0	2,2	3,0%
2002	73,5	2,3	3,1%
2003	75,1	2,1	2,8%
2004	76,8	2,5	3,2%
2005	78,2	2,3	3,0%
2006	79,8	2,6	3,3%
2007	81,4	2,8	3,4%
2008	83,0	4,4	5,3%
2009	84,7	5,6	6,6%
2010	85,6	6,3	7,4%
2011	86,0	5,0	5,8%
2012	87,5	4,3	4,9%
2013	89,7	2,8	3,1%
2014	92,4	2,4	2,6%
2015	95,2	1,7	1,8%
2016	97,6	1,4	1,4%
Plan	**2017**	**100,0**	**?**	**?**

Tabelle 15: Historische Entwicklung der Forderungsausfälle

Klassische Planung/Einwertige Risikoanalyse – Verfahren (1)

Eine Analyse der Vergangenheitsdaten ergibt je nach zugrunde gelegtem Zeitraum folgende Erfahrungswerte (= Durchschnitt). Dabei ist es schwierig festzulegen, welche Werte aus der Vergangenheit am besten die zukünftige Entwicklung des Forderungsausfalls abbilden. In diesem Beispiel entscheidet das Management, die letzten drei Jahre zu berücksichtigen (siehe Tabelle 16).

Betrachtungszeitraum	Ø Forderungsausfall in % vom Umsatz
der letzten 20 Jahre (1997-2016)	3,6%
der letzten 10 Jahre (2007-2016)	4,2%
der letzten 5 Jahre (2012-2016)	2,8%
der letzten 3 Jahre (2014-2016)	1,9%
des letzten Jahres (2016)	1,4%

Tabelle 16: Durchschnittlicher Forderungsausfall in der Vergangenheit

Das bedeutet, der Forderungsausfall soll in Höhe von 1,9 % vom Umsatz bzw. 1,9 Mio. Euro in der Planung berücksichtigt werden. Bei einer Punktwertplanung, die auf historischen Daten beruht, wird eine 100 %ige Eintrittswahrscheinlichkeit angenommen. Damit verschlechtert sich der geplante Forderungsausfall von 1,4 % bzw. 1,4 Mio. Euro auf 1,9 % bzw. 1,9 Mio. Euro (siehe Tabelle 17).

	Jahr	Umsatz	Forderungs- ausfall	Forderungs- ausfall
		in Mio. Euro	in Mio. Euro	in % vom Umsatz
Plan	2017	100,0	1,9	1,9%

Tabelle 17: Unternehmensplanung angepasst auf durchschnittliche Forderungsausfälle der letzten 3 Jahre

Eine Risikoermittlung mit dieser Datenbasis hat nur eine beschränkte Aussagekraft, da sie lediglich bestimmt, ob die erwartete Planabweichung im Planszenario durch ausreichend Vermögen gedeckt wäre. Nicht aufgezeigt werden kann hingegen, ob der Eintritt extremer Planabweichungen (bester / schlechtester Fall) auch noch gedeckt wäre.[72] Eine solche Aussage lässt sich nur mit einem der beiden Szenario Analyse-Verfahren (2) oder (3) treffen.

Szenario Planung/Extremwerte Risikoanalyse – Verfahren (2)

Mit Hilfe der Szenarioanalyse werden drei verschiedene Varianten als mögliche Zukunftsbilder berücksichtigt. Damit wird gegenüber der Variante (1) eine größere Bandbreite möglicher zukünftiger Entwicklungen aufgezeigt (siehe Tabelle 18).

	Jahr	Umsatz	Forderungs- ausfall	Forderungs- ausfall
		in Mio. Euro	in Mio. Euro	in % vom Umsatz
Bester Fall	2017	100,0	1,4	1,4%
Wahrscheinlichster Fall	2017	100,0	3,5	3,5%
Schlechtester Fall	2017	100,0	7,4	7,4%

Tabelle 18: Forderungsausfall-Szenarien

Basis sind wie in Variante (1) die Vergangenheitswerte (siehe Tabelle 15). Im Betrachtungszeitraum sind 1,4 % bzw. 7,4 % jeweils der beste bzw. der schlechteste Fall. Am wahrscheinlichsten wird der durchschnittliche Forderungsausfall mit 3,5 % angenommen.

Der „Beste Fall" mit 1,4 % entspricht zufällig dem Forderungsausfall, der bereits in der Planung berücksichtigt ist (siehe Tabelle 14). Das Management entscheidet sich aus

---

72   Vgl. Gleißner (2004).

kaufmännischer Vorsicht, den wahrscheinlichsten Wert in der Planung als „Planszenario" zu berücksichtigten und die zusätzliche Ergebnisbelastung durch Einsparungen auszugleichen. Der „Schlechteste Fall" bleibt auf dem unterjährigen Risikoradar.

Risikoadjustierte Planung/Multi-Szenario Risikoanalyse – Verfahren (3)

Sowohl bei Verfahren (1) als auch bei Verfahren (2) ist davon auszugehen, dass der tatsächliche Forderungsausfall von dem in der Planung angenommenen einzelnen Planszenario („Bester Fall" = 1,4 % bzw. „Wahrscheinlichster Fall" = 3,5 %) abweichen wird. Möchte man hingegen abschätzen, in welcher **Bandbreite die Risikokosten** eintreten könnten, ist nicht nur ein einziger Wert zu betrachten, sondern eine Vielzahl von Zukunftsszenarien basierend auf Wahrscheinlichkeitsverteilungen. Mit Hilfe der Monte Carlo Simulation wurden in diesem konkreten Beispiel 10.000 Iterationen auf Basis von prozentualen Vergangenheitswerten durchgeführt. Die konkreten Verteilungsfunktionen wurden mit Hilfe der Software aus den historischen Daten vorgeschlagen und übernommen. Es wurden somit 10.000 verschiedene Szenarien betrachtet. Jedes einzelne Szenario ergibt einen Punktwert. Alle Szenarien zusammen ergeben folgende Häufigkeitsverteilung (siehe Abbildung 14).

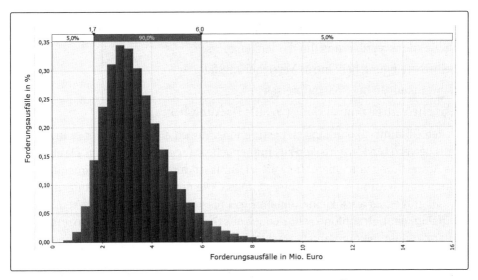

Abbildung 14: Verteilung Forderungsausfälle modelliert mit Monte Carlo Simulation[73]

Mit einer Wahrscheinlichkeit von 90 % (Konfidenzintervall) wird ein Forderungsausfall zwischen 1,7 Mio. Euro und 6,0 Mio. Euro erwartet. Der Forderungsausfall, der am häufigsten aufgetreten ist, beträgt 2,9 Mio. Euro (2,9 %). Im Durchschnitt (Mittelwert) tritt ein Forderungsausfall von 3,4 Mio. Euro (3,4 %) auf.

---

73 Simulation durchgeführt mit der Software @RISK, Palisade Corporation.

	Jahr	Umsatz	Forderungs-ausfall	Forderungs-ausfall
		in Mio. Euro	in Mio. Euro	in % vom Umsatz
Häufigster Wert	2017	100,0	2,9	2,9%
Mittelwert	2017	100,0	3,4	3,4%
Konfidenzintervall	90%	Forderungsausfälle zwischen 1,7 und 6,0 Mio. Euro		

Tabelle 19: Forderungsausfall Bandbreite

Gegenüber dem Verfahren (1) zeigt sich, dass der darin berücksichtigte Forderungsausfall mit 1,9 Mio. Euro eher optimistisch geplant ist. Gegenüber dem Verfahren (2) lässt sich feststellen, dass der „Beste Fall" mit 1,4 Mio. Euro und der „Schlechteste Fall" mit 7,4 Mio. Euro zahlungsunfähiger Kunden sehr unwahrscheinlich sind. Für eine risikoadjustierte Planung wird empfohlen, den Mittelwert zu berücksichtigen, sofern das Management keine abweichende Festlegung trifft.

2.1.3 Aggregation der Risiken

Die HMB GmbH hat eine Vielzahl von Risiken, wie zum Beispiel:

- Zusatzkosten für Service Wartung/Reparatur Maschinen
- Produktionsverzögerung durch Lieferengpässe
- Selbstbeteiligung bei Eintritt Versicherungsfall
- Schwankungen bei Rohstoffpreisen
- Unsichere Absatzentwicklung (volatile Deckungsbeiträge)

Um den Gesamtrisikoumfang zu bestimmen, müssen alle identifizierten und quantitativ bewerteten Einzelrisiken zusammengefasst (aggregiert) werden. Da ein Risiko eine Abweichung von einem Zielwert ist, umfasst der Gesamtrisikoumfang per Definition positive und negative Abweichungen. Die negativen Abweichungen können sowohl größer als auch kleiner einem Ergebnis von Null (d. h. Verlust) sein. Für die **Tragfähigkeitsbetrachtung** sollte jedoch aus Gründen des **Vorsichtsprinzips nur** der **Gesamtverlustrisikoumfang** betrachtet werden, also **alle Risiken mit negativer Abweichung < 0 (Verlust)**[74]. Wie bereits zuvor in diesem Artikel kritisch betrachtet, wird bei allen drei vorgestellten Verfahren die Bewertung der Einzelrisiken entweder aus historischen Daten abgeleitet oder sie beruht auf subjektiven Expertenschätzungen. Der **zukünftige Risikoumfang des Unternehmens** ist damit **tatsächlich nicht verlässlich abschätzbar.** Die unterschiedlichen Aggregationsverfahren, die die zuvor quantitativ bewerteten Risiken zusammenfassen, können dieses grundsätzliche Problem der unsicheren Datengrundlage aber nicht mehr heilen. Entsprechend ist

---

74   Vgl. Klein (2011).

daher auch das **Ergebnis der Aggregation nicht verlässlich, egal welches dieser Verfahren genutzt wird.**

Kommen die deterministischen Verfahren (1) Klassische Unternehmensplanung oder (2) die Szenario Planung zur Anwendung, dann erfolgt in der Praxis häufig die **Aggregation der Einzelrisiken durch Addition der Erwartungswerte.** Jedoch muss dem Anwender dabei folgendes bewusst sein: Durch die starke Vereinfachung wird die Risikobewertung auf eine einzige Zahl reduziert, die erwartete Planabweichung der Gesamtrisikoposition (gewichteter Mittelwert), obwohl in der Realität tatsächlich viele verschiedene Szenarien mit unterschiedlichen, teils extremen, finanziellen Auswirkungen existieren. Eine Aussage zur Streuungsverteilung der möglichen Schäden um den Erwartungswert herum, ist damit nicht gegeben.[75]

Damit, so scheint es zunächst, ist der Erwartungswert nicht für die Identifikation von bestandsgefährdenden Risikoszenarien geeignet und somit auch nicht die additive Aggregation der Erwartungswerte für die Überprüfung der Tragfähigkeit im Sinne eines maximal verkraftbaren finanziellen Verlusts. Dieses Problem wird deutlich, wenn man nur ein einzelnes Risiko betrachtet. Wird für dieses einzelne Risiko eine Rückstellung in Höhe des Erwartungswerts gebildet (z. B. 10.000 Euro Planabweichung * 60 % Eintrittswahrscheinlichkeit = 6.000 Euro Erwartungswert), so wird dieser Rückstellungswert nicht ausreichend sein, wenn das Risiko eintritt (10.000 Euro Planabweichung – 6.000 Euro Rückstellung = 4.000 Euro Fehlbetrag). Tritt das Risiko dagegen nicht ein, wird der Rückstellungsbetrag in Höhe von 6.000 Euro nicht benötigt. Diese **methodische Ungenauigkeit kann signifikant**[76] **abgeschwächt werden,** indem eine Vielzahl voneinander unabhängiger Risiken betrachtet werden. Hierdurch wird eine **Subventionierung** (Portfolioprinzip) **zwischen einzelnen Risiken** ermöglicht. Die Rückstellungen für die nicht eingetretenen Risiken decken den Fehlbetrag (im Beispiel 4.000 Euro) bei den eingetretenen Risiken ab.[77]

Für das Verfahren (3) **Stochastische Szenarioanalyse** hat sich in der Praxis die Risikoaggregation mittels einer **Monte-Carlo-Simulation** etabliert, d. h. es wird anhand einer Ja-Nein-Abfrage überprüft, ob in Abhängigkeit von der Wahrscheinlichkeit das Risiko „eintritt" oder aber „nicht eintritt". Durch die mehrfache Wiederholung dieser Vorgehensweise (Simulation) wird eine Vielzahl risikobedingt möglicher Zukunftsszenarien (Schadenshöhen) betrachtet. Das Ergebnis der Risikobewertung ist nicht nur ein einziger Wert (deterministische Zahlenwelt), sondern eine **Bandbreite** in Form einer **Häufigkeitsverteilung.** Die Darstellung von Bandbreiten macht die Unsicherheit möglicher Risiken transparenter als vermeintlich punktgenaue Schätzungen. Aus dieser Bandbreite der Risikokosten kann dann der Risikobetrag in

---

75 Vgl. Rautenstrauch/Hunziker (2010).

76 Einen vollständigen Ausgleich gibt es nie, auch theoretisch nicht, da dazu die Risiken sich perfekt gegeneinander ausgleichen müssten, also perfekt negativ miteinander korreliert sein müssten.

77 Vgl. Flemming (2011).

Abhängigkeit der individuellen Risikoeinstellung und der Möglichkeit der Beeinflussung des Risikos ausgewählt werden.[78]

Wissenschaft, Prüfungsgesellschaften und Unternehmensberatungen sehen in dieser Betrachtung einer Vielzahl risikobedingt möglicher Zukunftsszenarien einen methodischen Vorteil und favorisieren daher die Risikoaggregation mit Monte-Carlo-Simulation als das einzig richtige Verfahren.[79] Dieser methodische Vorteil **kommt nicht zum Tragen, wenn bereits die Datengrundlage** (Ergebnis der Bewertung der Einzelrisiken in allen drei Verfahren) **für die Aggregation nicht verlässlich** ist. Auch mit einer zweistufigen Monte-Carlo-Simulation können z.B. Metarisiken nicht vollständig berücksichtigt werden. Unabhängig vom angewendeten Verfahren verbleibt **bei allen abgeschätzten Aggregationsergebnissen ein gewisser Grad an Unsicherheit**. Dieser Umstand wird in der Praxis häufig nicht hinreichend beachtet.

Die Entscheidung, welches Verfahren den größten Nutzen für die aktuelle Unternehmenssteuerung stiftet, trifft jedes Unternehmen selbst. Dies kann auch bedeuten, dass sich das Unternehmen für eine kombinierte Methode entscheidet, bei der es basierend auf den mit Schadenshöhe und Eintrittswahrscheinlichkeit quantifizierten Einzelrisiken und unter Beibehaltung der additiven Struktur sowie Unabhängigkeit der Risiken eine einfache Aggregation der Risiken mit der Monte-Carlo Simulation durchführt.

Der aggregierte Gesamtrisikoumfang für die HMB GmbH kann wie folgt dargestellt werden: In der Tabelle 20 wird der maximale Verlust gemäß Verfahren (1) und (2) ausgewiesen. Bei Verfahren (3) würde man an dieser Stelle Quantile oder einen Value-at-Risk (VaR) ausweisen. Beispielhaft könnte dies so aussehen: Das potenzielle Gesamtverlustrisiko (mögliche Abweichung vom geplanten Ergebnis) von -50 Mio. Euro wird mit einer Wahrscheinlichkeit von 95 % nicht überschritten.

Geschäftsjahr (in Mio. Euro)	2018	2019	2020
Gesamtverlustrisko	–50	–50	–40

Tabelle 20: Erster Schritt – Gesamtverlustrisiko

---

78 Vgl. Flemming (2011); Gleißner (2017).

79 Im Entwurf des IDW EPS 981 „Grundsätze ordnungsmäßiger Prüfung von Risikomanagementsystemen" lautet es (Tz. 30/A23): „Zur qualitativen Unterstützung der Risikobewertung kann es u. U. sachgerecht sein, Verfahren der Risikosimulation einzusetzen. Auf dieser Basis kann dann eine aggregierte Gesamtrisikoposition für die betrachtete Organisationseinheit ermittelt werden." Hierzu gemeinsame Stellungnahme von Gleißner/Berger/Angermüller (2016), S. 9: „Da Risiken nicht addierbar sind, ist eine Aggregation mittels Monte-Carlo-Simulation (im Kontext der Planung) im Allgemeinen das einzige Verfahren, um den Gesamtrisikoumfang zu bestimmen und den gesetzlichen Anforderungen gerecht zu werden."

3 Ermittlung des Risikodeckungspotenzials

Im **zweiten Schritt** ist das **Risikodeckungspotenzial** zu ermitteln.

Für die Risikodeckung stehen das **Reinvermögen** und der in der Zukunft **geplante Vermögenszuwachs** zur Verfügung (siehe Abbildung 15).[80]

Für das Reinvermögen können zwei unterschiedliche Bezugsgrößen herangezogen werden: Der Substanzwert oder der Marktwert. Der **Substanzwert** ist die **konservativere Vorgehensweise**, denn er umfasst mit dem Buchwert des Eigenkapitals und den bilanziellen stillen Reserven alle Vermögenswerte, die bereits Teil der Unternehmenssubstanz (**Reinvermögen**) sind. Wird im Substanzwert hingegen zusätzlich auch noch die vollständige in der Zukunft geplante und damit **unsichere Wertentwicklung berücksichtigt**, dann ergibt dies den **Marktwert**.[81]

Abbildung 15: Risikodeckungspotenzial

---

80 Vgl. Hager (2008).

81 Der Substanzwert ist als Bezugsgröße für die Bestimmung der Risikotragfähigkeit eher geeignet. Vgl. Kirmße, S. (2009); Die konservativere Vorgehensweise sollte auch nach Ansicht von Dr. Peter Hager gewählt werden: Der in der Zukunft geplante Vermögenszuwachs muss erst noch erwirtschaftet werden und ist damit selbst eine unsichere Größe. Daher sollten die Verlustrisiken die Erlöse aus potenziellen Rettungsverkäufen von bereits realisierten Vermögenswerten (Substanzvermögen) nicht übersteigen. Vgl. Hager (2008).

3.1 Reinvermögen (IST-Wert)

Das Reinvermögen ist die zum **Marktwert (Fair Value)** oder alternativ auch handels-rechtlich zum **Buchwert/Barwert** angesetzte Summe **aller Vermögenswerte/For-derungen (Aktiva) abzüglich** der Summe der **Verbindlichkeiten (Passiva)** (siehe Tabelle 21). Die Ermittlung des Reinvermögens nach **handelsrechtlichen** Maßstäben bietet **Bewertungsspielräume** und sichert so den Ausweis „guter" Bilanzkennzif-fern. Dagegen steht bei der **marktwertorientierten** Bewertung der **Veräußerungs-wert** (Marktwert) von Aktiva im Vordergrund und ist damit besser geeignet, die tat-sächliche Widerstandskraft des Unternehmens zu ermitteln.[82]

Für Unternehmen, die im Projektgeschäft tätig sind, ist bei der Ermittlung des Rein-vermögens ein besonderer Aspekt zu berücksichtigen, sofern sie für ihre Projekte im Rahmen der Termin- und Kostenplanung **Sicherheitsreserven** (Contingency Reser-ve) zur Deckung der (nicht) identifizierten Risiken bilden. Dies erfolgt in Form eines Risiko-Kostenaufschlags auf die Basis-Planung eines Projekts. Hierdurch wird das EBIT in der GuV reduziert und damit entsprechend auch der Jahresüberschuss als Teil des Eigenkapitals in der Bilanz. Im Ergebnis ist das tatsächlich derzeit verfügba-re Reinvermögen (IST-Wert) zu niedrig ausgewiesen. Die Kalkulation des Reinvermö-gens ist daher zu korrigieren, indem die Sicherheitsreserven für die Projekte **zusätz-lich als Erhöhung des Eigenkapitals berücksichtigt** werden.

Geschäftsjahr (in Mio. Euro)		2018	2019	2020
	Gesamtverlustrisiko			
Reinvermögen	Risikodeckung durch Eigenkapital			
	Risikodeckung durch Stille Reserven			
	1) Beteiligungen (Aktiva A. Anlagevermögen III. Finanzanlagen)			
	2) Immobilien (Aktiva A. Anlagevermögen II. Sachanlagen)			
	3) Risikovorsorge (Passiva B. Rückstellungen)			
	4) Pensionsrückstellungen (Passiva B. Rückstellungen)			
	Total			

Tabelle 21: Zweiter Schritt – Reinvermögen total

3.2 Planung Vermögenszuwachs (PLAN-Wert)

Ein **Vermögenszuwachs**, d. h. ein geplanter Gewinn in einer zukünftigen Periode, wird erzielt, wenn die **Gegenüberstellung aller Vermögensteile und Schulden** ei-nen **höheren Schlussbestand** im Vergleich zum Anfangsbestand ergibt. Der Plan-wert hat zumeist einen Vermögenszuwachs als Ziel. Dieser Vermögenszuwachs kann auch noch bei einer negativen Planabweichung vom Planwert generiert werden, aber nur so lange, wie sich tatsächlich ein höherer Schlussbestand aus den Vermögens-teilen und Schulden ergibt (siehe Abbildung 16).

---

82 Für eine detaillierte Gegenüberstellung der marktwertorientierten und handelsrechtlichen Sicht-weise vgl. Hager (2008).

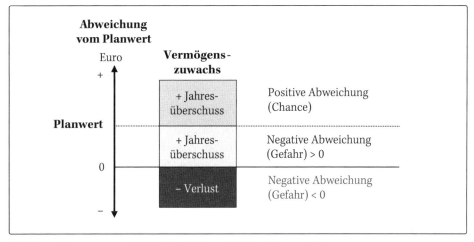

Abbildung 16: Vermögenszuwachs in Abhängigkeit von der Abweichung vom Planwert

Sofern durch die Implementierung von Maßnahmen eine **negative Planabweichung (Risiko) > 0 Euro reduziert oder vermieden** werden kann bzw. eine **positive Planabweichung (Chance)** generiert werden kann, ist dieser Wertbeitrag ebenfalls in der Planung des Vermögenszuwachses zu berücksichtigen (siehe Tabelle 22).

	Geschäftsjahr (in Mio. Euro)	2018	2019	2020
	Gewinn-/Verlustvortrag kumuliert aus Vorjahren			
	Wertbeitrag des geplanten Gewinns			
	Wertbeitrag geplante Maßnahmen zur Risikoreduktion und Chancengenerierung inkl. Kosten kumuliert aus Vorjahren			
Vermögenszuwachs	Wertbeitrag geplante Maßnahmen zur Risikoreduktion und Chancengenerierung inkl. Kosten:			
	1) Geplante Risikodeckung durch Lieferanten			
	2) Geplante Risikodeckung durch Kunden			
	3) Geplante Risikodeckung durch unternehmenseigene Versicherung			
	4) Geplante Risikodeckung durch unternehmenseigene Maßnahmen			
	5) Kosten für die unternehmenseigenen Maßnahmen			
	Total			

Tabelle 22: Zweiter Schritt – Vermögenszuwachs

4 Tragfähigkeitsüberprüfung

Abschließend ist im **dritten Schritt** zu überprüfen, inwieweit das Unternehmen den eingegangenen „Risikoappetit", also das Verlustrisiko, durch die bereits verfügbare (risikospezifische) finanzielle Vorsorge (Reinvermögen) und den geplanten Vermögenszuwachs noch tragen kann (Risikotragfähigkeit/Verlustauffangfähigkeit).

Hierzu ist das im ersten Schritt bestimmte **Verlustrisiko** dem im zweiten Schritt ermittelten **Risikodeckungspotenzial (Reinvermögen** und **geplanter zukünftiger Vermögenszuwachs) gegenüberzustellen,** damit die Risikosituation sowie die Risikoneigung des Unternehmens transparent werden (siehe Tabelle 23).

Geschäftsjahr (in Mio. Euro)		2018	2019	2020
	Gesamtverlustrisiko			
Reinvermögen	Risikodeckung durch Eigenkapital			
	Risikodeckung durch Stille Reserven			
	1) Beteiligungen (Aktiva A. Anlagevermögen III. Finanzanlagen)			
	2) Immobilien (Aktiva A. Anlagevermögen II. Sachanlagen)			
	3) Risikovorsorge (Passiva B. Rückstellungen)			
	4) Pensionsrückstellungen (Passiva B. Rückstellungen)			
	Deckung Gesamtverlustrisiko unter Berücksichtigung Reinvermögen			
Vermögenszuwachs	Gewinn-/Verlustvortrag kumuliert aus Vorjahren			
	Wertbeitrag des geplanten Gewinns			
	Wertbeitrag geplante Maßnahmen zur Risikoreduktion und Chancengenerierung inkl. Kosten kumuliert aus Vorjahren			
	Wertbeitrag geplante Maßnahmen zur Risikoreduktion und Chancengenerierung inkl. Kosten:			
	1) Geplante Risikodeckung durch Lieferanten			
	2) Geplante Risikodeckung durch Kunden			
	3) Geplante Risikodeckung durch unternehmenseigene Versicherung			
	4) Geplante Risikodeckung durch unternehmenseigene Maßnahmen			
	5) Kosten für die unternehmenseigenen Maßnahmen			
	Deckung Gesamtverlustrisiko unter Berücksichtigung Reinvermögen und Vermögenszuwachs			

Tabelle 23: Dritter Schritt – Überprüfung Tragfähigkeit der Risiken unter Berücksichtigung des Risikodeckungspotenzials (Reinvermögen und Vermögenszuwachs)

Sofern der durch das Unternehmen bereits akzeptierte **Risikoappetit** zu einer **negativen Planabweichung < 0 Euro,** d.h. einen **Verlust,** führen würde und dieser nicht vollständig durch das gesamte Risikodeckungspotenzial (Reinvermögen und geplanter zukünftiger Vermögenszuwachs) abgedeckt ist, liegt eine **Risikodeckungslücke** vor (siehe Abbildung 16). Diese lässt sich reduzieren/vollständig schließen z. B. durch eine Reduzierung des Risikoappetits und/oder Erhöhung des Reinvermögens durch z. B. Erhöhung des Eigenkapitals.

Steht hingegen einem möglichen Verlust ein höheres gesamtes Risikodeckungspotenzial (Reinvermögen und geplanter zukünftiger Vermögenszuwachs) gegenüber, dann liegt eine **Risikoüberdeckung** und somit ein **Risikopuffer** vor. In diesem Fall kann das Unternehmen noch weitere Risiken eingehen oder auch das Reinvermögen reduzieren durch z. B. durch Kapitalentnahme oder -ausschüttung:

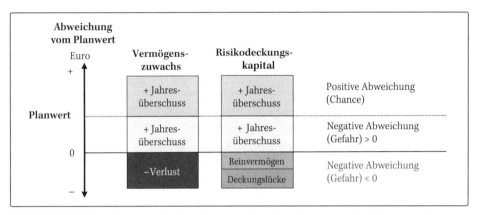

Abbildung 17: Vermögenszuwachs und Risikodeckungskapital in Abhängigkeit von der Abweichung vom Planwert

Im Folgenden wird die Überprüfung der Tragfähigkeit der Risiken an einem Rechenbeispiel dargestellt (siehe Tabellen 24–27). Die Geschäftsleitung der HMB GmbH möchte aus Risikogesichtspunkten, dass nicht nur das aktuelle Jahr betrachtet wird, sondern eine Entwicklung über drei Jahre aufgezeigt wird.

Im Rahmen des Planungsprozesses hat das Controlling ein Budget für das nächste Jahr und eine Mittelfristplanung für die beiden darauffolgenden Jahre erstellt. In den Planungsszenarien wurden keine Risiken berücksichtigt. Die Risiken werden stattdessen in einem separaten Prozess durch das Risikomanagement analog dem Planungshorizont des Controllings für die nächsten 3 Jahre erhoben. Inwieweit die Plan-Bilanzen die Risiken aufnehmen können, gilt es für alle 3 Planjahre zu überprüfen.

Die Prüfung der Tragfähigkeit ergibt folgendes Ergebnis: Im ersten Planjahr 2018 sind die Risiken vollständig durch das Eigenkapital und die Stillen Reserven gedeckt (Hinweis: Pensions- und Steuerrückstellungen stehen aufgrund der gesetzlichen Vorschriften nicht zur Deckung operativer Risiken zur Verfügung). Im zweiten Planjahr 2019 können die Risiken bereits nicht mehr vollständig durch das Eigenkapital, die Stillen Reserven, den Gewinnvortrag und den geplanten Jahresüberschuss aufgefangen werden. Nur durch den Risikoreduktioneffekt der geplanten Maßnahmen können letztlich die Risiken noch vollständig getragen werden. Auch wenn in den ersten beiden Planjahren noch ausreichend Risikodeckungspotential gegeben ist, schwächt doch die kontinuierliche Belastung des Eigenkapitals und der Stillen Reserven das Reinvermögen nachhaltig. Dies führt dazu, dass im dritten Planjahr selbst die ge-

Plan-Bilanz 31.12.2018 (in Mio. Euro) vor Risiken

Passiva	
A. Eigenkapital	60
I. Gezeichnetes Kapital	40
II. Kapitalrücklagen	2
III. Gewinnrücklagen	3
IV. Gewinnvortrag/ Verlustvortrag	0
V. Jahresüberschuss	15
B. Rückstellungen	10
C. Verbindlichkeiten	
Bilanzsumme	70

Plan-Bilanz 31.12.2019 (in Mio. Euro) vor Risiken

Passiva	
A. Eigenkapital	80
I. Gezeichnetes Kapital	40
II. Kapitalrücklagen	2
III. Gewinnrücklagen	3
IV. Gewinnvortrag/ Verlustvortrag	15
V. Jahresüberschuss	20
B. Rückstellungen	10
C. Verbindlichkeiten	
Bilanzsumme	90

Plan-Bilanz 31.12.2020 (in Mio. Euro) vor Risiken

Passiva	
A. Eigenkapital	105
I. Gezeichnetes Kapital	40
II. Kapitalrücklagen	2
III. Gewinnrücklagen	3
IV. Gewinnvortrag/ Verlustvortrag	35
V. Jahresüberschuss	25
B. Rückstellungen	10
C. Verbindlichkeiten	
Bilanzsumme	115

Tabelle 24: Rechenbeispiel – Plan-Bilanzen Passiva ohne Berücksichtigung der Risiken

planten Maßnahmen nicht mehr ausreichen, um alle Risiken auffangen zu können. Es entsteht eine Risikodeckungslücke.

Plan-Bilanz 31.12.2018 (in Mio. Euro) nach Risiken

Passiva	
A. Eigenkapital	20
I. Gezeichnetes Kapital	40
II. Kapitalrücklagen	2
III. Gewinnrücklagen	3
IV. Gewinnvortrag/ Verlustvortrag	0
Gesamtverlustrisiko 2018	-50
V. Jahresüberschuss	15
Maßnahmeneffekt Risikoreduktion inkl. Kosten 2018	10
B. Rückstellungen beansprucht in 2018	10
C. Verbindlichkeiten	
Bilanzsumme	30

Plan-Bilanz 31.12.2019 (in Mio. Euro) nach Risiken

Passiva	
A. Eigenkapital	-4
I. Gezeichnetes Kapital	40
II. Kapitalrücklagen	2
III. Gewinnrücklagen	3
IV. Gewinnvortrag aus 2018	15
Gesamtverlustrisiko 2018	-50
Gesamtverlustrisiko 2019	-50
V. Jahresüberschuss	20
Maßnahmeneffekt Risikoreduktion inkl. Kosten 2018	10
Maßnahmeneffekt Risikoreduktion inkl. Kosten 2019	6
B. Rückstellungen beansprucht in 2018	5
B. Rückstellungen beansprucht in 2019	5
C. Verbindlichkeiten	
Bilanzsumme	6

Plan-Bilanz 31.12.2020 (in Mio. Euro) nach Risiken

Passiva	
A. Eigenkapital	-12
I. Gezeichnetes Kapital	40
II. Kapitalrücklagen	2
III. Gewinnrücklagen	3
IV. Gewinnvortrag aus 2018 und 2019	35
Gesamtverlustrisiko 2018	-50
Gesamtverlustrisiko 2019	-50
Gesamtverlustrisiko 2020	-40
V. Jahresüberschuss	25
Maßnahmeneffekt Risikoreduktion inkl. Kosten 2018	10
Maßnahmeneffekt Risikoreduktion inkl. Kosten 2019	6
Maßnahmeneffekt Risikoreduktion inkl. Kosten 2020	7
B. Rückstellungen beansprucht in 2018	5
B. Rückstellungen beansprucht in 2019	5
B. Rückstellungen beansprucht in 2020	0
C. Verbindlichkeiten	
Bilanzsumme	-2

Tabelle 25: Rechenbeispiel – Plan-Bilanzen Passiva unter Berücksichtigung der Risiken

Gesamtverlustrisiko (in Mio. Euro)	-50	-50	-40

Geschäftsjahr (in Mio. Euro)	2018	2019	2020
Geplantes Eigenkapital <u>ohne</u> Jahresüberschuss und Gewinnvortrag (Passiva A.I. - III.)	45	45	45
Gesamtverlustrisiko 2018	-50		
Über-/Unterdeckung 2018	-5	-5	-5
Gesamtverlustrisiko 2019		-50	
Über-/Unterdeckung 2019		-55	-55
Gesamtverlustrisiko 2020			-40
Über-/Unterdeckung 2020			-95

(Zeile: Eigenkapital)

Geschäftsjahr (in Mio. Euro)	2018	2019	2020
Über-/Unterdeckung	-5	-55	-95
Geplante Stille Reserven (Rückstellungen etc.)	10	10	10
Stille Reserven (Rückstellungen etc.) Rest nach Risikoadjustierung	5	0	0
Stille Reserven (Rückstellungen etc.) 2018	10		
Über-/Unterdeckung 2018	5	-50	-90
Stille Reserven (Rückstellungen etc.) 2019		5	
Über-/Unterdeckung 2019		-45	-85
Stille Reserven (Rückstellungen etc.) 2020			0
Über-/Unterdeckung 2020			-85

(Zeile: Stille Reserven)

Geschäftsjahr (in Mio. Euro)	2018	2019	2020
Über-/Unterdeckung	5	-45	-85
Gewinn-/Verlustvortrag kumuliert aus Vorjahren	0	15	35
Wertbeitrag des geplanten Gewinns	15	20	25
Wertbeitrag geplante Maßnahmen zur Risikoreduktion und Chancengenerierung inkl. Kosten kumuliert aus Vorjahren		10	16
Wertbeitrag geplante Maßnahmen zur Risikoreduktion und Chancengenerierung inkl. Kosten:	10	6	7
1) Geplante Risikodeckung durch Lieferanten	3	2	3
2) Geplante Risikodeckung durch Kunden	0	0	0
3) Geplante Risikodeckung durch unternehmenseigene Versicherung	2	1	2
4) Geplante Risikodeckung durch unternehmenseigene Maßnahmen	10	7	5
5) Kosten für die unternehmenseigenen Maßnahmen	-5	-4	-3
Über-/Unterdeckung 2018	30		
Über-/Unterdeckung 2019		6	
Über-/Unterdeckung 2020			-2

(Zeile: Vermögenszuwachs)

Tabelle 26: Rechenbeispiel – Berechnung Risikotragfähigkeit

Geschäftsjahr (in Mio. Euro)	2018	2019	2020
Gesamtverlustrisiko	-50	-50	-40
Reinvermögen Risikodeckung durch Eigenkapital	45	-5	-55
Risikodeckung durch Stille Reserven	10	10	10
1) Beteiligungen (Aktiva A. Anlagevermögen III. Finanzanlagen)	0	0	0
2) Immobilien (Aktiva A. Anlagevermögen II. Sachanlagen)	0	0	0
3) Risikovorsorge (Passiva B. Rückstellungen)	10	10	10
4) Pensionsrückstellungen (Passiva B. Rückstellungen)	0	0	0
Deckung Gesamtverlustrisiko unter Berücksichtigung Reinvermögen	5	-45	-85
Vermögenszuwachs Gewinn-/Verlustvortrag kumuliert aus Vorjahren	0	15	35
Wertbeitrag des geplanten Gewinns	15	20	25
Wertbeitrag geplante Maßnahmen zur Risikoreduktion und Chancengenerierung inkl. Kosten kumuliert aus Vorjahren		10	16
Wertbeitrag geplante Maßnahmen zur Risikoreduktion und Chancengenerierung inkl. Kosten:	10	6	7
1) Geplante Risikodeckung durch Lieferanten	3	2	3
2) Geplante Risikodeckung durch Kunden	0	0	0
3) Geplante Risikodeckung durch unternehmenseigene Versicherung	2	1	2
4) Geplante Risikodeckung durch unternehmenseigene Maßnahmen	10	7	5
5) Kosten für die unternehmenseigenen Maßnahmen	-5	-4	-3
Deckung Gesamtverlustrisiko unter Berücksichtigung Reinvermögen und Vermögenszuwachs	30	6	-2

Tabelle 27: Rechenbeispiel – Überprüfung Tragfähigkeit der Risiken unter Berücksichtigung des Risikodeckungspotenzials (Reinvermögen und Vermögenszuwachs)

Die im Rechenbeispiel aufgezeigte Risikodeckungslücke lässt sich reduzieren/vollständig schließen z. B. durch eine Reduzierung des Risikoappetits und/oder Erhöhung des Reinvermögens durch z. B. Erhöhung des Eigenkapitals. In der Praxis empfiehlt es sich, den Risikoappetit eines Unternehmens im Vorfeld als Anteil des Risikodeckungspotenzials zu definieren. Die jeweilige Festlegung ist Entscheidung des Managements. Daraus abgeleitet ergeben sich dann die unternehmensindividuelle Risikodeckung bzw. -lücken. Als Ergebnis steht ein dem Risikoappetit angemessenes Risikodeckungspotenzial zur Überprüfung der Risikotragfähigkeit zur Verfügung. Die einzugehenden Risiken sind damit auf dieses Niveau beschränkt. Aus Vereinfachungsgründen wurde dies nicht rechnerisch dargestellt. Abbildung 18 veranschaulicht jedoch diese Zusammenhänge.

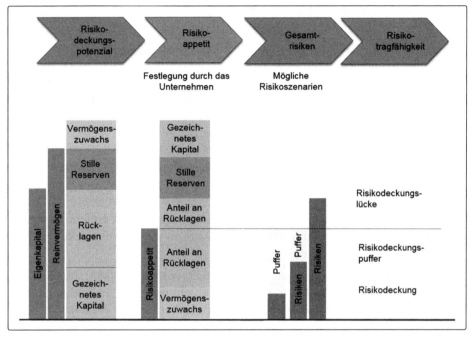

Abbildung 18: Maximales Risikodeckungspotenzial, -appetit und -tragfähigkeit im Kontext des Schwellenwerts „Worst-Case"-Szenario

Das in der Abbildung 18 vorgestellte Vorgehen zur Ermittlung der „Risikodeckungs-lücke" ist eine Empfehlung. Tatsächlich handelt es sich um eine unternehmensindi-viduell definierte Risikotragfähigkeit und weicht damit von der wissenschaftlichen Meinung ab. Erst wenn das aggregierte Gesamtrisiko das Risikodeckungspotenzial übersteigt, ist dieser übersteigende Betrag die „Risikodeckungslücke".

5   Unterschiedliche Schwellenwerte der Tragfähigkeits-überprüfung

In der Praxis ist die Überprüfung der Tragfähigkeit der Risiken grundsätzlich für unterschiedliche Akteure von Interesse. Die Höhe des Schwellenwertes, den jeder Akteur als akzeptabel für die Sicherung der Handlungsfähigkeit des Unternehmens betrachtet, variiert dabei (siehe Abbildung 19).

Im Rahmen der Tragfähigkeitsüberprüfung reicht es damit nicht aus, dem bereits akzeptierten Risikoappetit nur das **maximale Risikodeckungskapital** gegenüberzu-stellen (Schwellenwert **„*Worst-Case*"-Szenario**), d. h. bei **Einsatz des gesamten Ka-pitals** des Unternehmens ist zu prüfen, bis zu welchem Schwellenwert die **Zahlun-gen an die Fremdkapitalgeber gesichert** sind.

Zur vorausschauenden Sicherung der Handlungsfähigkeit des Unternehmens sollte stattdessen dem bereits akzeptierten Risikoappetit nur das **verfügbare, kurzfristig liquidierbare Vermögen** gegenübergestellt werden. Nur wenn zusätzlich zum Eigenkapital auch eine **ausreichende Liquidität** verfügbar ist, ist auch die Fortführung (Going Concern) des Unternehmens (Schwellenwert *„Going Concern"*-Szenario) dauerhaft gewährleistet. Für die Beurteilung der Liquiditätslage des Unternehmens kann als Kennzahl das Netto-Umlaufvermögen oder sog. „Net Working Capital", herangezogen werden. Das **Net Working Capital** ergibt sich, indem man vom kurzfristigen Umlaufvermögen (Forderungen und Vorräte) die kurzfristigen Verbindlichkeiten (aus Lieferungen und Leistungen) abzieht. Das Ergebnis sollte möglichst positiv sein, also einen Überschuss ergeben, dann ist das Umlaufvermögen (kurzfristige Vermögen) ausreichend, um die gesamten kurzfristigen Verbindlichkeiten zu decken (Goldene Bilanzregel wird eingehalten)[83]. Der **Überschuss** steht zudem als **schnell liquidierbares Vermögen** zur Verfügung und kann so z. B. zur Aufstockung der Liquiditätsreserve genutzt werden.

Die Fremdkapitalgeber (Gläubiger) des Unternehmens, z. B. Banken, sind ebenfalls bestrebt, frühzeitig zu beurteilen, ob das Unternehmen, dem sie Kredite gewährt haben, auch künftig noch handlungsfähig sein wird, um seinen Zahlungsverpflichtungen dauerhaft nachkommen zu können. Hierfür werden u. a. die künftige erwartete Ertragskraft, Ursachen für mögliche Abweichungen von diesem Planwert (Risiken) sowie die Tragfähigkeit dieser Risiken betrachtet. Um bereits in einem möglichst frühen Stadium identifizieren zu können, ob die Handlungsfähigkeit ihres Kunden künftig in Gefahr sein könnte, stellen die Gläubiger in Kreditvereinbarungen dem Unternehmen **Mindestanforderungen** an bestimmte **Finanzkennzahlen**, sog. **Financial Covenants**, und an das **Rating**. Typische Kennzahlen, die als **Frühindikatoren** verwendet werden, sind u. a. die Eigenkapitalquote adjustiert nach flüssigen Mitteln[84] (Schwellenwert **„Eigenkapitalquote"**-Szenario), der operative Verschuldungsgrad bezogen auf EBITDA[85] und der Zinsdeckungsgrad 2[86].

Sofern die Risiken das zukünftige Rating reduzieren sollten, hätte dies direkte Auswirkungen auf die Kreditkonditionen und/oder sogar die Sicherung der Liquidität des Unternehmens. Für das Unternehmen ist es daher empfehlenswert, neben der Überprüfung der Risikotragfähigkeit auch stets das zukünftige Rating (**Ratingprognose**) zu berechnen. Wie hierbei vorzugehen ist, wird im Beitrag von Gleißner/Wolfrum zur Risikotragfähigkeit unter Rating- und Covenants-Gesichtspunkten erläutert.[83]

---

83 Vgl. Erichsen (2007).

84 Eigenkapitalquote adjustiert nach flüssigen Mitteln = Eigenkapital/(Gesamtkapital – Flüssige Mittel und Zahlungsmittel-äquivalente).

85 Operativer Verschuldungsgrad bezogen auf EBITDA = (Verbindlichkeiten gegenüber Kreditinstituten, aus Anleihen und gegenüber Leasinggeber + Passive erhaltene Anzahlungen – Flüssige Mittel)/EBITDA.

86 Zinsdeckungsgrad 2 = EBITDA/Zinsergebnis.

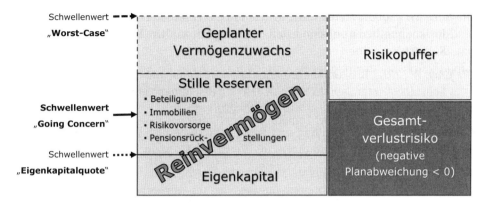

Abbildung 19: Risikodeckungspotenzial, Gesamtverlustrisiko und Risikopuffer

6 Zusammenfassung

Mit Hilfe der Risikotragfähigkeit wird ermittelt, welchem Gesamtrisiko sich ein Unternehmen bereits ausgesetzt hat und ob es sich diesen Risikoumfang auch tatsächlich leisten kann. Sie gibt zudem Aufschluss darüber, ob ein ausgewogenes Verhältnis zwischen Ertrag und Verlustgefahr gegeben ist oder ob Risikopositionen noch zu optimieren sind, um so den Unternehmenswert steigern zu können. Um den Fortbestand eines Unternehmens zu gewährleisten, sollte daher die Risikotragfähigkeit nicht erst in Krisenzeiten überprüft werden, sondern stets Bestandteil des regelmäßigen Risikomanagementprozesses sein.

Literatur

Erichsen, J. (2007): Liquiditätsplanung und -sicherung: Grenzen der Aussagekraft von Liquiditätskennzahlen, in: BC – Zeitschrift für Bilanzierung, Rechnungswesen und Controlling, Heft 5/2007, S. 137–141.

Flemming, C. (2011): Risikobewertung mit Eintrittssimulation – Ein Methodenvergleich für die quantitative Risikobewertung, in: Risk, Compliance & Audit, Heft 3/2011, S. 23–27.

Gleißner, W. (2003): Rating-Prognose am Beispiel einer Investitionsentscheidung, in: Rating aktuell, Heft 6/2003, S. 24–27.

Gleißner, W. (2004): Die Aggregation von Risiken im Kontext der Unternehmensplanung, in: ZfCM – Zeitschrift für Controlling & Management, Heft 5/2004, S. 350–359.

---

87 Zur Vorgehensweise einer Ratingprognose siehe z.B. Gleißner (2003); Gleißner (2015); Gleißner/Wolfrum (2017).

Gleißner, W. (2009): Metarisiken in der Praxis: Parameter- und Modellrisiken in Risikoquantifizierungsmodellen, in: RISIKO MANAGER, Ausgabe 20/2009, S. 14-22.

Gleißner, W. (2011): Risikomanagement: Datenprobleme und unsichere Wahrscheinlichkeitsverteilungen, in Klein, A. (Hrsg.): Risikomanagement und Risiko-Controlling, Haufe, 1. Auflage 2011, S. 205–222.

Gleißner, W. (2015): Controlling und Risikoanalyse bei der Vorbereitung von Top-Management-Entscheidungen, in: Controller Magazin, Heft Juli/August 2015, S. 4–12.

Gleißner, W. (2016): Bandbreitenplanung, Planungssicherheit und Monte-Carlo-Simulation mehrerer Planjahre – Risikoaggregation auch über die Zeit, in: Controller Magazin, Heft Juli/August 2016, S. 16–23.

Gleißner, W./Berger, T./Angermüller, N.-O. (2016): Gemeinsame Stellungnahme zu IDW EPS 981, in: https://www.idw.de/blob/96314/bcb341a65d9e599e941c6630 80e4e690/down-idweps981-gleissner-berger-angermueller-data.pdf.

Gleißner, W. (2017): Risikoanalyse, Risikoquantifizierung und Risikoaggregation – Methode zur Früherkennung „bestandsbedrohender Entwicklungen" und Ableitung risikogerechter Kapitalkosten, in: WiSt, Heft 9/2017, S. 4–11.

Gleißner, W./Wolfrum, M. (2017): Risikotragfähigkeit, Risikotoleranz, Risikoappetit und Risikodeckungspotenzial, in: Controller Magazin, Heft November/Dezember 2017, S. 77–84.

Hager, P. (2008): Risikotragfähigkeit als tragende Säule des Going Concern-Gedankens, in https://www.risknet.de/themen/risknews/risikotragfaehigkeit-als-tragende-saeule-des-going-concern-gedankens/0609c2b4723396ac1ed3429258 ced24f/.

Kirmße, S. (2009): Limitierung als Kernbestandteil des Risikomanagements in Banken, Vortrag an der Universität Hohenheim, 03. Februar 2009, S. 26 ff.

Klein, A. (2011): Risikomanagement und Risiko-Controlling, S. 203.

Rautenstrauch, T./Hunziker, S. (2010): Erwartungswert – Die Tücken des erwarteten Verlusts im Risikomanagement, in: https://blog.hslu.ch/ifz/files/2010/09/ Erwartungswert_T%C3%BCcken.pdf.

Reimer, M./Fiege, S. (2009): Perspektiven des Strategischen Controllings, S. 307.

Romeike, F. (2014): Upgrade im Risikomanagement, Lake-Wobegon-Effekt im Risikomanagement, in https://www.risknet.de/themen/risknews/lake-wobegon-effekt-im-risikomanagement/298f2f11a618fe70f42ca136f9e2d66c/.

Risikotragfähigkeit unter Rating- und Covenants-Gesichtspunkten

Werner Gleißner und Marco Wolfrum

1 Einführung

Ein wesentlicher Aspekt im Zusammenspiel von Risikomanagement und Controlling ist die Bestimmung der Risikotragfähigkeit.[88] Risikotragfähigkeitskonzepte messen durch eine geeignete Kennzahl den Abstand der aktuellen Unternehmenssituation zu dem Punkt, den man als „bestandsgefährdende Entwicklung" auffassen kann.[89] Sie dienen damit der Erfüllung einer gesetzlich geforderten Kernaufgabe des Risikomanagements gemäß § 91 AktG[90], nämlich „bestandsgefährdende Entwicklungen" früh zu erkennen. Im neuen IDW PS 981 zur freiwilligen Prüfung von Risikomanagementsystemen von März 2017 werden sie daher auch als Anforderung definiert.[91] Darin wird die Formulierung einer Risikostrategie gefordert, die insb. Aussagen trifft zu

- Risikotragfähigkeit: maximales Risikoausmaß, welches das Unternehmen ohne Gefährdung seines Fortbestands tragen kann
- Risikotoleranz: maximal tolerierte Abweichung in Bezug auf die angestrebte Zielsetzung
- Risikoappetit: grundsätzliche Bereitschaft, zur Erreichung angestrebter Ziele und Wertsteigerungen damit verbundene Risiken einzugehen.[92]

Risikotragfähigkeitskonzepte sind aber vor allem auch ein zentrales Element der Unternehmenssteuerung. Jedes Unternehmen ist einer Bestandsbedrohung ausgesetzt, da für jedes Unternehmen Risikoszenarien denkbar sind, die die Risikotragfähigkeit überstrapazieren. Es sind nämlich in aller Regel nicht einzelne Risiken, die zu einer Bestandsgefährdung führen, sondern irgendeine Kombination bestehender Risiken (was die Risikoaggregation zu der Kernaufgabe des Risikomanagements

---

88 Vgl. hierzu auch die Beiträge von Findeis/Maron sowie Flath/Göppel/Heller-Herold.

89 Siehe dazu Gleißner (2017c).

90 KonTraG: Kontroll- und Transparenzgesetz.

91 Siehe dazu Gleißner (2017c).

92 Vgl. Gai/Vause (2004).

macht).[93] Es ist damit zu analysieren, wie groß der „Grad der Bestandsbedrohung" des Unternehmens ist bzw. wie sich dieser durch wesentliche unternehmerische Entscheidungen ändert (was als Anforderung aus § 93 AktG angesehen werden kann, der sog. Business Judgement Rule, die angemessene Informationen zum Entscheidungszeitpunkt fordert).

2 Definition einer bestandsbedrohenden Entwicklung

Um nun ein Risikotragfähigkeitskonzept im Unternehmen umzusetzen, muss zunächst festgelegt werden, was für das Unternehmen eigentlich als bestandsbedrohend angesehen werden muss. Traditionell wird dabei auf eine mögliche Überschuldung des Unternehmens abgezielt, wie auch Findeis/Maron in ihrem Beitrag aufgreifen.

Für viele Unternehmen ist die alleinige Betrachtung des Eigenkapitals aber nicht ausreichend. Vielmehr ist ein wesentlicher Grund für eine Bestandsbedrohung häufig in einer möglichen Illiquidität zu sehen. Bei einer solchen gilt es vor allen Dingen, die Bereitstellung von ausreichend Kreditlinien im Blick zu haben. Damit sind die möglichen Gründe für eine Reduzierung (gar Kündigung) von bestehenden Kreditlinien zu analysieren. Worin können nun solche Gründe bestehen? Seit Basel II sind Banken gezwungen, ihre Eigenkapitalunterlegung von vergebenen Krediten in Abhängigkeit der Risikohaltigkeit der Kredite zu tätigen. Je riskanter ein Kredit, desto mehr Eigenkapital wird dafür gebunden. Die Risikohaltigkeit wird dabei maßgeblich beeinflusst durch die Bonität des Kreditnehmers, die durch ein Ratingverfahren eingeschätzt wird.[94] Je schlechter also das Rating des Unternehmens ist, desto teurer werden die Konditionen und desto geringer fallen in der Regel auch die Kreditlinien aus. Wird ein kritisches Rating unterschritten, sind Kreditgeber vielleicht gar nicht mehr bereit, das Unternehmen zu finanzieren. Für viele Unternehmen kann ein B-Rating als eine solche kritische Schwelle angenommen werden. Aufgabe ist es damit, zu analysieren, welcher Risikoeinschlag im Unternehmen dazu führt, dass dieses kritische Level erreicht wird.

Neben einem möglichen Unterschreiten eines Mindest-Ratings können aber auch noch sog. (financial) Covenants Auslöser einer bestandsbedrohenden Entwicklung sein. In vielen Kreditverträgen sind inzwischen solche Klauseln festgeschrieben. Darin verpflichten sich die Unternehmen, bestimmte Bedingungen zu erfüllen.

---

93 Siehe Gleißner (2017c).

94 Grundsätzlich werden bei Ratings sowohl quantitative als auch qualitative Faktoren betrachtet. Quantitative Faktoren sind vor allem Kennzahlen aus den letzten (ggf. bereinigten) Jahresabschlüssen (insb. dem letzten). Qualitative Faktoren sind bspw. Einschätzungen zur Branche, zum Management des Unternehmens oder zu vorhandenen Managementsystemen (mit steigender Bedeutung des Risikomanagementsystems). In der Praxis erklärt sich die Bonitätseinschätzung zu einem ganz erheblichen Teil aus den Jahresabschlusskennzahlen, qualitative Faktoren werden eher nur zur leichten Adjustierung herangezogen.

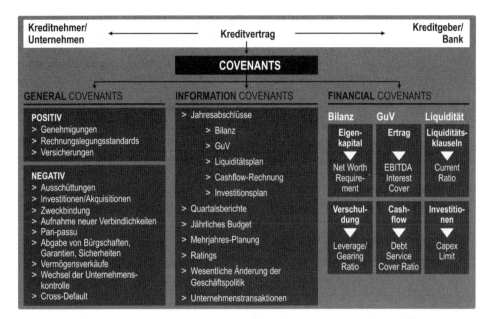

Abbildung 20: Arten von Covenants
(Quelle: Roland Berger Strategy Consultants, Studie Financial Covenants in der Unternehmensfinanzierung 2014)

Solche Bedingungen können in Bezug auf Finanzkennzahlen bspw. sein die Einhaltung einer Mindest-Eigenkapitalquote oder einer Mindest-Zinsdeckungsquote.

Häufig findet man eine Kombination einer EBITDA Interest Coverage, die ausdrückt, inwieweit aus dem operativen Geschäft die vereinbarten Zinszahlungen gedeckt sind, mit einer Kennzahl für die Kapitalstruktur (Leverage Ratio oder Debt-Equity-Ratio), die die Risikotragfähigkeit ausdrücken soll.

Eine Verletzung einer solchen vertraglich fixierten Vereinbarung führt nicht zwangsläufig zu einer sofortigen Kreditkündigungsmöglichkeit. Es ist damit für das Unternehmen zu analysieren, inwieweit solche (financial) Covenants bei wesentlichen Kreditverträgen existieren und welche Folgen eine Verletzung der Vereinbarungen nach sich ziehen kann.

Von einer „bestandsgefährdenden Entwicklung" ist damit im Allgemeinen auszugehen, wenn

1. das Eigenkapital verzehrt wird (Überschuldung), oder

2. bei einer drohenden Illiquidität, weil

   a. Kreditvereinbarungen (Covenants) verletzt werden, die eine Kündigung der Kredite zur Folge haben können oder

   b. für die Finanzierung erforderlichen Mindestanforderungen an das Rating nicht mehr gewährleistet sind (Unterschreiten eines z. B. B-Ratings)

103

Viele Unternehmen hoher Bonität haben einen so hohen Abstand zu dem „kritischen Punkt" der Bestandsgefährdung, dass diese für die Unternehmenssteuerung ergänzend einen zweiten Schwellenwert betrachten, bezüglich dessen die Risikotoleranz gemessen wird. Für manche Unternehmen bester Bonität ist diese Schwelle z. B. der Investmentgrade (BBB-). Untersucht wird entsprechend[95], welche negativen EBIT-Auswirkungen maximal zu verkraften wären (durch Risiken), bevor der Investmentgrade verloren geht.[96] Für ein typisches mittelständisches Unternehmen mag dagegen die Risikotoleranz in Bezug auf die Schwelle des „BB-Ratings" geschätzt werden.

Zusammenfassend kann man damit folgende Begriffsverständnisse festhalten:

1. Die **Risikotragfähigkeit** misst den Abstand des aktuellen „Status quo" zu dem Punkt, der als „bestandsgefährdende Entwicklung" im Sinne § 91 Absatz 2 AktG angesehen werden muss (z. B. also bis zum Verlust eines B-Ratings oder der Verletzung von Covenants).

2. Die **Risikotoleranz** misst entsprechend den Abstand von „Status quo" zu (anspruchsvolleren) Anforderungen an ein von dem Unternehmen gewünschtes Mindestrating, z. B. „Sicherung des Investmentgrade-Ratings" (BBB-).

3. a. Der **Risikoappetit (A)** als Umfang möglicher (negativer) Planabweichungen, die im üblichen Geschäftsablauf als akzeptabel angesehen werden (und z. B. innerhalb von 5 Jahren höchstens einmal überschritten werden) – wobei bei derartigen Planabweichungen nicht einmal unbedingt Verluste auftreten müssen.[97]

   b. Der **Risikoappetit (B)** als Anforderung an einen zusätzlichen Ertrag pro Einheit zusätzlichen Risikos (gemessen durch ein gewähltes Risikomaß) und damit Ausdruck von Mindestanforderungen aus Ertrag-Risiko-Profil von Investitionsmöglichkeiten oder Projekte.

Speziell für den Risikoappetit findet man also zwei durchaus unterschiedliche Interpretationsweisen. Die Version 3a betrachtet lediglich den Risikoumfang. Version 3b drückt dagegen aus, dass zusätzliche Risiken immer genau dann akzeptabel sind, wenn diesen adäquate zusätzliche Erträge gegenüberstehen. Dieses Verständnis des Risikoappetits als Aussage darüber, wie erwartete Erträge und Risiken gegeneinander abgewogen sind, korrespondiert unmittelbar mit dem Konzept der risikogerechten Bewertung von Handlungsalternativen.

Abbildung 21 zeigt „Risikotragfähigkeit", „Risikotoleranz" und „Risikoappetit" (in der Variante B) im Kontext.

---

95 Gemäß RTF-Konzept 1, vgl. Abschnitt 3.

96 Siehe dazu auch Gleißner et al. (2011).

97 Gerade bei börsennotierten Gesellschaften kann man diese Auffassung des Risikoappetits auch verknüpfen mit der Einhaltung anderer, gegenüber den Aktionären kommunizierten Ziele, wie
   ▪ „keine Gewinnwarnung notwendig" oder
   ▪ „prognostizierte Dividende kann tatsächlich ausgeschüttet werden".

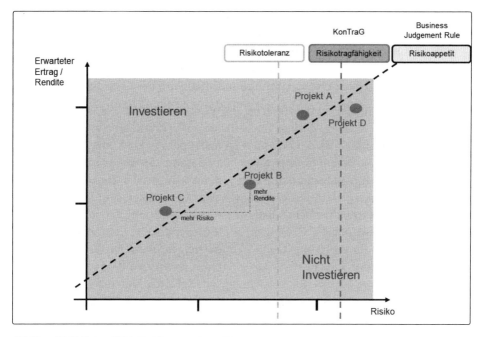

Abbildung 21: Risikotragfähigkeit, -toleranz und appetit

Risikotragfähigkeit korrespondiert dabei unmittelbar mit der gesetzlichen Anforderung „bestandsgefährdende Entwicklungen" früh zu erkennen (§ 91 AktG, KonTraG). Die Risikotragfähigkeit drückt entsprechend den „Abstand" zwischen der aktuellen Situation und dem Punkt aus, bei dem man von einer Bestandsgefährdung ausgehen muss (in Euro oder alternativ auch/ergänzend z. B. in Prozent des EBITDA). Der Risikoappetit in der hier dargestellten Variante zur Abwägung von Ertrag und Risiko kann wiederum als Anforderung aus der Business Judgement Rule (§ 93 AktG) angesehen werden.

3 Messung von Risikotragfähigkeit, Risikotoleranz und Risikoappetit

Im Grundsatz kann man zwei „Hauptvarianten" zur Messung der Risikotragfähigkeit unterscheiden.[98]

1. Risikotragfähigkeit – Konzeption 1: Als (freie) Risikotragfähigkeit wird der maximale (liquiditätswirksame) Verlust verstanden, bei dem ein (durch Finanzkennzahlen abgeschätztes) für die Liquiditätssicherung notwendiges Mindest-Rating (bspw. Ratingnote: B) sichergestellt bleibt.

---

98   Vgl. Gleißner (2017b).

2. Risikotragfähigkeit – Konzept 2: Die (freie) Risikotragfähigkeit ist die Differenz zwischen dem Risikodeckungspotenzial[99] und dem aggregierten Gesamtrisikoumfang (im einfachsten Fall der Eigenkapitalbedarf). Dieser misst z. B. den Umfang möglicher Verluste, der mit einer vorgegebenen (vom Mindest-Rating) abhängigen Wahrscheinlichkeit nicht überschritten wird (Value-at-Risk).

Beide Konzeptionen erscheinen zunächst recht unterschiedlich, wenngleich die gemeinsame Logik – Aufzeigen eines noch zusätzlich verkraftbaren risikobedingten Verlusts – offensichtlich wird. Erkennbar ist auch, dass beide Konzeptionen nicht ohne einen Bezug zu einem Mindestrating (und damit einer akzeptierten Insolvenzwahrscheinlichkeit p) auskommen.[100] Der z. B. im Rahmen der Risikopolitik zu regelnde maximal akzeptierte Risikoumfang[101] wird operationalisiert über die noch akzeptierte Insolvenzwahrscheinlichkeit (bzw. das Zielrating). Da schon aufgrund der Restriktionen seitens der Gläubiger für die Sicherstellung der Finanzierung im Allgemeinen ein B-Rating (p ungefähr 5 %) notwendig ist, wird sich die Risikotragfähigkeit höchstens auf dieses Niveau beziehen, d. h. bezogen auf das Mindestrating von B ergibt sich die höchste Risikotragfähigkeit. Bei einer höheren Risikoaversion wird die Unternehmensführung ein höheres Mindestrating (z. B. BB oder BBB-) festlegen, was zu einer niedrigeren Risikotoleranz bezogen auf dieses höhere Anspruchsniveau führt.

Bei der Messung der Risikotragfähigkeit gemäß Konzept 1 kann man vordergründig (oder vereinfachend) auf eine simulationsbasierte Risikoaggregation (Monte-Carlo-Simulation) und sogar auf eine Risikoanalyse verzichten. Es bleibt damit aber auch unklar, mit welcher Wahrscheinlichkeit Kombinationseffekte mehrerer bestehender Risiken den berechneten Maximalverlust (freie Risikotragfähigkeit) auslösen. Es ist damit nicht erkennbar, mit welcher Wahrscheinlichkeit das vorgegebene Mindestrating verletzt wird. Um dieses grundlegende Manko von Risikotragfähigkeitskonzept 1 zu beheben, kann neben der Höhe der (freien) Risikotragfähigkeit „in Euro" eine zusätzliche Kennzahl angeben werden: die Wahrscheinlichkeit, dass die vorhandene Risikotragfähigkeit ausreicht (also positiv bleibt). Diese Zusatzinformationen, die auch die Brücke zu Messkonzept gemäß 2 darstellt (siehe unten), lässt sich unmittelbar aus der zur Erfüllung der gesetzlichen Anforderungen notwendigen Risikoaggregation mittels Monte-Carlo-Simulation ableiten (siehe dazu Gleißner, 2017b).

---

99 Zu operationalisieren über Eigenkapital und / oder freie Liquidität, inklusive möglicher Kreditrahmen.

100 Eine höhere Risikotragfähigkeit gemäß Konzeption 1 führt im Allgemeinen auch zu einer höheren Risikotragfähigkeit gemäß Konzeption 2, wobei beide Messverfahren aber nur unter besonderen Nebenbedingungen direkt ineinander überführt werden können (Bei der Existenz von Covenants sind diese hier ergänzend zu berücksichtigen).

101 Siehe zu Risikoumfang als Nebenberechnung die Safety-First-Konzepte auch Roy (1952); Kataoka (1963) und Telser (1955).

In jedem Simulationslauf wird dann geprüft, ob am Ende der simulierten Periode die dann vorhandene Risikotragfähigkeit positiv ist oder nicht.

Bei der Messung der Risikotragfähigkeit gemäß Konzeption 2 wird eine Risikoaggregation durchgeführt und damit werden auch Kombinationseffekte bestehender Risiken ausgewertet. Dieses Verständnis der Risikotragfähigkeit korrespondiert unmittelbar mit den Anforderungen aus § 91 Absatz 2 Aktiengesetz (KonTraG), demzufolge „bestandsbedrohende Entwicklungen" früh zu erkennen sind, da sich diese meist aus Kombinationseffekten von Risiken ergeben (was gerade die Risikoaggregation erforderlich macht).

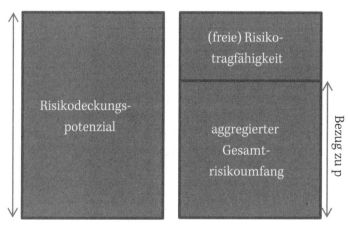

Abbildung 22: Risikodeckungspotenzial und Risikotragfähigkeit (Variante 2)

Sowohl aus dem Risikotragfähigkeitskonzept Variante 1 als auch dem nach Variante 2 ergeben sich konkrete Kennzahlen, die in etwas unterschiedlicher Weise den „Abstand" der aktuellen Situation des Unternehmens zu einer „bestandsgefährdenden Entwicklung" ausdrücken (und aufgrund der zentralen Bedeutung als ein neuer Key-Performance-Indikator, KPI, angesehen werden können). Es ist dabei zur Förderung der Aussagefähigkeit oft sinnvoll, wenn ein solches Risikotragfähigkeitskonzept zwei Kennzahlen umfasst. Wählt man speziell ein Risikotragfähigkeitskonzept der Version 1 könnten dies die beiden folgenden Kennzahlen sein:

a) **Risikotragfähigkeitswert:** maximaler Umfang eines (liquiditätswirksamen) Verlusts, den das Unternehmen verkraften kann, ohne dass das Rating unter „B" absinkt.

b) **Wahrscheinlichkeit,** dass bei den gegebenen Risiken in (z. B. einem Jahr) der Risikotragfähigkeitswert (siehe a) negativ wird.

Wie oben bereits ausgeführt, kann man Risikotoleranz mit Bezug auf ein angestrebtes, für die Existenzsicherung aber nicht zwingend erforderliches Rating definieren (z. B. bezüglich eines BB- oder BBB-Rating). Formal entspricht dieses Verständnis der Risikotoleranz gerade der Konzeption der Risikotragfähigkeit mit einem „weniger anspruchsvollen" Bezugspunkt. Die oben erläuterten Methoden zur Messung der Risikotragfähigkeit kann man aber damit für die Risikotoleranz weitgehend übernehmen, was in Kapitel 4 anhand eines Fallbeispiels auch gezeigt wird. So kann man einen Risikotoleranzwert angeben, der zeigt, welchen (liquiditätswirksamen) Verlust das Unternehmen verkraften kann, ohne ein Investmentgrade-Rating (BB-) zu verlieren. Mittels Risikoaggregation (Monte-Carlo-Simulation) kann man zudem wieder angeben, mit welcher Wahrscheinlichkeit ein Investmentgrade-Rating verloren wird.

Den Begriff Risikoappetit kann man durchaus unterschiedlich belegen (siehe Definition bei 3a und 3b). Sieht man Risikoappetit als eine „Variante" der Risikotragfähigkeit mit einem noch niedrigeren „Anspruchsniveau" als die Risikotragfähigkeit, kann man die oben erläuterten Messmethoden in analoger Weise verwenden. Bezüglich des Risikoappetits gibt man dann also beispielsweise an, welcher Verlust zu verkraften wäre, ohne dass die negative Abweichung vom geplanten Gewinn eine „Gewinnwarnung" (ad-hoc-Mitteilung) zur Folge hätte. Es ist aber durchaus möglich und sogar vorteilhaft, den Begriff Risikoappetit inhaltlich anders zu belegen. Risikoappetit drückt dann aus, wieviel zusätzliches Risiko für einen bestimmten zusätzlichen möglichen Ertrag (erwarteter Ertrag) eingegangen werden soll. Ein Beispiel für dieses Verständnis von Risikoappetit, das die Brücke zur risikogerechten Bewertung der Beurteilung von Ertrag-Risiko-Profilen von Handlungsalternativen bei der Vorbereitung unternehmerischer Entscheidungen darstellt, wird in Gleißner/Wolfrum (2017) vertieft.

4   Fallbeispiel: Messung der Risikotragfähigkeit

Beispielhaft soll anhand der fiktiven Hofer Hightech AG nun aufgezeigt werden, wie die Erarbeitung eines konkreten Risikotragfähigkeitskonzepts im Unternehmen aussehen kann. Zunächst einmal ist festzulegen, mit welcher der beiden oben genannten Konzeptionen Risikotragfähigkeit gemessen werden soll. Nach Abwägen der jeweiligen Vor- und Nachteile entscheidet sich das Unternehmen für eine Messung gemäß Konzeption 1. Risikotragfähigkeit soll also ausgedrückt werden als maximal möglicher Verlust bis zum Punkt, bei dem eine bestandsbedrohende Entwicklung erreicht wird.

Als bestandsbedrohende Entwicklung wird dabei im Unternehmen der Verlust eines „B+"-Ratings angesehen. Weitere potenzielle Ursachen für eine Bestandsbedrohung müssen bei der derzeitigen Aufstellung des Unternehmens nicht betrachtet werden, da bspw. keine wesentlichen financial covenants mit Kreditgebern vereinbart sind und auch keine größeren Refinanzierungen anstehen. Eine weitere Betrachtung von Illiquidität oder Überschuldung ist oft auch nicht eigenständig notwendig, da das kritische Rating-Niveau in aller Regel schon vorher eintritt bzw. die Illiquidität auslöst. Neben der Risikotragfähigkeit soll auch die Risikotoleranz bestimmt werden. Die Zielsetzung des Unternehmens lautet dabei, dass ein Mindestrating von BBB-eingehalten werden soll, also der Investment-Grade-Status beibehalten werden soll. Der „Risikoappetit" wird nicht betrachtet.

Der Betrachtungszeitraum soll vereinfachend (zunächst) nur ein Jahr umfassen.[102] Basis ist das geplante Ergebnis des nächsten Jahres und das Rating, das sich daraus ergeben würde. Gesucht ist nun die kleinste Risikowirkung, die dafür sorgen würde, dass das Rating in den „B"-Bereich (für die Risikotragfähigkeit) bzw. „BB+"-Bereich (für die Risikotoleranz) abrutscht. Notwendig hierzu ist eine Ratingprognose, also insbesondere ein Kennzahlensystem zur Ableitung einer Ratingnote.[103] Da die exakten Zusammenhänge zwischen betrachteten Kennzahlen von Ratingagenturen nicht veröffentlicht werden, verwendet das Unternehmen ein einfaches Kennzahlensystem, bestehend aus der Eigenkapitalquote (EKQ) und der EBIT-Marge (EBITM).[104] Ausgehend von früheren Forschungsergebnissen der FutureValue Group AG[105] lässt sich eine einfache logistische Funktion angeben, mit der in Abhängigkeit dieser beiden Kennzahlen eine Insolvenzwahrscheinlichkeit p abgeschätzt werden kann:[106, 107]

$$p = \frac{0,39}{1 + exp\big(0,09 + 10,8 \cdot EKQ + 7,6 \cdot EBITM\big)}$$

Die Hofer Hightech AG weist im letzten Jahresabschluss ein (wirtschaftliches) Eigenkapital von 500 Mio. € auf, bei einem Capital Employed (betriebsnotwendiges Vermögen) von 800 Mio. €. Die Eigenkapitalquote beträgt folglich 62,5 %. Erwirtschaftet wird ein EBIT von 60 Mio. € bei einem Umsatz von 3 Mrd. €, womit eine EBIT-Marge von 2 % resultiert. Somit kann man die Insolvenzwahrscheinlichkeit abschätzen zu[108]

---

102 Zu den Vorteilen einer mehrperiodigen Risikoaggregation siehe Gleißner (2016).

103 Vereinfachend werden keine qualitativen Einflussfaktoren berücksichtigt.

104 Vgl. Gleißner (2017b), wo auch ein alternatives Ratingmodell basierend auf der Gesamtkapitalrendite gezeigt wird, das oft präzisere Schätzer liefert.

105 Siehe zum Forschungsprojekt insgesamt Blum/Leibbrand/Gleißner (2005) sowie Bemmann (2007) und Gleißner/Bemmann (2008).

106 Vgl. alternativ die Modelle bei Altman (1984); Ohlson (1980); Weber/Krahnen/Vossmann (1998) sowie Schmidt/Obermüller (2014).

107 Die Gewichtungsfaktoren der beiden Kennzahlen sind Ergebnis eines Forschungsprojekts der FutureValue Group AG. Aus diesem wurde alternativ unter anderem auch eine Abschätzung basierend auf der Eigenkapitalquote und der Gesamtkapitalrendite (ROCE) abgeleitet, ein Fallbeispiel hierzu findet sich in Gleißner/Wolfrum (2017). Natürlich gibt es noch weitere Gestaltungsvarianten, bspw. auch, zwei (oder mehrere) Abschätzungen vorzunehmen und als Gesamtergebnis einen (gewichteten) Durchschnitt zu bilden.

108 Exp ist die Exponentialfunktion: $exp(x) = e^x \approx 2{,}71^x$.

$$p = \frac{0,39}{1 + exp(0,09 + 10,8 \cdot 62,5\% + 7,6 \cdot 2,0\%)} = 0,04\%$$

Diese Insolvenzwahrscheinlichkeit gilt es nun in eine Rating-Notation einzuordnen. Die nachfolgende Tabelle, die an die entsprechenden Veröffentlichungen von Standard & Poor's und Moody's angelehnt ist, zeigt die Zuordnung (vereinfachend wurde diese als konstant angenommen).

Ratingtabelle	Mittlere PDs	Bedarf
A–	0,10 %	Status quo
BBB+	0,12 %	
BBB	0,20 %	
BBB–	0,35 %	Grenze Risikotoleranz
BB+	0,60 %	
BB	1,05 %	
BB–	1,82 %	
B+	3,14 %	Grenze Risikotragfähigkeit
B	5,44 %	
B–	9,43 %	
CCC/CC	16,33 %	

Tabelle 28: Rating und Insolvenzwahrscheinlichkeit

Demnach weist die Hofer Hightech AG ein Rating von A– auf.

Es wird nun angenommen, dass die operative Planung mit dem Jahresabschluss des Vorjahres übereinstimmt, also auch wieder ein EBIT von 60 Mio. € bei einem Umsatz von 3 Mrd. € erwartet wird. Es wird von einer Vollausschüttung des Gewinns ausgegangen, entsprechend verbleibt das Eigenkapital gemäß Planung bei 500 Mio. €. Investitionen sind lediglich zur Erhaltung des Capital Employed geplant, dieses bleibt also ebenso konstant. Entsprechend ändern sich auch Eigenkapitalquote und EBIT-Marge nicht und somit auch nicht das geplante Rating von A–.

Für die Bewertung der Risikotragfähigkeit sind nun diejenigen Risikowirkungen gesucht, die dafür sorgen, dass das Rating auf B (Risikotragfähigkeit) bzw. BB+ (Risikotoleranz) sinkt. Hierzu wird angenommen, dass die Klassengrenzen zwischen den Ratingstufen jeweils in der Mitte der jeweiligen Klassen liegen. Wenn also die mittlere Insolvenzwahrscheinlichkeit bei BBB– 0,35 % beträgt und bei BB+ 0,60 %, dann wird als Grenze zwischen BBB– und BB+ 0,48 % angenommen (= (0,35 % + 0,60 %)/2). Analog ermittelt sich die Grenze zwischen B+ und B zu 4,29 %.

Für die Risikowirkungen wird nun unterstellt, dass Risiken gleichermaßen Ergebnis- und Liquiditätsauswirkungen haben, also das EBIT geringer ausfällt und auch ein

Liquiditätsabfluss stattfindet. Es wird davon ausgegangen, dass das Capital Employed sich durch das Risiko nicht verändert. Und ebenso wird stark vereinfachend von einem konstanten Umsatz ausgegangen. Da von einer Vollausschüttung ausgegangen wird, verändern sich Eigenkapital und damit Fremdkapital nur dann, wenn die Risikowirkung so hoch ist, dass der Gewinn[109] im negativen Bereich liegt.[110]

Durch eine Zielwertsuche[111] kann nun die Höhe von Risiko ermittelt werden, die zu einer Ratingverschlechterung unter BBB– bzw. B führt. Die Risikotoleranz wird damit ermittelt zu 212 Mio. €. Dies bedeutet, dass ein solcher Risikoeinschlag dazu führt, dass man an die Ratinggrenze zwischen BBB– und BB+ kommt. Im Beispielfall wäre das EBIT bei –152 Mio. € woraus eine EBIT-Marge von –5,07 % resultiert. Das Eigenkapital – unter Vernachlässigung nicht-operativer Effekte – sinkt auf 348 Mio. € und die Eigenkapitalquote auf 43,50 %. Die Insolvenzwahrscheinlichkeit lässt sich dann abschätzen zu

$$p = \frac{0,39}{1 + exp\big(0,09 + 10,8 \cdot 43,5\% + 7,6 \cdot (-5,07\%)\big)} = 0,48\%$$

Was eben gerade noch einem Rating von BBB– entspricht.

Die Risikotragfähigkeit lässt sich analog ermitteln zu 356 Mio. €. Beim Eintreten einer solchen kombinierten Risikowirkung tritt ein EBIT-Verlust von 296 Mio. € ein, was – wiederum unter Vernachlässigung nicht-operativer Effekte – zu einer Eigenkapitalminderung in derselben Höhe führt. Die EBIT-Marge beträgt somit –9,87 % und die Eigenkapitalquote 25,50 %. Die Insolvenzwahrscheinlichkeit lässt sich dann abschätzen zu

$$p = \frac{0,39}{1 + exp\big(0,09 + 10,8 \cdot 25,50\% + 7,6 \cdot (-9,87\%)\big)} = 4,28\%$$

Was eben gerade noch einem Rating von B+ entspricht.

Dieses sehr einfache Konzept weist noch keinen Bezug zu den (aggregierten) Risiken und damit zur Risikoanalyse auf. Es kann also keine Aussage darüber getroffen werden, ob durch die Risiken des Unternehmens eine der Schranken verletzt werden kann und mit welcher Wahrscheinlichkeit dies auftreten kann. Allerdings sind solche Abschätzungen relativ einfach durchführbar, wenn man die Risiken im Kontext einer Planung durch eine Monte-Carlo-Simulation aggregiert. Es kann dann nämlich auch

---

109 EBIT – Zins und Steuern.

110 Dies stellt nur eine vereinfachende Betrachtung dar, da sich durch das nicht-operative Ergebnis schon Verluste ergeben können, wenn das EBIT noch positiv ist.

111 Die Zielwert-Suche ist ein computergestütztes „Probieren", das beispielsweise durch Excel unterstützt wird. Für eine direkte mathematische Lösung ist die Berechnung einer Umkehrfunktion notwendig (siehe dazu Gleißner/Leibbrand/Kamarás/Helm/Gerking, 2011).

eine Häufigkeitsverteilung für die Ratingprognose erstellt werden, also für jeden Simulationslauf das sich ergebende Finanzkennzahlenrating ermittelt werden.

Beispielsweise kann eine solche Auswertung folgendes Ergebnis aufweisen.

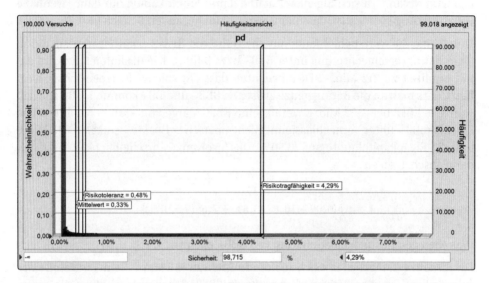

Abbildung 23: Häufigkeitsverteilung Insolvenzwahrscheinlichkeit aus Finanzkennzahlenrating

Demnach wäre die Wahrscheinlichkeit, dass die Grenze der Risikotragfähigkeit (Rating schlechter B+, also p > 4,29 %) gerissen wird, bei ca. 1,3 %. Analog lässt sich die Wahrscheinlichkeit ermitteln ein Rating schlechter als BBB– aufzuweisen (p > 0,48 %) zu 3,7 %.

Mit einer solchen Risikoaggregation kann man dann auch die Risikotragfähigkeit gemäß Konzeption 2 ermitteln, also die Differenz zwischen einem geeignet operationalisierten Risikodeckungspotenzial und dem aggregierten Risikoumfang, was hier aber nicht durchgeführt wurde. Zusammenfassend erhält man folgende Ergebnisse bei der Risikotragfähigkeitsbetrachtung der Hofer Hightech AG (gemäß Konzeption 1):

	Schwelle	Wert	Wahrscheinlichkeit der Überschreitung
Risikotoleranz	BBB– (p: 0,48 %)	212 Mio. €	3,7 %
Risikotragfähigkeit	B+ (p: 4,29 %)	356 Mio. €	1,3 %

Zu Risikotragfähigkeit und Risikotoleranz werden damit jeweils zwei Kennzahlen angegeben. Der Risikotoleranz- bzw. Risikotragfähigkeitswert gibt „in Euro" den Abstand zu einer „bestandsgefährdenden Entwicklung" an. Diese Kennzahl ist unabhängig von den im Risikomanagement identifizierten und quantifizierten Risiken.

Um diese zu berücksichtigen, wird zusätzlich aus der Risikosimulation die Wahrscheinlichkeit abgeleitet, dass bei den momentan vorhandenen Risiken der durch den Risikotragfähigkeitswert (bzw. Risikotoleranzwert) ausgedrückte Euro-Betrag nicht ausreicht. Sinnvoll ist es hier vorzugeben, welche maximale Wahrscheinlichkeit für eine problematische Entwicklung durch das Aufzehren der (freien) Risikotragfähigkeit durch die vorhandenen Unternehmensrisiken noch akzeptiert werden kann.

5 Zusammenfassung und Implikationen

Eine der wesentlichen Anforderungen an eine adäquate Vorbereitung einer Entscheidung ist die Analyse und transparente Darstellung in der Entscheidungsvorlage, welche Chancen und Gefahren (Risiken) mit dem geplanten Vorhaben verbunden sind und welche Konsequenzen sie für Werte und Rating haben. Ein zentrales Kriterium neben dem Abwägen von Ertrag und Risiko ist dabei, ob das Unternehmen überhaupt die Kapazität hat, das Risiko einzugehen. Hierzu sind Risikotragfähigkeitskonzepte notwendig, die den „Abstand" von der aktuellen Situation zu einer unerwünschten oder gar bestandsgefährdenden Entwicklung aufzeigen. Neben einer möglichen Überschuldung ist bei der Frage nach einer bestandsgefährdenden Entwicklung vor allem auch eine potenzielle Illiquidität zu betrachten. Hierzu ist es notwendig zu analysieren, ob Kreditlinien im notwendigen Ausmaß zur Verfügung stehen. Damit gilt es zu analysieren, ob das Rating unter Risikogesichtspunkten ein kritisches Niveau unterschreiten kann oder es zu Brüchen von vereinbarten Covenants kommen kann.

Dies gilt nicht nur für große (kapitalmarktorientierte) Unternehmen, sondern gerade auch für kleinere, mittelständische Unternehmen. Große Unternehmen weisen häufig im Status quo eine gute Bonitätseinschätzung (Rating) auf und können damit auch entsprechend große Risikoeinschläge einigermaßen verkraften. Kleinere Unternehmen werden von Banken (oder Ratingagenturen) alleine aufgrund ihrer geringeren Unternehmensgröße meist schon schlechter eingestuft und können damit eben auch weniger Risiko tragen.

Ergänzend zu dem Zahlenwert für Risikotragfähigkeit (oder Risikotoleranz) ist es sinnvoll die Wahrscheinlichkeit anzugeben, dass – unter Beachtung der vorhandenen Risiken und möglicher Kombinationseffekte – risikobedingt mögliche Verluste die (freie) Risikotragfähigkeit z. B. im Laufe des nächsten Geschäftsjahres aufbrauchen (und damit das Risikodeckungspotenzial) überstrapaziert wird. Die Kenntnis der freien Risikotragfähigkeit ist offenkundig wichtig für Finanzierungsentscheidungen und die Ableitung von Obergrenzen an die Ausschüttung an die Gesellschafter.

Die Etablierung von Konzepten für Risikotragfähigkeit (und Risikotoleranz) ist die unmittelbare Weiterentwicklung der zur Erfüllung der gesetzlichen Anforderungen aus § 91 AktG nötigen Risikoaggregationsmodelle. Sie erlauben es, durch eine geeignete Kennzahl (KPI) die Relation von Gesamtrisikoumfang und Risikodeckungspotenzial zu steuern und bei der Vorbereitung wesentlicher unternehmerischer Entscheidungen den im Hinblick auf das Risikodeckungspotenzial bestehenden „Handlungsspielraum" fundiert einzuschätzen.

Literatur

Altman, E. I. (1984): A Further Empirical Investigation of the Bankruptcy Cost Question, in: Journal of Finance, Vol. 34, September 1984, S. 1067–1089.

Bemmann, M. (2007): Entwicklung und Validierung eines stochastischen Simulationsmodells für die Prognose von Unternehmensinsolvenzen, Dissertation, Technische Universität Dresden.

Blum, U./Gleißner, W./Leibbrand, F. (2005): Stochastische Unternehmensmodelle als Kern innovativer Ratingsysteme, in: IWH-Diskussionspapiere, Nr. 6, November 2005.

Dorfleitner, G./Gleißner, W. (2018): Valuing streams of risky cash flows with risk-value models, in: Journal of Risk, 3/2018, S. 1–27.

Gai, P./Vause, N. (2004): Risk appetite: concept and measurement, in: Financial Stability Review, December 2004, S. 127–136.

Gleißner, W. (2011): Risikoanalyse und Replikation für Unternehmensbewertung und wertorientierte Unternehmenssteuerung, in: WiSt, 7/2011, S. 345–352.

Gleißner, W. (2014a): Kapitalmarktorientierte Unternehmensbewertung: Erkenntnisse der empirischen Kapitalmarktforschung und alternative Bewertungsmethoden, in: Corporate Finance, 4/2014, S. 151–167.

Gleißner, W. (2014b): Die Marktrisikoprämie: stabil oder zeitabhängig?, in: WPg – Die Wirtschaftsprüfung, 5/2014, S. 258–264.

Gleißner, W. (2016): Bandbreitenplanung, Planungssicherheit und Monte-Carlo-Simulation mehrerer Planjahre, in: Controller Magazin, Ausgabe 4, Juli/August 2016, S. 16–23.

Gleißner, W. (2017a): Entscheidungsvorlagen für den Aufsichtsrat: Fallbeispiel Akquisition, in: Der Aufsichtsrat, 4/2017, S. 54–57.

Gleißner, W. (2017b): Grundlagen des Risikomanagements, 3. Aufl., Vahlen Verlag, München 2017.

Gleißner, W. (2017c): Risikomanagement, KonTraG und IDW PS 340, in: WPg – Die Wirtschaftsprüfung, 3/2017, S. 158–164.

Gleißner, W./Bemmann, M. (2008): Rating-Evidenz und Risikosimulation in strukturellen Modellen, in: Risikomanager, Ausgabe 17/2008 vom 20.08.2008, S. 6–12.

Gleißner, W./Leibbrand, F./Kamarás, E./Helm, R./Gerking, H. (2011): Krisenprävention: Stresstests für das Unternehmen? Schwächen von Stresstests, in: Risiko Manager, 18/2011, S. 1/6–15.

Gleißner, W./Wolfrum, M. (2008): Eigenkapitalkosten und die Bewertung nicht börsennotierter Unternehmen: Relevanz von Diversifikationsgrad und Risikomaß, in: Finanz Betrieb, 9/2008, S. 602–614.

Gleißner, W./Wolfrum, M. (2017): Risikotragfähigkeit, Risikotoleranz, Risikoappetit und Risikodeckungspotenzial, in: Controller Magazin, November/Dezember 2017, S. 77–84.

Graumann, M. (2014): Die angemessene Informationsgrundlage bei Entscheidung, in: WISU, Heft 3/2014, S. 317–320.

Kataoka, S. (1963): A Stochastic Programming Model, in: Econometrica, 31/1963, S. 181–196.

Ohlson, J. A. (1980): Financial ratios and the probabilistic prediction of bankruptcy, in: Journal of Accounting Research 18, S. 109–131.

Roland Berger Strategy Consultants (2014): Studie Financial Covenants in der Unternehmensfinanzierung 2014.

Roy, A. (1952): Safety first and the holding of assets, in: Econometrica, Heft 20/1952, S. 431–449.

Schmidt, A./Obermüller, P. (2014): Determinanten externer Unternehmensratings. Empirische Relevanz zeitlich geglätteter und branchennormierter Kennzahlen für die Prognose von S&P-Unternehmensratings, in: DBW, 1/2014, S. 41–65.

Telser, L. (1955): Safety First and Hedging, in: Review of Economic Studies, Vol. 23, S. 1–16.

Weber, M./Krahnen, J. P./Voßmann, F. (1998): Risikomessung im Kreditgeschäft: Eine empirische Analyse bankinterner Ratingverfahren, in: ZfbF, Sonderheft 1998, S. 117–142.

Wermelt, A./Scheffler, R./Oehlmann, D. (2017): Risikomanagement und Unternehmenssteuerung – Welchen Mehrwert liefert der neue IDW PS 981 „Grundsätze ordnungsmäßiger Prüfung von Risikomanagementsystemen"?, in: Controller Magazin, Heft September/Oktober 2017, S. 84–88.

Risikotragfähigkeit, -appetit und -toleranz als wesentliche Strategieparameter zur risikoorientierten Unternehmenssteuerung

Tobias Flath, Eva Göppel und Gina Heller-Herold

„Managers do things right. Leaders do the right thing."[112] Kurzfristig und langfristig sollen so in Form der Unternehmensstrategie, als Entwicklung zielbezogener Erfolgspotentiale, die richtigen Dinge getan werden sowie über das operative Geschäft die Dinge richtig getan werden – verfügbare Potentiale und Ressourcen des Unternehmens werden im operativen Geschäft genutzt, um die Strategie zu finanzieren und letztlich erreichen zu können. Vor dem Hintergrund einer voranschreitenden Globalisierung und Digitalisierung, sich rasant verändernder Rahmenbedingungen und zunehmender Wettbewerbsintensität, wird die Erreichung der gesetzten Strategie jedoch immer mehr erschwert. Unsicherheiten beeinträchtigen die Entwicklung einer realistischen Unternehmensplanung und damit die Basis für unternehmerische Entscheidungen und eine auf die Zukunft ausgerichtete Unternehmenssteuerung. Eine frühzeitige Erkennung von Risiken und Chancen sowie der geeignete Einbezug von Risikoinformationen in die Unternehmenssteuerung sind damit unerlässlich geworden, auch um den Fortbestand des Unternehmens zu sichern.[113] Dabei geht es letztlich nicht nur um die Erkennung und Steuerung von Risiken, sondern vielmehr um die Frage, in wieweit das operative Geschäft, auch unter volatilen Bedingungen, die Finanzierung der Strategie gewährleisten kann.

Hieraus entsteht die Notwendigkeit einer Harmonisierung von Risikomanagement und Controlling in Hinblick auf Strategie und Steuerung. Es gilt, Risiken und Chancen nicht nur im Risikomanagement zu erheben, sondern vielmehr die Unsicherheit der Unternehmensplanung repräsentierenden Informationen mit in Entscheidungsgrundlagen zu integrieren und so zur Findung, Umsetzung und Erreichung der Strategie zu nutzen.[114] Risikomanagement und Controlling sind damit nicht mehr nur für die Schaffung von Transparenz verantwortlich, sondern generieren durch eine klare Ausrichtung auf den Einbezug in Management-Entscheidungen

---

112 Bennis, 1998, S. 48.

113 Vgl. PwC, 2015, S. 9.

114 Vgl. Gleißner, 2017, S. 24.

einen ökonomischen Mehrwert.[115] Erreicht werden kann dies durch die Definition von Strategieparametern des Unternehmens und seiner Teilbereiche, die durch eine Gegenüberstellung mit dem Gesamtrisiko als Basis für strategische Entscheidungsgrundlagen fungieren. Das Tolerierte Gesamtrisiko, der Risikoappetit und die Risikotragfähigkeit sind hierbei zentrale Parameter, die eine optimale Ausrichtung und Verteilung der verfügbaren finanziellen Mittel auf die bestehende Risikosituation ermöglichen, um die gesetzten Performanceziele und damit letztlich die Strategie zu erreichen.[116]

Eine erfolgreiche Harmonisierung von Risikomanagement und Controlling schafft damit die Verbindung von Risiko, Strategie und Performance und ist Grundlage zum Aufbau eines strategischen Risikocontrollings.[117]

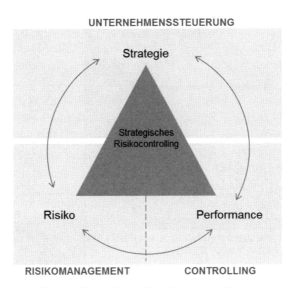

Abbildung 24: Strategisches Risikocontrolling verbindet Risiko, Strategie und Performance

Strategisches Risikocontrolling wird dabei als „Versorgung der Unternehmensleitung mit entscheidungsrelevanten Informationen und als Koordination verschiedener strategischer sowie operativer Subsysteme des Unternehmens zur Gewährleistung einer nachhaltigen Existenzsicherung als oberste Zielsetzung"[118] verstanden. Es hilft der Unternehmensleitung bei der Findung der richtigen Unternehmensstrategie

---

115 Vgl. Gleißner, 2015a, S. 4.

116 Vgl. Nocco & Stulz, 2006, S. 10.

117 In Anlehnung an COSO Enterprise Risk Management – Integrating with Strategy and Performance, 2017, S. 3ff.

118 In Anlehnung an Baum et al., 1999, S. 9.

und unterstützt deren Erreichung, durch eine optimale Aufteilung der verfügbaren finanziellen Mittel auf die bestehende Risikosituation.[119] Aufbauend auf dem Prozess des Traditionellen Risikomanagements (TRM) und erweitert um Advanced Analytics, wie z. B. Monte-Carlo Simulationen und Predictive Analytics, stehen stets – im Gegensatz zum TRM – die aggregierte Risikosituation des Unternehmens und die daraus resultierenden Auswirkungen auf die Strategie im Vordergrund. Advanced Analytics bezeichnet alle analytischen Verfahren, die es ermöglichen, ein aggregiertes Risiko im Unternehmen zu ermitteln und darzustellen, mit dem Ziel, Änderungen und Verbesserungen innerhalb der Risikosituation, im Einklang mit der gesetzten Strategie, herbeizuführen.

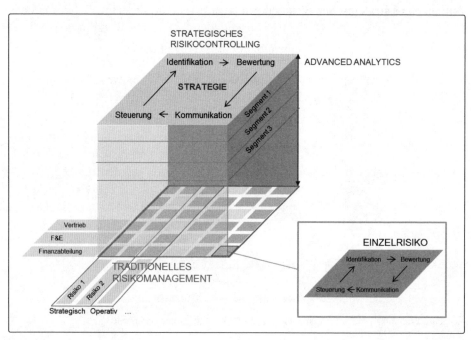

Abbildung 25: Strategisches Risikocontrolling als Teil der Strategie basierend auf Basis der Gesamtrisikosituation im Unternehmen und ermöglicht durch Advanced Analytics

1 Strategisches Risikocontrolling

Ein im Unternehmen etabliertes und an die Anforderungen des KonTraG und IDW PS340 ausgerichtetes Traditionelles Risikomanagement[120], identifiziert und steuert einzelne Risiken oder Risikokategorien in der Regel individuell, ohne den Zusammenhang zu anderen Risiken und die Auswirkungen auf die Unternehmensstrategie

---

119 In Anlehnung an Nocco & Stulz, 2006, S. 10.

120 Gleißner, 2015a, S. 6.

zu berücksichtigen.[121] Grund hierfür ist u. a. die bottom-up Sicht bei der Risikoidentifikation: Risiken werden durch einzelne Abteilungen identifiziert und bewertet und schließlich – gesammelt in Risikoberichten – an das Management kommuniziert.

Die Ergänzung hierzu bildet die ganzheitliche Betrachtung des Strategischen Risikocontrollings mit seinem top-down Ansatz, wobei den Ausgangspunkt für die Identifikation der Risiken die Unternehmensstrategie darstellt. Dabei bildet z. B. die SWOT-Analyse eine gute Voraussetzung, um nicht nur die Stärken und Schwächen, sondern vielmehr in diesem Zusammenhang auch die Chancen und Risiken der Unternehmensstrategie zu identifizieren. Ebenfalls sind mögliche weitere Handlungsoptionen der Unternehmensführung systematisch zu erfassen, um diese im Hinblick auf das Ertrags-Risiko Profil zu beurteilen.[122] Anschließend erfolgt die Bewertung der Chancen und Risiken. Im Gegensatz zum Traditionellen Risikomanagement jedoch nicht nur auf Einzelrisikoebene, sondern vielmehr innerhalb von Risikoclustern, wo auch Wechselwirkungen zwischen einzelnen Risiken berücksichtigt werden und eine einheitliche Bewertung auf Gesamtunternehmensebene gewährleistet wird.

Simulationsverfahren ermöglichen im Anschluss die Gegenüberstellung des Gesamtrisikos mit den definierten Strategieparametern, woraus Entscheidungsgrundlagen resultieren, die sowohl einzelne Segmente, Abteilungen und Risikocluster als auch die Gesamtunternehmensebene betrachten. An die Unternehmensführung berichtet, beantworten diese zum einen die Frage, wie sich Risikopositionen bei strategischen Entscheidungen verhalten und welche Rückschlüsse sich hieraus für das Ge-

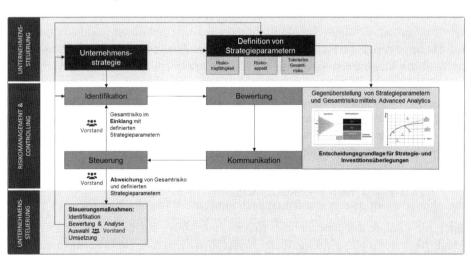

Abbildung 26: Prozess des strategischen Risikocontrollings

---

121 Vgl. Hoyt & Liebenberg, 2011; S. 795, Ai et al., 2012, S. 49; Brustbauer, 2016, S. 71.

122 Vgl. Gleißner, 2015a, S. 7.

samtrisiko und damit letztlich für die Unternehmensstrategie ableiten lassen. Zum anderen dienen die Entscheidungsgrundlagen der gezielten Implementierung von Steuerungsmaßnahmen, die den identifizierten Handlungsspielraum ausnutzen, und das Gesamtrisiko anhand der definierten Strategieparameter auszurichten. Die Steuerungsmaßnahmen können sich dabei auf Unternehmensstrategie, Risiken und die Definition von Strategieparametern auswirken und sowohl Gegenmaßnahmen als auch Innovationspotential freisetzen.

2 Strategieparameter als Entscheidungsvorlagen

Eine zentrale Herausforderung bei unternehmerischen Entscheidung unter Unsicherheit ist das Abwägen von Erträgen und Risiken.[123] Bedingt wird dies durch den im Unternehmen bestehenden Zielkonflikt, möglichst hohe Erträge, ohne gleichzeitig Risiken einzugehen, erzielen zu wollen. Da aus höheren Erträgen in einem freien Markt stets höhere Risiken resultieren, ist diese Sichtweise jedoch unrealistisch und es bedarf einem Abwägen. Eine Möglichkeit zur Verdeutlichung der aktuellen Ist-Situation und zur Wahl fundierter Risiko-Ertrags-orientierter Entscheidungen bilden Risiko-Ertrags-Matrizen.[124] Aufbauend auf Markowitzs Idee der Portfolio-Selection-Theorie erzeugen sie eine transparente Darstellung des Verhältnisses zwischen Unsicherheit und Ertrag z. B. einzelner Business Units, die sowohl als Renditebringer als auch Risikoträger fungieren.[125] Die einzelnen Business Units werden dabei als Investitions- bzw. Desinvestitionsobjekte verstanden, innerhalb derer es eine optimale Aufteilung der begrenzten finanziellen Mittel bedarf. Geschäftseinheiten, die unter der Effizienzlinie liegen, generieren im Vergleich zu den bestehenden Risiken zu wenig Ertrag. Strategische Maßnahmen zur Risikoreduktion und Ertragssteigerung können mögliche Folgen darstellen. Ziel der Analyse ist es, Empfehlungen betreffend die Ressourcenverteilung abzuleiten sowie ein ausgewogenes Verhältnis zwischen Risiko und Ertrag im Unternehmen zu erreichen, um die Existenzsicherung sicherzustellen. Erschwert wird dies jedoch meist durch die im Unternehmen bestehenden Interessenskonflikte. Unternehmenseinheiten, als Kooperationseinheiten einzelner Individuen begriffen, sind geprägt durch Motive und Interessen einzelner Mitarbeiter, die zugleich die Unabhängigkeit und Objektivität von Entscheidungen beeinflussen können. Eine losgelöste Risiko-Ertrags-orientierte Betrachtung ohne den gleichzeitigen Einbezug von Interessensbalancen und die Auswirkungen dieser auf die Unternehmensstrategie ist damit meist unvollständig.

Auch die Analyse der bestehenden finanziellen Mittel zur Risikodeckung eröffnet Möglichkeiten für strategische Rückschlüsse. Um Risiken in der Unternehmensstra-

---

123 Vgl. Gleißner, 2015a, S. 5.

124 Vgl. Flath et al., 2015, S. 85 f.; Schermann et a., 2013, S. 107.

125 Vgl. hierfür und für die folgenden Ausführungen Schermann et al., 2013, S. 107.

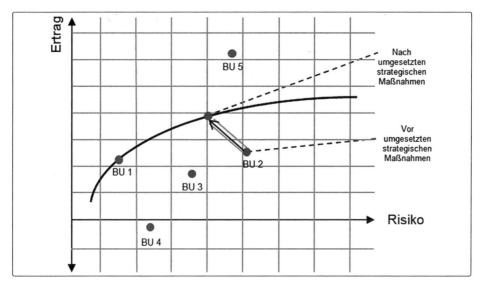

Abbildung 27: Analyse von Business Units (BU) anhand der Risiko-Ertrags-Matrix

tegie sowie Entscheidungsvorlagen adäquat zu berücksichtigen und das Unternehmen mittels risikobasierter Informationen zu steuern, bedarf es zunächst der Ermittlung des aggregierten Gesamtrisikos sowie der Risikotragfähigkeit (siehe die Beiträge von Findeis/Maron und Gleißner/Wolfrum). Gegenübergestellt ermöglichen sie eine Beurteilung der Angemessenheit der Kapitalausstattung des Unternehmens und beantworten damit die Frage, ob die Risikotragfähigkeit ausreichend ist, um den Risikoumfang zu decken und den Bestand des Unternehmens zu gewährleisten.[126] Liegt die Risikotragfähigkeit weit unterhalb des Gesamtrisikos, so kann es zu einem Scheitern des Unternehmens kommen. Weitere Kapitalbeschaffung, Desinvestitionen risikoreicher Geschäfte oder Risikotransfer stellen mögliche Handlungsoptionen dar. Im Gegensatz entgeht dem Unternehmen die Möglichkeit der Realisierung weiterer Gewinnpotenziale, falls die verfügbare Masse zur Risikodeckung das Gesamtrisiko überschreitet. Weitere Investitionen und Innovationen könnten, unter Berücksichtigung der noch zur Verfügung stehenden Deckungsmasse, getätigt werden ohne dabei die Existenz des Unternehmens unverhältnismäßig zu gefährden.

Eine vollständige Abdeckung des Risikopotentials ist jedoch oft nicht möglich oder gar sinnvoll, wodurch die Betrachtung von Gesamtrisiko und Risikotragfähigkeit noch nicht ausreichend ist, um strategische Rückschlüsse für die Verteilung begrenzter finanzieller Mittel zu ziehen. Eng damit verbunden ist die Definition eines Tolerierten Gesamtrisikos. Dies dient als Sicherheitsniveau und beantwortet die Frage,

---

126 Vgl. Gleißner, 2004, S. 31; Gleißner & Romeike, 2008, S. 201; Gleißner & Romeike, 2011, S. 21.

wie viel ungesichertes Risiko das Unternehmen zu tragen beabsichtigt.[127] Hierbei kommt es in der Regel zur Definition eines Lageparameters der je nach Unternehmensstrategie sowohl unterhalb als auch oberhalb der Risikotragfähigkeit liegen kann und somit eine akzeptierte Insolvenzwahrscheinlichkeit repräsentiert (siehe Abbildung 28).[128] Hilfestellungen für eine erste Definition des Tolerierten Gesamtrisikos können Ratings liefern, wobei es je nach Risikoeinstellung des Unternehmens zu Anpassungen kommen kann. Risikofreudige Unternehmen setzen ihr Limit geringer und beabsichtigen weit weniger Risiken über ihr Kapital abzudecken. Risikoaverse Unternehmen neigen im Gegensatz dazu sich gegen weit mehr Risiken abzudecken. Damit resultieren aus der Festlegung des Tolerierten Gesamtrisikos gleichzeitig auch die Möglichkeit zur Ableitung des Kapitalbedarfs und dadurch eine geeignete, risikogerechte Finanzierungsstruktur.[129] Da Eigenkapital teurer als Fremdkapital ist, sollte eine unnötig hohe Ausstattung vermieden werden, da dies die Gesamtkapitalkosten steigert und damit den Unternehmenswert senkt.[130]

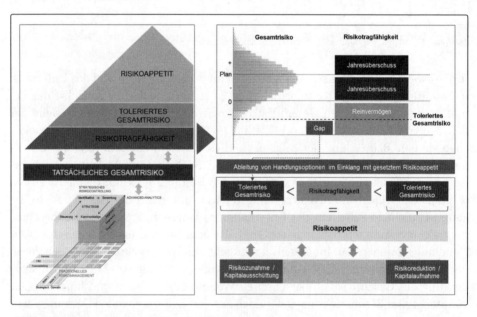

Abbildung 28: Strategieparameter als Steuerungselemente

Aufbauend auf dem Vergleich von Gesamtrisiko und Risikotragfähigkeit können auch aus dem Vergleich von Gesamtrisiko und Toleriertem Gesamtrisiko weitere strategische Handlungsoptionen abgeleitet werden. Unterschreitet das Tolerierte

---

127 Vgl. Gleißner & Romeike, 2011, S. 23.

128 Vgl. Gleißner, 2015b, S. 160.

129 Vgl. Gleißner, 2015b, S. 160.

130 Vgl. Gleißner, 2011b, S. 165.

Gesamtrisiko die Risikotragfähigkeit, so deckt das verfügbare Kapital mehr Risiken ab, als das Unternehmen beabsichtigt. Zu hohe Gesamtkapitalkosten und ein nicht vollständiges Ausnutzen der Chancen stellen mögliche Folgen dar. Letzteres eröffnet dem Unternehmen Handlungsspielraum für weitere Innovationen und Investitionen. Übersteigt das Tolerierte Gesamtrisiko die Risikotragfähigkeit, so verfügt das Unternehmen über zu wenig Kapital, um das gewünschte Maß an Risiken abzudecken und eine Risikoreduktion oder Kapitalaufnahme sind ggf. vonnöten, um die ungewollte hohe Ausfallwahrscheinlichkeit des Unternehmens zu kompensieren.

Sowohl bei Unter- als auch Überdeckung der Risiken erfolgt die Ergreifung von Maßnahmen über den so genannten Risikoappetit. Dieser legt, auf Gesamtunternehmensebene sowie für einzelne Bereiche oder Funktionen, Risikoarten und Größen fest, die das Unternehmen im Zuge der Wertschöpfung bereit ist zu akzeptieren.[131] Hierdurch geschehen eine Ausrichtung des Handlungsspielraums sowie die Definition möglicher Handlungsoptionen unter Berücksichtigung der Unternehmensstrategie.

Um eine optimierte Ressourcenverteilung und strategische Investitionsentscheidungen zu erzielen, müssen alle geplanten – mit dem Risikoappetit in Einklang stehenden Handlungsoptionen – der Unternehmensführung, wie z. B. Investitionen oder Großprojekte, bereits vor Umsetzung Einbezug in das Risikocontrolling finden, da sie sowohl den Risikoumfang als auch die Erträge des Unternehmens maßgeblich beeinflussen. Wie bereits bei der Betrachtung der Ist-Situation ist auch hier das Verhältnis von Ertrag und Risiko ausschlaggebend. Eine Durchführung von Investitionsprojekten lässt sich in der Regel nur bei Handlungsoptionen rechtfertigen, die einen

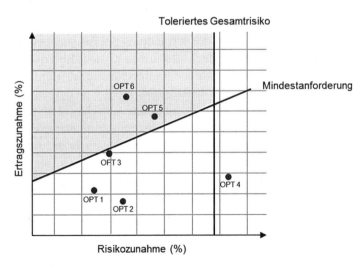

Abbildung 29: Bewertung von Handlungsoptionen

---

131   Vgl. COSO Enterprise Risk Management – Integrating with Strategy and Performance, 2017, S. 110.

positiven Wertgewinn für das Unternehmen generieren, d. h. Handlungsoptionen, die den entstandenen Handlungsspielraum (Risikoappetit) nicht überschreiten und deren Rendite größer als die damit verbundene Mindestanforderung, z. B. risikoabhängigen Kapitalkosten, ist.[132] Muss das Unternehmen hingegen Risiken abbauen, so kommt es zu Desinvestitionen von unguten Ertrags-Rendite Projekten.

Unsicherheit zu akzeptieren und gleichzeitig die verfügbaren Informationen darüber in die Unternehmensteuerung zu integrieren, stellt vielleicht eine der größten Herausforderungen einer erfolgreichen Unternehmenssteuerung dar. Gerade durch den Einsatz von Risikotragfähigkeitsmodellen und Risiko-Ertrags-Betrachtung gelingt es der Unternehmensleitung, Entscheidungen unter Einbezug der Unsicherheit zu treffen. Denn auch wenn die Zukunft immer in Teilen unvorhersehbar bleiben wird, so können es Risikomanagement und Controlling gemeinsam schaffen, der Unsicherheit bewusst und gestärkt entgegen zu treten und gleichzeitig das Potential, dass sie mit sich bringt, zu nutzen.

3   Praxisbeispiel

Was in Deutschland erst durch den neuen IDW PS 981 zum Standard im Risikomanagement als Anforderungen definiert wird, nämlich die Definition von zentralen Strategieparametern wie Risikotragfähigkeit und Risikoappetit[133], ist in anderen Ländern bereits seit einigen Jahren Standard.[134] Meist ist es die Aufgabe von Vorstand und Management, den Risikoappetit sowie Toleranzbereiche des Unternehmens zu bestimmen und sicherzustellen, dass diese unternehmensweit Beachtung finden.

Am Beispiel eines weltweit tätigen Medienkonzerns (im Weiteren fiktiv „SAT TV" genannt) wird im Folgenden eine grundlegende Ableitung des Risikoappetits vorgenommen. Ausgangspunkt hierzu ist die Betrachtung des Risikoappetits als strategische Größe zur Allokation bestehender Mittel auf die aktuelle Risikosituation. Damit soll es möglich werden, sich eröffnende Handlungsspielräume – durch den Vergleich von (Toleriertem) Gesamtrisiko und Risikotragfähigkeit – an der definierten Unternehmensstrategie auszurichten. Konkret muss der Aufsichtsrat anhand des ermittelten Risikoappetits über den Vorschlag des Vorstands, in einen neuen risikoreichen Markt zu expandieren, entscheiden. Dies setzt zunächst die Berechnung der Risikotragfähigkeit und die Bestimmung des Gesamtrisikos sowie des Tolerierten Gesamtrisikos voraus. Die anschließend erfolgende Gegenüberstellung der Größen ermöglicht die Bestimmung des Risikoappetits und die Entscheidung über eine mögliche Expansion der SAT TV.

---

132 Vgl. Gleißner, 2011a, S. 199 f.; Gleißner & Romeike, 2011, S. 23.

133 vgl. IDW PS 981.

134 vgl. hierfür und für die folgenden Ausführungen Statement on Risk Management & Internal Control, 2012.

Zur Bestimmung der Risikotragfähigkeit wählt das Unternehmen einen vereinfachenden Ansatz, der die Risikotragfähigkeit als Summe aus Jahresüberschuss und Reinvermögen wiedergibt. Damit wird eine mögliche Überschuldung als bestandsgefährdender Zustand für das Unternehmen angesehen.

Finanzgröße	in mEuro
Jahresüberschuss (JÜ)	175,00
Reinvermögen	580,00
Risikotragfähigkeit	**755,00**

Tabelle 29: Risikotragfähigkeit der SAT TV

Der Risikotragfähigkeit gegenüber steht die Gesamtrisikosituation des Unternehmens, die mittels einer Monte-Carlo Simulation ermittelt wird.

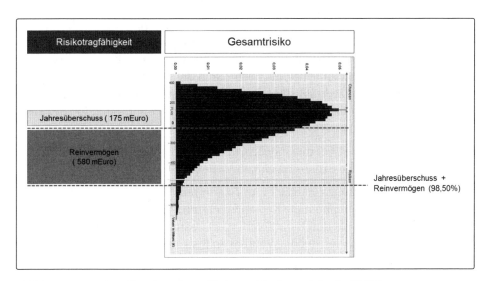

Abbildung 30: Gegenüberstellung der Risikotragfähigkeit und des Gesamtrisikos der SAT TV

Aus der Gegenüberstellung geht hervor, dass, aus einem maximal zur Deckung der Risiken verfügbaren Kapital der SAT TV (755 mEuro) ein Value at Risk von 98,50 % resultiert. Dies bedeutet, dass mit einer Wahrscheinlichkeit von 98,50 % das zur Risikodeckung der Risikosituation zurückgelegte Kapital ausreichend ist. Die Risikotragfähigkeit ist somit natürlicher weise gleichzeitig aber nicht ausreichend um die gesamte Risikosituation der SAT TV zu decken (VaR 100,00 %), wodurch ca. alle 67 Jahre (1,50 %) mit einer potentiellen Überschuldung gerechnet werden muss.

Betrachtete man lediglich die Gegenüberstellung des Gesamtrisikos mit der Risikotragfähigkeit, so würde der Aufsichtsrat der SAT TV womöglich zu dem Ergebnis

125

kommen keine Expansion anzustreben. Da bereits aktuell die gesamte Risikosituation (VaR 100,00%) die Risikotragfähigkeit übersteigt, können weitere aus der Expansion resultierende Risiken nicht mehr durch Jahresüberschuss und Reinvermögen abgedeckt werden. Geschäftstätigkeiten sind jedoch unweigerlich mit Risiken verbunden, wodurch das Gesamtrisiko meist natürlicherweise das zur Deckung der Risiken verfügbare Kapital übersteigt. Eine Betrachtung von Gesamtrisiko und Risikotragfähigkeit ist somit noch nicht ausreichend, um strategische Entscheidungen unter Einbezug der Unsicherheit zu fällen.

Um Letzteres zu ermöglichen und Risikoinformationen mit in der Unternehmenssteuerung zu berücksichtigen, dient die Definition eines Tolerierten Gesamtrisikos. Der Vorstand und das Management der SAT TV haben sich dabei zum Ziel gesetzt, sich bei der Festsetzung des Tolerierten Gesamtrisikos zum einen an ihrem aktuellen Rating (B-Rating) und zum anderen am durchschnittlichen Ausfall vergleichbarer Unternehmen zu orientieren. Bei B-gerateten Unternehmen musste zum Betrachtungszeitpunkt vereinfachend zu 4.28% mit einer eintretenden potentiellen Überschuldung gerechnet werden, was einem VaR von 95.72% entspricht.[135] Betrachtet man zusätzlich zum Einzelrating noch eine aggregierte Branchenkennzahl (z. B. Global Media Peer Group) mit dem korrespondierenden VaR von 96,40%, so scheint der Ausfall etwas unwahrscheinlicher, als noch durch das B-Rating unterstellt. Da die SAT TV eine eher risikoaverse Risikoneigung besitzt, entscheidet sie sich dazu, das Branchenrating der Global Media Peer Group als Grundlage zur Definition des Tolerierten Gesamtrisikos zu verwenden.

Auf Basis dieser Analyse ist es nun möglich, Risikoinformationen mit in die Entscheidung über eine mögliche Expansion einzubeziehen.

Ein Vergleich von Risikotragfähigkeit und Toleriertem Gesamtrisiko zeigt auf, dass die SAT TV durch ihre momentane Kapitalausstattung in der Lage ist, mehr Risiken abzudecken (98,50%), als durch ihr Toleriertes Gesamtrisiko (96,40%) gewünscht. Durch die Abdeckung eines zu hohen Maßes an Risiken entgeht der SAT TV jedoch Potential für Innovation und Investition, da mehr Geld für die Abdeckung von Risiken bereitsteht als ursprünglich beabsichtigt. Der Risikoappetit gibt genau diese Diskrepanz, in Höhe von 105,00 mEUR, wieder und zeigt einen klaren Handlungsspielraum auf. Unter Berücksichtigung vorher definierter Regelungen und Größen zur Existenz und Steuerung von Risiken, kann der Aufsichtsrat den entstandenen Handlungsspielraum nun nutzen, um die Expansions-Entscheidung unter Berücksichtigung von Risikoinformationen zu fällen. Diese fällt klar positiv aus, da zusätzliche Analysen der Chancen und Risiken einer Expansion einen positiven Wertbeitrag oberhalb der Mindestanforderungen und einem Gesamtrisiko innerhalb des Risikoappetits ergeben haben. Eine Expansion der SAT TV erhöht somit den Gesamtertrag größer als das Gesamtrisiko und nutzt gleichzeitig die bestehenden freien fi-

---

135 Vgl. Standard & Poors, 2012.

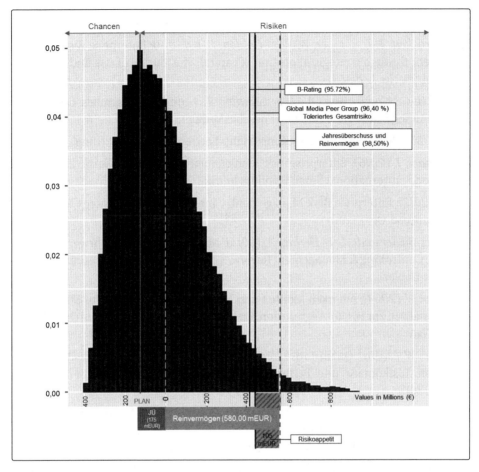

Abbildung 31: Risikotragfähigkeit, Toleriertes Gesamtrisiko und Risikoappetit der SAT TV

nanziellen Mittel innerhalb des identifizierten Handlungsspielraums – dem Risikoappetit – optimal aus, ohne dabei das Tolerierte Gesamtrisiko zu gefährden.

Anhand des Praxisbeispiels der SAT TV wird deutlich, welchen Mehrwert strategisches Risikocontrolling durch eine Gesamtbetrachtung des im Unternehmen bestehenden Risikos mit den definierten Strategieparametern generieren kann. Die Gegenüberstellung von Risikotragfähigkeit, -appetit sowie dem (Tolerierten) Gesamtrisiko betrachtet dabei das Unternehmen ganzheitlich und ermöglicht es, wichtige Entscheidungen unter Einbezug der Unsicherheit zu treffen. Immer im Vordergrund dabei: die Auswirkungen weiterer Risiken auf das Gesamtrisiko und die Unternehmensstrategie.

Literatur

Ai, J., Brockett, P.-L., Cooper, W.-W. & Golden, L.-L. (2012): Enterprise Risk Management through strategic allocation of capital. The journal of risk and insurance, Vol. 79, No. 1, 29–55.

Baum, H.-G., Coenenberg, A.-G. & Günther, T. (1999): Strategisches Controlling, 2. Auflage. Stuttgart: Schäffer-Poeschel Verlag.

Bennis, W. (1998): „Managers do things right. Leaders do the right thing".

Brustbauer, J. (2016): Enterprise risk management in SMEs: Towards a structural model. International Small Business Journal, Vol. 34(I), 70–85.

COSO (2017): Enterprise Risk Management – Integrating with Strategy and Performance, o. O.

Flath, T., Biederstedt, L. & Herlitz, A. (2015): Mit Simulationen Mehrwert schaffen. In: Controlling & Management Review, S. 83 ff., Sonderheft 1. Wiesbaden: Springer Gabler.

Gleißner, W. (2004): Auf nach Monte Carlo – Simulationsverfahren zur Simulationsverfahren zur Risiko-Aggregation, In: Risknews, Wiley-VCH Verlag GmbH & Co. KGaA.

Gleißner, W. (2011a): Quantitative Verfahren im Risikomanagement: Risikoaggregation, Risikomaße und Performancemaße, In: Der Controlling-Berater, Band 16/2011.

Gleißner, W. (2011b): Strategisches Risiko-Management und Risikopolitik. In: Gleißner, W. & Meier G. (Hrsg.), Wertorientiertes Risikomanagement für Industrie und Handel, S. 161–174. Wiesbaden: Gabler Verlag.

Gleißner, W. (2015a): Controlling und Risikoanalyse bei der Vorbereitung von Top-Management-Entscheidungen. In: Controller Magazin, Juli/August 2015, S. 4–12.

Gleißner, W. (2015b): Risikomanagement: Unternehmenswert als Risikomaßstab kombiniert Ertrag und Risiko, in: Gleich, R./Klein, A. (Hrsg.): Der Controlling-Berater – Moderne Controllingkonzepte, Band 39, Haufe-Lexware, Freiburg 2015, S. 157–180.

Gleißner, W. (2017): Was bringt ein Controlling ohne Risikomanagement? Wenig!. In: Controller Magazin, Mai/Juni 2017, S. 24–25.

Gleißner, W. & Romeike, F. (2008): Integriertes Chancen- und Risikomanagement: Verknüpfung mit strategischer Planung, wertorientierter Unternehmenssteuerung und Controlling, In: Kalwait, R., Meyer, R., Romeike, F., Schellenberger, O. & Erben, R. (Hrsg.), Risikomanagement in der Unternehmensführung: Wertgenerierung durch chancen- und kompetenzorientiertes Management (S. 195 ff.). Weinheim: WILEY-VHC Verlag GmbH & Co. KGaA.

Gleißner, W. & Romeike, F. (2011): Die größte anzunehmende Dummheit im Risikomanagement – Berechnung der Summe von Schadenserwartungswerten als Maß für den Gesamtrisikoumfang. In: Risk, Compliance & Audit, 1/2011, S. 21–26.

Hoyt, R.-E. & Liebenberg A.-P. (2011): The Value of Enterprise Risk Management. The Journal of Risk and Insurance, Vol. 78, No. 4, 795–822.

Institut der Wirtschaftsprüfer (2017): IDW Prüfungsstandard: Grundsätze ordnungsmäßiger Prüfung von Risikomanagementsystemen (IDW PS 981).

Nocco, B.-W. & Stulz, R.-M. (2006): Enterprise Risk Management: Theory and Practice. Journal of applied corporate finance, Vol. 18, 8–20.

Schermann, M., Siller, H. & Volcic, K. (2013): Strategische Managementpraxis in Fallstudien: Umsetzung einer erfolgreichen Strategie in vier Schritten, 2. Auflage. Wien: Linde international.

Standard & Poor's (2012): Ratings direct: 2012 Annual Global Corporate Default Study And Rating Transitions.

Statement on Risk Management & Internal Control: Guidelines for Directors of Listed Issuers (2012).

PwC (2015): Risk-Management-Benchmarking 2015.

Organisatorische Aspekte einer Zusammenarbeit von Risikomanagement und Controlling

Sabine Blumthaler und Michael Flachs

1 Einleitung

Ein Universalkonzept für einen einheitlichen und für alle Unternehmen gültigen Aufbau der Risikomanagement-Organisation bzw. -Prozesse sowie einer Harmonisierung dieser mit dem Controlling kann es nicht geben. Vielmehr werden sich abhängig von der Unternehmensart, -größe als auch der Komplexität der Geschäftstätigkeit deutliche Unterschiede ergeben. Unabhängig davon gilt, dass ein Silo-Denken oder ein organisatorischer und prozessualer Flickenteppich aus einem nebeneinander operierenden Bereich Controlling sowie Risikomanagement zu vermeiden ist, damit mögliche positive Effekte z. B. einer risikoadjustieren Planung auch genutzt werden können.

In dem Beitrag werden wesentliche Aspekte der Ablauf- und Aufbauorganisation des Risikomanagements in Abhängigkeit vom Reifegrad des Risikomanagement-Prozesses als auch Unternehmensart, -größe und Komplexität der Geschäftstätigkeit aufgezeigt.

2 Ablauforganisation

Der Prozess des Risikomanagements vollzieht sich als ein sich wiederholender Regelkreis. Basierend auf den in der Risikostrategie festgelegten Grundsätzen und Zielen erfolgt der Prozess in der Regel in den bekannten Phasen

- Risikoidentifikation,
- Risikoanalyse und -bewertung,
- Risikosteuerung und Risikokontrolle
- Risikoüberwachung

Die Aufgabe des Risikomanagements ist es, sich mit den Ursachen für Planabweichungen (Chancen und Risiken) zu befassen. Berührungspunkte zur Planung und dem Controlling sind daher unumgänglich. In der Praxis zeigt es sich jedoch sehr oft, dass es insgesamt noch erhebliche Verbesserungspotenziale bezüglich der Integration der Managementsysteme und der Schaffung einer gemeinsamen Methoden- und Informationsgrundlage gibt.

Abhängig von der Größe und dem Reifegrad eines Unternehmens werden hier verschieden Aufwände für die Durchführung eines Risikomanagements betrieben. Häufige Defizite sind:

- Oftmals werden unsichere Annahmen der Unternehmensplanung, welche jedoch ganz deutlich Risiken repräsentieren, nicht automatisch auch dem Risikomanagement bekanntgegeben.

- Und auch bei strategischen unternehmerischen Entscheidungen werden Risikoinformationen des Risikomanagements nicht konsequent genutzt.

- Die im Kontroll- und Transparenzgesetz (KonTraG) formulierte Anforderung zur Aggregation der Risiken wird in vielen Unternehmen nicht umgesetzt.

Unternehmen, die sich in einem frühen Stadium des Reifegradmodells befinden, haben oftmals kein etabliertes Risikomanagement, jedoch eine Controlling-Abteilung.

In der Praxis zeigen sich folgende Szenarien:

2.1 Unausgereifte Zusammenarbeit Risikomanagement/Controlling

In diesen initialen Stufen des Reifegradmodells ist davon auszugehen, dass sich ein Unternehmen dafür entscheidet, ein formales Risikomanagement aufzubauen. Ziel ist die (vermeintliche) Erfüllung gesetzlicher Anforderungen. Interpretiert wird dies mit der Erlangung des Testats des Wirtschaftsprüfers zum Vorliegen eines Risikofrüherkennungssystems im Zuge der Jahresabschlussprüfung. Da hierbei jedoch meist lediglich formale Systemprüfungen durchgeführt werden und dies auch nicht vollumfänglich, kann aus diesem Testat nicht darauf geschlossen werden, dass das Risikofrüherkennungssystem auch wirklich allen gesetzlichen Anforderungen genügt. Das Risikomanagement wird dann in der Praxis oft einfach nur „mitgemacht", weil es lediglich als gesetzliche Notwendigkeit angesehen wird. Dem Anspruch, ein Unternehmensführungsinstrument zu sein, wird diese Art des Risikomanagements damit nicht gerecht.

Für ein solches formales System wird oftmals eine Person benannt, die für die Durchführung der Risikoanalysen sowie für Risikosteuerung/-controlling verantwortlich ist. Der benannte Mitarbeiter fungiert oft nur als formaler Ansprechpartner für die Fachbereiche und unterstützt bei der Risikoerfassung.

Mögliche und sinnvolle Verknüpfungen zu anderen Managementsystemen wie dem Controlling (aber auch zu anderen wie bspw. Projektmanagement, Qualitätsmanagement, Compliance und IKS) werden dabei außer Acht gelassen. Eine standardisierte und formalisierte Zusammenarbeit zwischen Controlling und Risikomanagement z. B. im Rahmen der Risikoidentifikation und Risikocontrolling ist noch nicht im Unternehmen verankert. Es besteht damit die Gefahr, dass oftmals die gleichen Daten oder zu mindestens eine große Schnittmenge an Daten einmal über das Risikomanagement im Rahmen der Risikoanalyse und einmal über das Controlling im

Rahmen des Planungsprozesses abgefragt und erfasst werden. Damit besteht die Gefahr, dass den Mitarbeitern im Controlling (oder anderen Unternehmensbereichen) gar nicht bewusst ist, dass sie sich im Rahmen ihrer Tätigkeiten explizit oder implizit mit Risiken beschäftigen. Ein geeignetes Risikobewusstsein und eine adäquate Risikokultur im Unternehmen kann sich so nicht etablieren.

Es kann jedoch auch sein, dass die Anzahl und der Umfang der vom Controlling erhobenen Risiken u. U. geringer als die vom Risikomanagement sind. Erwartungsgemäß werden im Rahmen der Budgetierung möglichst viele Risiken durch die Fachbereiche aufgezeigt werden, um ein hohes Budget zu bekommen. Im Gegensatz dazu werden bei der Erhebung der Risiken im Rahmen des Risikomanagement-Prozesses lieber weniger Risiken angegeben, um nicht so sehr auf dem „Präsentierteller" zu stehen, wenn die Risiken an den Vorstand und Aufsichtsrat berichtet werden. Weitere Berührungspunkte können sich ggf. im Rahmen von Projekten ergeben. Im Projektcontrolling werden Projektrisiken identifiziert, die sich dann negativ auf das Projektbudget und den damit verbundenen Projekterfolg auswirken können. Diese Erkenntnis wird aber nicht mit dem Risikomanagement geteilt.

In der Praxis geht häufig das Risikomanagement proaktiv auf Controlling zu und stellt die bekannten Unternehmungsrisiken vor. Die Informationen werden vom Controlling zwar zur Kenntnis genommen, jedoch nicht aktiv in den Planungsprozess aufgenommen und berücksichtigt (siehe den Beitrag von Findeis).

Werden Risiken mittels Einzelinterviews identifiziert und analysiert, kann es sein, dass zumeist eine relativ zu enge Betrachtung der Risiken erfolgt, da zur Beurteilung des Risikos in aller Regel der im Tagesgeschäft für das jeweilige Risiko verantwortliche Bereichs- oder Abteilungsleiter befragt wird. Bei dieser Vorgehensweise können die Wechselwirkungen mit Risiken aus anderen Bereichen ggf. nicht berücksichtigt werden. Es ist jedoch anzumerken, dass nicht für jede einzelne Risikobewertung immer abteilungsübergreifende Besprechungen notwendig sind. Erfahrene Risikomanager erkennen Schnittpunkte und Wechselwirkungen.

Die Bewertung der Risiken mittels komplexerer Verfahren wie zum Beispiel auf Grundlage von Szenarioanalysen und Verteilungsfunktionen kommt nicht zu tragen. Es werden in der Regel nur die Faktoren Eintrittswahrscheinlichkeit und Schadenshöhe in die Risikobetrachtung mit einbezogen.

Das Risikomanagement hat im Rahmen der Risikoinventur durch die Brutto- und Nettobetrachtung auch die Festlegung von Maßnahmen und deren Umsetzung im Fokus (i. d. R. rollierende 12-Monats-Betrachtung), das Controlling mehr die Auswirkung der Risiken auf das Geschäftsjahr sowie auf die Mittelfristplanung und die strategische Langfristplanung.

Der formale Prozess des Risikomanagements kann IT-technisch durch einfache Lösungen wie Excel oder Share Point unterstützt werden. Es ergibt sich hier jedoch der Nachteil, dass diese Tools oft nicht ausreichend revisionssicher sind. Für den Fall, dass eine Aggregation der Risiken mittels Monte-Carlo-Simulation durchgeführt werden soll, kann z. B. auch Excel mit einem Add-In wie Crystal Ball oder @Risk genutzt werden.

2.2 Optimale Zusammenarbeit Risikomanagement/Controlling

Aus den genannten Defiziten können die Vorteile der Harmonisierung von Controlling und Risikomanagement abgeleitet werden. Diese bestehen insbesondere in:

- Vermeiden von Doppelarbeiten und Ineffizienzen
- Möglichkeit zur Entwicklung einer professionellen Risikokultur im Unternehmen
- Stärkung des Risikobewusstseins der Mitarbeiter
- Entwicklung und Förderung einer angemessenen Risikokultur
- Festlegung und Leben geeigneter Verhaltensweisen im Umgang mit Risiken (Chancen und Gefahren)
- Gegenüberstellung von Risikotragfähigkeit, -appetit und -inventar als eine Basis für optimierte Ressourcenverteilungen und strategische Investitionsentscheidungen
- Gemeinsamer Nutzung von steuerungsrelevanten Instrumenten, wie z. B. der strategischen und operativen Planung

Die Verzahnung von Risikomanagement und Controlling erfordert einen unternehmensumfassenden Prozess. Beide Funktionen müssen hinsichtlich Strategie und Steuerung, Organisation und Prozessen, Personal und Mitarbeiter und der Verwendung von Instrumenten und IT Systemen möglichst optimal aufeinander abgestimmt sein, um eine Verzahnung oder Integration zu ermöglichen.

2.2.1 Voraussetzung: Prozessdefinition

Eine wichtige Grundlage bilden die erhobenen Prozesse. Diese Standardprozesse sollten:

- zu einem vorher definierten Zeitpunkt
- in einem definierten Zeitfenster
- in einem vorher definierten Turnus
- von den vorher festgelegten Mitarbeitern (idealerweise das Risikomanagement)
- in einem definierten Prozess
- unter Berücksichtigung sinnvoller Schnittstellen

ablaufen. Somit ist wichtig, hierfür ein Rahmenwerk zu schaffen, in dem genau diese Rahmenbedingungen festgelegt sind. Ziel dieses Rahmenwerks ist, dass

- die Harmonisierung der Prozesse von Controlling und Risikomanagement – Verzahnung oder Integration – beschrieben werden,

- die harmonisierten Prozesse immer gleich ablaufen – gerade zu Beginn der Neu-einführung,
- bei Ablauf des Prozesses diese kritisch auf den Prüfstand gestellt werden,
- die Prozesse regelmäßig an die neuen internen Rahmenbedingungen angepasst werden,
- die Prozesse an die externen Anforderungen (z.B. durch die Stakeholder, die ge-setzlichen Anforderungen) angepasst und optimiert werden,
- die Prozesse für Vertretungsregelungen anwendbar sind, d.h. auch für neue Ver-antwortungsträger mit übernommen werden,
- die Prozesse regelmäßig optimiert werden und
- Prozessbeschreibungen transparent für z.B. Nachfolgeprozesse verfügbar sind.

Die Anpassung der Prozesse für die Verzahnung oder Integration erfolgt auf unter-schiedlichen Ebenen:

- 1. Ebene: Anpassung der Prozesslandkarte (oberste Ebene)
- 2. Ebene: Beschreibung der Controlling- und Risikomanagement-Hauptprozesse
- 3. Ebene: Beschreibung der Controlling- und Risikomanagement-Teilprozesse

Basis einer Ablauforganisation ist immer die gesamte Prozesslandkarte im Unter-nehmen – quasi die oberste Ebene. In Abhängigkeit vom Prozessmodell lassen sich Haupt- und Nebenprozesse unterscheiden. In eng zahnten oder zusammengeführ-ten Bereichen Controlling und Risikomanagement lassen sich die folgenden Haupt-prozesse – eine Ebene unter der Prozesslandkarte – ableiten:

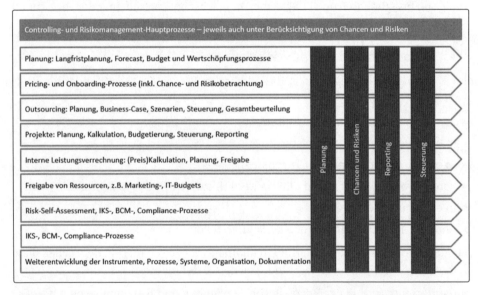

Abbildung 32: Controlling- und Risikomanagement-Hauptprozesse (in Anlehnung an Gleißner/Klein/Heller-Herold, 2017)

Auf Basis dieser Hauptprozesse werden die Teilprozesse erarbeitet. Wesentliche – auch für das Unternehmen werttreibende – Prozesse sind die Planung und Budgetierung sowie das Reporting. Daraus können schnell zum einen Synergien und zum anderen Mehrwerte für die Geschäftsführung abgeleitet werden. Die Vorteile dieser beiden hier ausgewählten Prozesse insbesondere für Entscheidungsträger liegen in:

- breitere Informationsgrundlage, z. B. bei Investitionsrechnungen
- Berücksichtigung von Szenarien, in denen unterschiedliche Fällen dargestellt werden
- Informationen kommen quasi aus einer Hand (d. h. keine separaten Berichte aus Risikomanagement und Controlling)
- Besser abgestimmte Informationen (d. h. keine unterschiedlichen Risikowerte von Risikomanagement und Controlling)
- Nur noch ein integrativer Report
- Reduzierung Ressourcenaufwand durch abgestimmte und gebündelte Aktivitäten

2.3 Informationsaustausch

In der Praxis hat es sich bewährt, dass das Risikomanagement jährlich einen bereichsübergreifenden Risikoworkshop mit den Fachabteilungen durchführt, bei denen oftmals Diskussionen über die Risikoeinschätzung einzelner Bereiche und ihrer Wechselwirkungen entstehen und den Einzelrisikos ein neues Ausmaß dadurch verliehen wird. Die wesentlichen Risiken der einzelnen Organisationseinheiten werden durch das Risikomanagement vorgestellt. Somit haben alle Bereiche einen Überblick über die Gesamtrisikosituation und gemeinsame Schnittpunkte werden identifiziert. Diese Informationen sind unter anderem für alle Organisationseinheiten wichtig, um eine adäquate Grob- und Feinplanung abgeben zu können.

Es ist ebenfalls möglich, dass beide Bereiche auf die Daten der Risikoinventur einen Zugriff haben und somit die Informationen losgelöst betrachtet werden können. Es ist jedoch darauf zu achten, dass klare Verantwortlichkeiten bezüglich der Dateneigentümerschaft und der Pflege der Risikodaten Existieren.

Um ein effektives und effizientes Risikomanagement im Unternehmen und damit eine engere Verzahnung mit dem Controlling zu gewährleisten, sollten die Einbindung des Risikomanagements in den Planungsprozess in Betracht gezogen werden. Ziel ist eine sogenannte „risiko-adjustierte Planung", bei der verschiedene Methoden zum Einsatz kommen können (siehe auch den Beitrag von Findeis/Maron zur Integration der Risiken in die Planung).

Seitens Controlling kann im Rahmen der Grobplanung, bei der meistens alle Fachabteilungen involviert sind, das Risikomanagement proaktiv mit eingebunden werden, um schon hier frühzeitig über bestehende oder neue Risiken sprechen zu können. Gleichzeitig hat das Controlling dadurch eine höhere Sicherheit, dass in der Planung auch alle Risikoaspekte betrachtet wurden und somit die Planungssicherheit gewährleistet ist. Hier ist letztlich eine gute Risikokultur die entscheidende Voraussetzung, damit die Fachbereiche auch wirklich alle Ihre Risiken offen aufzeigen.

Werden dem Controlling im Rahmen des Planungsprozesses Risiken von den Fachbereichen gemeldet, sind diese Informationen dem Risikomanagement (z. B. für die Risikoaggregation) zur Verfügung zu stellen. Dem geht voraus, dass durch die Geschäftsführung festgelegt wurde, wer für die Überwachung der Risiken zuständig ist. Es ist jedoch klar zu empfehlen, dass das Risikomanagement für den Risikoprozess zuständig ist.

Eine beispielhafte Darstellung eines „harmonisierten" Prozesses für die Erstellung eines Controlling- und Risiko-Management-Reportings ist in der folgenden beiden Abbildung dargestellt:

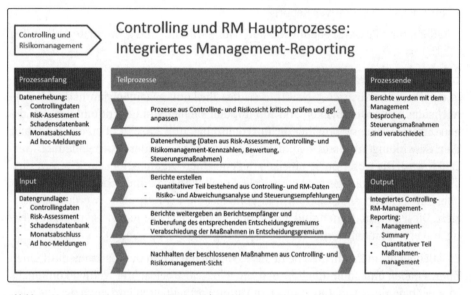

Abbildung 33: Integriertes Management-Reporting (in Anlehnung an Gleißner/Klein/Heller-Herold, 2017)

3 Aufbauorganisation

Wie im Beitrag von Findeis zu praktischen Möglichkeiten und Grenzen der Harmonisierung von Risikomanagement und Controlling beschrieben, unterliegt der Risikomanagement-Prozess einem Reifegrad. Die Aufbauorganisation ist davon nicht abgekoppelt, jedoch lassen sich hier die einzelnen Stufen des Reifegrades nicht klar trennen.

3.1 Risikomanagement – Neuaufbau

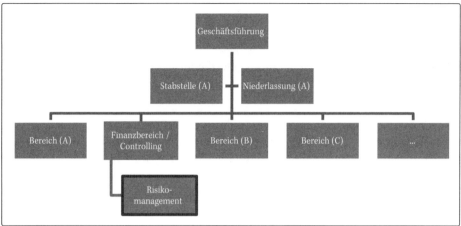

Abbildung 34: Organisationsstruktur Risikomanagement/Controlling

Bereits mit der Entscheidung einen Risikomanagement-Prozess im Unternehmen zu etablieren, ist auch zu berücksichtigen, dass die künftige Organisationsstruktur ein optimales Zusammenwirken von Risikomanagement und Controlling unterstützt. Es ist hierbei nicht unbedingt erforderlich, dass die Risikomanagement-Aufgabe dem Controlling mit übertragen wird. Es können auch andere Funktionen aus dem Finanzbereich (z. B. Accounting) oder aus dem GRC-Umfeld (z. B. Interne Revision, Compliance Bereich) die Risikomanagement-Aufgabe übernehmen.

Sollte die Interne Revision die Risikomanagement-Aufgabe übernehmen, ist jedoch zu bedenken, dass gem. Standard „1100 Unabhängigkeit und Objektivität" Internationale Standards für die berufliche Praxis der Internen Revision 2017 (Version 6 vom 12. Juli 2017, Seite 12) die Interne Revision unabhängig sein muss und bei der Durchführung ihrer Aufgaben objektiv vergehen muss. Eine Prüfung des Risikomanagements durch die Interne Revision wäre somit nicht möglich und müsste z. B. einem externen Prüfer übertragen werden.

Abhängig von der Unternehmensart, -größe als auch der Komplexität der Geschäftstätigkeit kann es sinnvoll sein, die Risikomanagement-Aufgabe zusätzlich dem Controlling zu übergeben. So wird dies ggf. für ein Unternehmen mit einer geringen Größe und einer kleinen Verwaltung naheliegend sein; mit zunehmender Unternehmensgröße und/oder Komplexität der Geschäftstätigkeit und deren Prozesse sollte die Risikomanagement-Aufgabe jedoch als eigene Stelle beschrieben sein.

Unterliegt das Unternehmen den Mindestanforderungen an das Risikomanagement (MaRisk) für Kreditinstitute und Finanzdienstleistungsinstitute im Sinne von § 1 Abs. 1b KWG (Kreditwesengesetz), ist der Aufbau einer unabhängigen Risikomanagement Funktion unumgänglich.

Wird die Risikomanagement-Funktion nicht dem Controlling übertragen, was wie beschrieben abhängig von der Unternehmensart/-größe angebracht sein kann, ist es jedoch unerlässlich, bereits in einem sehr frühen Stadium das Controlling in den neu zu gestaltenden Risikomanagement-Prozess miteinzubeziehen, damit ein gemeinsames Verständnis des Risikomanagement-Ablaufs sowie der zu ermittelnden Informationen vorhanden ist. Erfolgt keine Einbeziehung, sind zu einem späteren Zeitpunkt ggf. aufwändige Abstimmungen und Prozessanpassungen auf beiden Seiten erforderlich.

Vorteile, die sich aus einer engen Verzahnung beider Prozesse in einem frühen Stadium ergeben, sind dann lediglich mit zeitlichem Verzug zu erzielen oder im „Worst Case" hat sich der neu etablierte Risikomanagement-Prozess in eine Richtung entwickelt, welcher keinen zusätzlichen Nutzen für das Controlling bietet (u. a. Budget- und Planungsprozess) als auch das Risikomanagement nicht von im Controlling vorhandenen Informationen (z. B. Informationen zu Länderrisiken im Controlling) profitiert.

Unabhängig von der organisatorischen Zuordnung des Risikomanagements sollte die Umsetzung des Risikomanagement-Aufbaus einer Leitungsfunktion, bei größeren Unternehmen ggf. einem verantwortlichen Mitarbeiter, aus dem betreffenden Bereich übertragen werden, da diese die notwendige Erfahrung bzw. Stellung im Unternehmen haben sollte, um den Aufbau des Risikomanagements erfolgreich umzusetzen. Wird die Aufgabe nicht durch die Leitungsfunktion übernommen, ist zu empfehlen, dass es von Seiten der Geschäftsführung eine aktive Unterstützung gibt, damit der Stellenwert des Risikomanagements bzw. des künftigen Prozesses mit den involvierten Bereichen (und hier den Leitungsfunktionen) hervorgehoben wird.

Von essentieller Bedeutung ist, dass der Risikomanagement-Prozess nicht als „One-Man-Show" angesehen wird d. h. ohne Einbeziehung aller relevanten Fachbereiche, Niederlassungen sowie eventueller Unternehmensbeteiligungen. Diesem Prozess muss die Aufbauorganisation des Risikomanagements folgen und daher sollten auch so früh wie möglich eindeutige Verantwortlichkeiten Risikomanagement-Prozess (z. B. Identifizierung, Bewertung, Maßnahmen) festgelegt werden.

Um die Komplexität der Risikomanagement-Organisation gering zu halten, trotzdem aber möglichst alle für das Unternehmen relevante Risiken zu erkennen, empfehlen wir, alle Leitungsfunktionen, welche an die Geschäftsführung berichten, in den Risikomanagement-Prozess direkt einzubinden. Diese sollten aufgrund ihrer Position in der Lage sein, Risiken zu benennen und Maßnahmen einzuleiten bzw. Strategien zu entwickeln, um eventuellen Risiken zu begegnen. Dieser Prozess hat in enger Abstimmung mit dem Risikomanagement zu erfolgen (top-down/bottom-up).

Risiken können somit in enger Abstimmung mit den Bereichen identifiziert werden und, sofern relevant, im Planungs- und Budgetprozess unmittelbar berücksichtigt werden.

3.2 Risikomanagement – bereits in der Organisation vorhanden

Im Gegensatz zu einer erstmaligen Implementierung des Risikomanagement-Prozesses und dem damit verbundenen Vorteil, Controlling und Risikomanagement bereits frühzeitig eng zu verzahnen, können bei einem bereits implementierten Risikomanagement- sowie Controlling-Prozess diverse Fragestellungen bei einer engeren Verzahnung entstehen. Beide Bereiche sind eventuell unterschiedlichen Ressorts zugeordnet, mit einer unterschiedlichen Zielsetzung. Die (organisatorischen) Berührungspunkte zum Finanzbereich (Controlling) können daher sehr gering sein und beide Prozesse haben sich möglicherweise parallel entwickelt.

Unabhängig von der organisatorischen Zuordnung des Risikomanagements, ist entscheidend, dass Risikomanagement und Controlling nicht nur einen alleinigen Austausch Ihrer Informationen vornehmen, sondern ein gemeinsames Verständnis von den jeweils generierten Ergebnissen entwickeln. Nur so kann das Ziel einer engeren Verzahnung der Risikomanagement- und Controlling-Ergebnisse gelingen.

Auf beiden Seiten werden hierzu Prozessanpassungen notwendig sein, welche vom Reifegrad des Controllings als auch des Risikomanagements abhängig sind (vgl. den Beitrag von Findeis), wenn z. B. im Risikomanagement bisher ausschließlich eine qualitative Bewertung erfolgte oder ein eindeutig bestimmter Bewertungszeitraum für Risiken nicht gegeben ist.

4 Fazit

Die Ablauf- und Aufbauorganisation bilden die unverzichtbare Basis für den Risikomanagement-Prozess. Mögliche Fehler wirken sich im späteren Risikomanagement-Prozess verstärkend aus und eine Korrektur kann zeitaufwändig sein, da sich ggf. nicht effiziente Prozesse etabliert haben.

Die Empfehlung der Autoren kann daher nur sein, der Ablauf- sowie auch Aufbauorganisation ein besonderes Augenmerk und entsprechende Zeit zu widmen. Zu beachten ist hierbei auch immer Branche, Unternehmensgröße und -komplexität.

Literatur

Werner Gleißner, Andreas Klein, Gina Heller-Herold: Risikomanagement und Controlling, 2017.

Personelle Aspekte der Harmonisierung von Controlling und Risikomanagement

Gina Heller-Herold

1 Allgemein

Risikomanagement ist nicht ohne Controlling und Controlling nicht ohne Risikomanagement möglich. Beide Bereiche greifen meist auf die gleiche oder eine gleichgelagerte Datengrundlage zurück und sowohl Controlling als auch Risikomanagement erstellen Ergebnisse, z. B. in Form von Planungen oder Reports für die gleichen Berichtsempfänger.

Bei der Betrachtung der personellen Aspekte im Rahmen der Harmonisierung der Bereiche Controlling und Risikomanagement sind zwei Aspekte von entscheidender Bedeutung:

- Im Gesamtunternehmen bei ganzheitlicher Betrachtung: Entwicklung einer Chancen- und Risikokultur im Gesamtunternehmen (Abschnitt 2)
- Innerhalb von Controlling und Risikomanagement: Die Harmonisierung bzw. Zusammenlegung der Bereiche Controlling und Risikomanagement (Abschnitt 3)

Der Erfolg der Harmonisierung von Controlling und Risikomanagement – sowohl auf Ebene der betroffenen Abteilungen als auch im Gesamtunternehmen – hängt maßgeblich von den Mitarbeitern ab. Dabei sind nicht nur die Unternehmensstrategie, die Aufbau- und Ablauforganisation, die Dokumentationen, das Vorleben durch die Führungskraft, sondern vielmehr die persönlichen Einstellungen eines jeden einzelnen Mitarbeiters für den Erfolg der Harmonisierung und die Entwicklung einer Chancen- und Risikokultur von Bedeutung. Erwiesen ist, dass ein Mensch in unterschiedlichen Situationen unterschiedlich reagiert, insbesondere wenn es sich um Entscheidungen unter Stress handelt. Und gerade in persönlichen Stresssituationen handelt der Mitarbeiter nicht auf der Sachebene – wie in der folgenden Grafik dargestellten Ebene über dem Eisberg – sondern reagiert nach seiner ureigenen Veranlagung. Ein Zielkonflikt kann insofern entstehen, wenn in dem unternehmerischen Umfeld eine eher risikoaverse Entscheidung gefordert ist, aber der Mitarbeiter von seiner persönlichen Risikoveranlagung eher hohe Risiken eingeht.

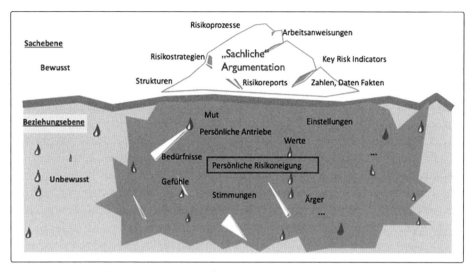

Abbildung 35: Eisberg-Modell im Risikokontext (Anpassung und Erweiterung Eisberg-Modell)

Der Wandel sowohl innerhalb der Abteilungen Controlling und Risikomanagement als auch der anderen von den Prozessen betroffenen Abteilungen oder aber in Bezug auf eine Risikokultur kann von Widerständen mit unterschiedlichen Ursachen geprägt sein.

Abbildung 36: Gründe für Widerstände bei der Harmonisierung von Controlling und Risikomanagement

Widerstände sind sehr ernst zu nehmen – zumal sie häufig nicht sichtbar sind und im Verborgenen (vgl. Eisberg-Modell) bleiben.

2 Entwicklung einer Chancen- und Risikokultur im Unternehmen

2.1 Allgemein

Dieses Kapitel beleuchtet die Facetten der Chancen- und Risikokultur im Gesamtunternehmen – also über die Abteilungen Controlling und Risikomanagement hinaus. In einem ersten Schritt ist zu definieren, was im Allgemeinen unter Kultur zu verstehen ist. Das Wort Kultur stammt aus dem Lateinischem ‚Cultura', das für Bearbeiten bzw. Pflegen steht. Dabei ist die Kultur die Gesamtheit der geistigen, künstlerischen, gestaltenden Leistungen einer Gemeinschaft als Ausdruck menschlicher Entwicklung. Es wird aber nicht nur die materielle Umgestaltung, sondern vielmehr auch die der geistigen Errungenschaften wie Moral, Religion, Wirtschaft und Wissenschaft verstanden.[136] Wenn wir uns in ein Unternehmen hineinversetzen, ist jedes Unternehmen von seiner eigenen Unternehmenskultur geprägt.

Dabei ist unter Unternehmenskultur ein System gemeinsam geteilter Muster des Denkens, Fühlens und Handelns sowie der sie vermittelnden Normen, Werte und Symbole innerhalb einer Organisation oder eines Unternehmens zu verstehen. [137]

2.2 Die Elemente einer Chancen- und Risikokultur

Eine Kultur eines Unternehmens ist grundsätzlich geprägt von folgenden Elementen:

Die Corporate Attitude (Verhalten, Wertmaßstäbe) beschreibt das Verhalten und die Wertmaßstäbe aller Personen eines Unternehmens untereinander, sowie gegenüber Kunden und Lieferanten, aber auch Umwelt, Staat, Kommunen. Corporate Attitude ist wesentliches Element des Images, das ein Unternehmen prägt.[138]

Corporate Behavior (Verhaltenscodex) gehört wohl zu den stärksten und gleichzeitig schwierigsten Elementen der Corporate Identity. Der Eindruck, den ein Unternehmen durch seine Taten und Handlungsweisen in seiner Umwelt hinterlässt, ist sehr viel intensiver und nachhaltiger als die Wirkung von kommunikativen und optischen Maßnahmen. Konkret wird hier der Führungsstil, der Umgang der Mitarbeiter untereinander aber auch mit Lieferanten und Geschäftspartnern zusammengefasst, also Verhaltensweisen eines Unternehmens. Wichtig ist dabei, dass das Verhalten in sich schlüssig, stimmig und widerspruchsfrei im Sinne von Chancen und Risiko sein muss, sowohl in seiner Umsetzung bzw. Anwendung, als auch in Bezug auf die Grundsätze, Werte und Leitbilder des Unternehmens. Das Ziel des Corporate Behavior ist es, zum einen das Gesamtbild des Unternehmens in der Öffentlichkeit zu verbessern und zum anderen, insbesondere eine positive (Risiko-)Arbeitsatmo-

---

136 in Anlehnung an www.duden.de.

137 in Anlehnung an http://wirtschaftslexikon.gabler.de/Definition/organisationskultur.html.

138 vgl. www.sdi-research.at.

sphäre zu schaffen, die im Endeffekt zu besseren Leistungen der Mitarbeiter im Sinne einer Performance- und Risikosteuerung führt. Corporate Behavior setzt auf die Glaubwürdigkeit des Unternehmens und hat die Verhaltensweisen als Grundlage. [139]

Corporate Culture – die Unternehmenskultur ist die Basis für die Entwicklung einer Corporate Identity, sie ist nicht statisch, sondern verändert sich im Laufe der Zeit. Sie entsteht unmittelbar bei der Gründung eines Unternehmens, geprägt durch die Gründungspersönlichkeiten und durch das Management, unterstützt von Werten, Normen und Symbolen. Für das Übertragen der Kultur sind das Verhalten, die Sprache, die Regeln und die Symbole bedeutend. Diese Einflussgrößen lassen sich in drei Ebenen unterteilen.

1. Unbewusste Wertebene (in der folgenden Grafik als ‚Keller' dargestellt): Sie umfasst die Vorstellung, wie bestimmte Dinge oder Prozesse sein sollen und ermöglicht so die Entscheidungsfindung. Werte sind z. B. Freiheit, Gerechtigkeit, Wahrheit, Wohlstand, Fleiß, Individualität.

2. Normen/Standards (in der folgenden Grafik als ‚Haus' dargestellt): Die nächste Ebene ist teils sichtbar und bewusst. Sie ergibt sich aus den Werten und beinhaltet die Normen und Standards. „Normen sind Verhaltensregeln, die dazu dienen sollen, dass sich alle Mitglieder im Sinne der Werte des Unternehmens (wertkonform) verhalten.

3. Sichtbare Elemente (in der folgenden Grafik als ‚Dach' dargestellt): Symbole und das Verhalten entwickeln sich im Zusammenspiel mit den anderen Ebenen. Zu ihnen zählen die Kommunikation sowie die Gegenstände wie z. B. die Architektur, die Präsentation des Unternehmens (Design, Hausfarbe, Logo) und die Kleidung der Mitarbeiter; und das Verhalten.

Die Unternehmenskultur und die Risikokultur eines Unternehmens haben einen wesentlichen Einfluss auf:

- die Strategie und die Steuerung des Unternehmens, z. B. die Inhalte der Risikostrategie, die einen wesentlichen Input für das Risikomanagement liefern

- die Aufbau- und Ablauforganisation, z. B. allein durch die Risikomanagementprozesse (interne Kontrollen, Funktionstrennung zwischen Vertrieb und Risikomanagement)

- die IT-Unterstützung, z. B. bei der Risikomeldung.

- den Umgang der Führungskräfte mit Chancen und Risiken im Unternehmen (vgl. Abb. 37).[140]

Auch wenn Mitarbeiter oder Führungskräfte grundsätzlich im Rahmen der Aufbau- und Ablauforganisation, bezüglich der Arbeitsanweisungen und des Erfolgs am

---

139 in Anlehnung an: www.corporatelook.de/corporate_behaviour.html.

140 http://www.hartling.name/corporate_identity/corporate_culture.html.

eigenen Arbeitsplatz sehr gute Ergebnisse erzielen, so verhalten sie sich in Stress-situationen häufig nicht nach dem ihm abverlangten Muster, sondern nach ihren ureigenen Werten. Gerade in Stresssituationen wird nach der persönlichen Risikon-eigung und den ureigenen Werten eines Menschen bzw. Mitarbeiters reagiert, was – bei nicht nach der Risikoneigung des eingesetzten Mitarbeiters – konträr zur vom Unternehmen gewollten Chancen- und Risikostrategie gehen kann. Das macht die Kultur- und auch Risikokultur-Entwicklung in Unternehmen so wichtig.

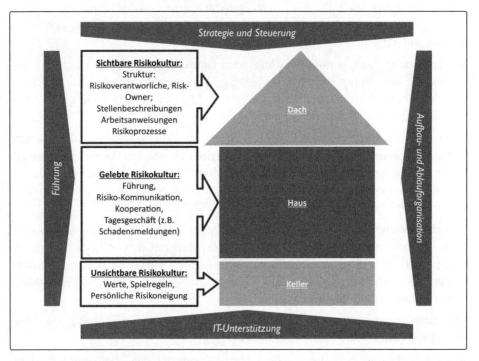

Abbildung 37: Risikokultur im Unternehmen

2.3 Quick-Check für Unternehmen zur Analyse des Status quo der eigenen Risikokultur

In einem ersten Schritt ist es für die Verantwortlichen in Unternehmen wichtig, ei-nen groben Status quo der eigenen Risikokultur zu ermitteln, um aus diesem heraus erste Handlungsfelder abzuleiten.

Für die Geschäftsführung oder Risikoverantwortliche kann es schwierig sein, das 'Leben' der Risikokultur im eigenen Unternehmen richtig einzuschätzen. Die im Fol-genden dargestellte Übersicht soll Erleichterung schaffen und die Möglichkeit geben, mittels der Grob-Bewertung einzelner Aspekte zu einer ersten Einschätzung über den Status quo der eigenen Risikokultur zu gelangen.

Aspekt	Beschreibung	Starke Risikokultur	Schwache Risiko-kultur
Prägnanz	Wie klar sind die Ri-siko-Elemente in der Strategie verankert und kommuniziert, sind die Begrifflichkei-ten, Prozesse, Verant-wortungen, Arbeits-anweisungen, das Ver-halten kommuniziert und herrscht ein Ver-ständnis darüber? Sind die Grundannah-men homogen in der 1. und 2. Ebene abge-bildet?	eindeutige Anleitung zum Handeln, klare Trennung zwischen erwünscht und uner-wünscht in Bezug auf die in der Beschrei-bung dargestellten Aspekte	differenzierte Verhal-tensregeln, variable Prozesse, Arbeitsan-weisungen und Ver-antwortungen, kein einheitliches Wording gerade in Bezug auf Chancen und Risiken
Verbreitungsgrad	Ausmaß, in dem die Gruppenmitglieder die Risikokultur teilen	sehr viele, idealer-weise alle kennen die Geschäfts- und Risikostrategie und die damit für sie ge-wünschten Hand-lungsmaßnahmen	wenige Mitarbeiter kennen die Geschäfts- und Risikostrategie und die damit für sie gewünschten Hand-lungsmaßnahmen
Mitarbeiter-orientierung	Einsatz der Mitarbei-ter nach ihrer persön-lichen Risikoveranla-gung und Honorie-rung nach Chancen und Risiken	Mitarbeiter sind nach ihrer persönlichen Veranlagung und den Risikoanforderungen an den Arbeitsplatz eingesetzt, bei Neu-einstellungen finden entsprechende Tests statt, mit dem Gehalt werden Chancen und Risiken anteilhaft honoriert	Die Mitarbeiter wer-den hauptsächlich nach ihren fachlichen und methodischen Kompetenzen im Un-ternehmen eingesetzt, insbesondere Risiken spiegeln sich nicht in den Vergütungsregeln wieder
Verankerungstiefe	Wie tief stellt die Risi-kokultur einen selbst-verständlichen Be-standteil der Prozesse, Arbeitsanweisungen, im Kompetenzsystem dar?	(Risiko-)Werte werden bedenkenlos und un-bewusst verwendet	(Risiko-)Werte werden entweder kalkuliert verwendet oder spie-len bei der Entschei-dungsfindung keine große Rolle

Aspekt	Beschreibung	Starke Risikokultur	Schwache Risikokultur
Persistenz	Stabilität der Elemente der Risikokultur im Zeitverlauf	lange unveränderlich	variabel, anpassend und flexibel
Kommunikation	Integration in die Management-Boards, Jourfixe, Mitarbeitergespräche, sämtliche Prozesse und Entscheidungen	Chance und Risiken werden immer integriert	Chancen und Risiken werden kaum berücksichtigt
Verantwortung	Regelungen zu Risikoverantwortungen und Risk-Ownern	Es sind klare Risikoverantwortungen in den Aufgabenbeschreibungen verankert, Risk-Owner sind festgelegt	Risikoverantwortungen sind nicht geregelt, Risk-Owner sind nicht bestimmt
Nachhaltigkeit	Wie nachhaltig wird die Einhaltung das Leben der Risikokultur und in welchen Zeiträumen geprüft?	Es finden regelmäßige und umfängliche Backtestings und Prüfungen statt	Wird kaum nachgehalten
Mitarbeiterbeteiligung	Mitarbeiterbeteiligung an der Weiterentwicklung des Risikomanagements	Die Mitarbeiter werden aktiv an der Weiterentwicklung des Risikomanagements beteiligt	Kaum Mitarbeiterbeteiligung an der Weiterentwicklung des Risikomanagements
Lernprozess	Wird aus Risiken, Schäden und Fehlern ganzheitlich im Unternehmen gelernt? Finden regelmäßige Schulungen, Web-based-Trainings, Workshops statt?	Nach außergewöhnlichen Risiken oder Schäden und turnusmäßig erfolgt Lessons lerned zur Verbesserung der Risikokultur, regelmäßige Schulungen/Workshops finden statt	Risiken, Schäden und Fehler treten im Gesamtunternehmen häufig gleichartiger Art und Weise auf, kaum Schulungen, Workshops

Tabelle 30: Quick-Check zur Analyse des Status quo der Risikokultur (Erweiterung in Anlehnung an Steinmann, 1997)

Dieser Quick-Check sollte nicht nur durch Geschäftsführung, Risikomanagement oder Controlling bearbeitet werden, sondern gemeinsam mit Mitarbeitern aus unterschiedlichen Bereichen und Unternehmensebenen. Sofern ein dezentral aufgebautes Risikomanagement im Unternehmen implementiert ist – d.h. mit dezentralen Risk-Managern und Risk-Ownern – sollten diese sowie weitere Mitarbeiter hinzugezogen werden. Ziel ist, eine möglichst breite Beantwortungsquote zu erreichen.

Allgegenwärtig – insbesondere vor Harmonisierung von Controlling und Risikomanagement – ist häufig, dass an mehreren Stellen im Unternehmen Chancen und vor allem auch Risiken zum Teil unkoordiniert bzw. ohne einheitliche Berechnungsbasis und in unterschiedlicher Tiefgründigkeit betrachtet werden. Durch die Harmonisierung von Controlling und Risikomanagement besteht die Chance, dass die Prozesse zur Ermittlung beider integriert verlaufen können und so Kapazitäten an der Basis gespart werden können. Dennoch wird im alltäglichen Sprachgebrauch der Ausdruck ‚Risiko' mit ungünstigen Umständen verbunden, die eventuell zu einem negativen Ereignis führen können. Der Begriff wird oft im Sinne von „Gefahr" verwendet und mit etwas „Negativem" assoziiert. Ebenso werden die für das Risikomanagement typischen Begriffe Schaden und Verlust negativ interpretiert. Dem zugrunde liegt ein eher subjektives Gefühl über die Unsicherheit der Zukunft, die ein Mensch bzw. Mitarbeiter wahrnimmt. Ziel im Unternehmen sollten jedoch eher die positiven Aspekte des Risikomanagements sein, z.B. Risiken als Chance einer ständigen Verbesserung und sogar der langfristigen Existenzsicherung. Entscheidend ist also, wie Controlling und Risikomanagement gelebt wird, was sich in der Unternehmenskultur und nachgelagert in der Chancen- und Risikokultur darstellt.

Das muss sich auch in der Risiko-Tragfähigkeit widerspiegeln; sie ist eben nicht nur finanziell bestimmt, sondern auch kulturell.

Die Chancen- und Risikokultur legt die Verhaltensregeln fest, welche den Umgang mit Chancen und Risiken in einem Unternehmen bestimmen – dazu gehört die Art und Weise wie Risiken identifiziert, bewertet, kommuniziert und gesteuert werden. Denn nicht die offensichtlichen Risiken sind für die Unternehmen heute gefährlich – diese können nur sehr schwer (aus-)gesteuert werden (z.B.: ‚Tickenden Zeitbomben': Risiken sind grundsätzlich bekannt, das Eintreten nicht; ‚Schwarzen Schwäne': das Eintreten und der Zeitpunkt der Risiken sind unbekannt).

An dieser Stelle ist es wichtig, einen Zugang zum Mitarbeiter zu finden und nicht nur die Chancen, sondern auch die Risikothemen zu heben, die sehr gern im Verborgenen bleiben. Solange die Gefahren auch für andere Unternehmen gelten, sind sie zugleich immer auch Chancen für den, der besser mit Ihnen umgeht.

2.4 Aufbau einer Chancen- und Risikokultur

Nach der Ermittlung der wesentlichen Gaps, z.B. durch einen Quick-Check oder eine ausführliche Analyse, kann die Chancen- und Risikokultur ganzheitlich im Haus aufgebaut werden. Entscheidend für die Chancen- und Risikokultur ist das Ertrags- und Risikobewusstsein der Mitarbeiter, das sich in ihrem täglichen Denken und Handeln widerspiegelt. Die Aspekte einer angemessenen Chancen- und Risikokultur sind in der folgenden Abbildung dargestellt:

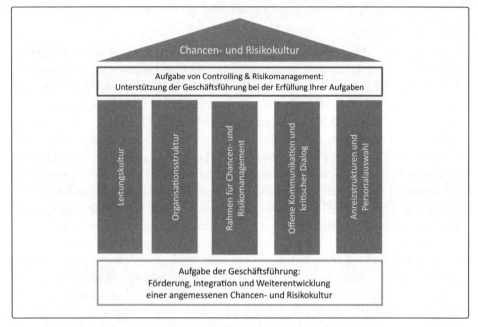

Abbildung 38: Säulen der Chancen- und Risikokultur[141]

Eine angemessene Risikokultur wird durch die folgenden 5 Indikatoren bestimmt:

Leitungskultur („Tone from the Top"/„Leadership")

- die Leitungsorgane haben eine Vorbildfunktion und leben das definierte Wertesystem gerade in Bezug auf Chancen und Risiken im Sinne von „lead and influence" vor
- vom Management festgelegter Verhaltenskodex regelt, welches Verhalten in Bezug auf Risiken angestrebt wird
- offene und kollegiale Führungskultur
- der Risikoappetit ist durch die Leistungsorgane definiert und wird überwacht[142]

Organisationsstruktur

- klare Definition, Kommunikation sowie Verständnis von Rollen und Verantwortlichkeiten, Aktivitäten jedes Mitarbeiters müssen im Einklang mit dem Wertesystem, dem Risikoappetit, den Chancen und Risiken – auch bereichsbezogen – und den Risikolimits des Unternehmens stehen
- Beachtung von Chancen und Risiken im Rahmen von Entscheidungsprozessen führen zu ausgewogenen Entscheidungen. Mechanismen definieren die Verhaltensweisen, die zur gewünschten Chancen- und Risikokultur führen sollen.

---

141 in Anlehnung an: https://blogs.pwc.de/risk/allgemein/forderung-der-risikokultur/519.

142 in Anlehnung an: https://www.bafin.de/SharedDocs/Veroeffentlichungen/DE/Fachartikel/2015/fa_bj_1508_risikokultur.html.

Rahmen für Chancen- und Risikomanagement
(„Risk Frameworks incl. Risk Appetite")

- Indikatoren stellen sicher, dass das bestehende Rahmenwerk von Controlling und Risikomanagement bekannt ist und beachtet wird. Ebenfalls wird sichergestellt, dass den Mitarbeitern die relevanten Implikationen aus dem Rahmenwerk (z. B. Meldung von Risiken oder Schäden) transparent gemacht werden.

Offene Kommunikation und kritischer Dialog
(„Effective Communication and Challenge")

- Auf Basis definierter Kommunikationswege und -formen wird gewährleistet, dass zwischen der Geschäftsleitung, dem Aufsichtsorgan und gegenüber den Mitarbeitern sowie allen weiteren Stakeholdern ein transparenter und offener Dialog stattfindet. Dieses einheitliche Verständnis wird turnusmäßig verifiziert.[143]
- Regelmäßige/turnusmäßige Training oder Web Based Trainings
- Changemanagement
- Coachings
- Ziel: Bewusstseinsänderung beim Mitarbeiter bewirken

Anreizstrukturen („Incentives") und Personalauswahl:

Eine materielle und/oder immaterielle Anreizstruktur dient dazu, die Motive der Mitarbeiter anzusprechen, sich dem Wertesystem und dem Verhaltenskodex im Unternehmen entsprechend zu verhalten, d. h. also die entsprechenden Ziele unter Berücksichtigung der Chancen und Risiken zu erfüllen und somit sowohl die in Controlling als auch Risikomanagement erhobenen Kennzahlen zu erfüllen.

Wir können andere Menschen nicht motivieren. Aber wir können ihre Motive ansprechen, damit sie sich selber motivieren. Eine nicht den strategischen Zielen adäquate Ansprache von Motiven gehört zu den zentralen internen Risiken in jedem Unternehmen.

Ziel des Bereichs HR (zukünftig) ist, gleich zu Beginn nur Mitarbeiter einzustellen, die sowohl zur Unternehmens- als auch zur spezifischen Risikokultur des Unternehmens und des Bereichs passen und sich somit leichttun, die Ertrags- als auch Risikoziele zu erreichen. So erfordern z. B. innerhalb eines Unternehmens die Bereiche Revision und Vertrieb völlig unterschiedliche Veranlagungsweisen eines zukünftigen Mitarbeiters: ein sehr formell veranlagter und zugleich risikoscheuer Mitarbeiter ist im Vertrieb nicht gut positioniert. Daher wird bereits mit der Stellenbeschreibung, der Personalauswahl der entscheidende Baustein gelegt, die Stellen mit Mitarbeitern nach der geforderten Ertrags- und auch Risikoveranlagung zu besetzen, wofür HR

---

143 in Anlehnung an: https://www.bafin.de/SharedDocs/Veroeffentlichungen/DE/Fachartikel/2015/ fa_bj_1508_risikokultur.html.

einen wesentlichen Beitrag leistet kann – in Zusammenarbeit mit Controlling und Risikomanagement und der entsprechenden Führungskraft. Zukünftig ist es von Unternehmen – gerade mit Blick auf die Wettbewerbssituation und den zukünftigen Anforderungen der Generation Y – unerlässlich, Mitarbeiter nach ihrer inneren und auch Risiko-Veranlagung und entsprechend ihrer Werte im Konsens zur Risikokultur und zur Unternehmenskultur einzustellen. Sonst wird dieser vermutlich dem Unternehmen nicht langfristig erhalten bleiben.

In unbequemen Fällen ist es dagegen auch erforderlich, sich von Mitarbeitern zu trennen, die die vereinbarten (Ertrags-)Ziele nicht erfüllen (ist heute schon üblich) oder die Risikokultur nicht bereit sind zu leben bzw. aufgrund der Risikoveranlagung nicht nachhaltig leben können.

2.5 Mitarbeiterverantwortung

Die Verantwortung bezüglich Controlling und Risikomanagement – auch in Bezug auf die Risikokultur – ist über die unterschiedlichen Unternehmensebenen verteilt und ist in folgendem Schaubild dargestellt:

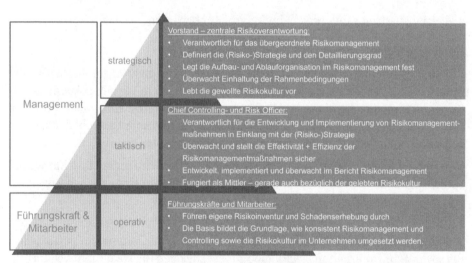

Abbildung 39: Unternehmensweite Einbindung von Controlling und Risikomanagement unter Ergänzung der Risikokultur

Auf Basis dieser Übersicht sind klare Verantwortlichkeiten der Mitarbeiter zu schaffen. Diese vereinfachen, dass eine Kultur optimal und nachhaltig im Unternehmen eingeführt und weiterentwickelt werden kann. Dabei bildet die nachgelagerte Darstellung der Funktionsträger und ihrer Aufgaben in Bezug auf die Umsetzung einer Chancen- und Risikokultur eine wichtige Grundlage:

Funktion im Unternehmen	Aufgaben
Vorstand bzw. z. T. Vorstands-assistenz	• Verantwortung für Controlling und Risikomanagement-Rahmenwerk • Dokumentiertes Verfahren zur Stärkung des Risikobewusstseins • Kommunikation des festgelegten Risikoappetits • Mitarbeiterveranstaltungen mit/durch den Vorstand • Dokumentierter Prozess zur Verlinkung der Geschäfts- und Risikostrategie und dem Risikoappetit • Verhaltenskodex
Controlling und Risikomanagement, inkl. Chief Risk & Controlling Officer	• Management-Beratung insbesondere für zu treffende (Investitions-) Entscheidungen • Zentraler Ansprechpartner für Chancen und Risiken sowie alle Risikomanagement-Prozesse im Unternehmen • Umsetzung des Controlling- und Risikomanagementkreislaufs • Berichterstattung bzgl. aller wesentlichen Ertrags- und Risiko-Kennzahlen • Inhalt, Frequenz und Adressaten der Controlling- und Risikoberichte • Einbezug von Controlling und Risikomanagement bei weitreichenden und risikorelevanten Entscheidungen • Dokumentiertes Risikoappetit-Rahmenwerk
Compliance, Chief Compliance Officer	• Dokumentiertes Compliance-Rahmenwerk • Dokumentiertes Whistleblowing-Verfahren • Verfahren/Kommunikationsweg, an wen mögliche Bedenken kommuniziert werden sollten • Konkretisierung der Sanktionen im Verhaltenskodex (z. B. bei Verstößen gegen die internen Richtlinien und die festgelegten Risikoziele)
Entscheidungs-gremium/-komitee	• Bestehend aus den Entscheidungsträgern des Unternehmens • turnusmäßige (ggf. auch online) Sitzung • Thematisierung der durch Controlling und Risikomanagement erstellten Reportings, der wesentlichen Erkenntnisse sowie Fragestellungen daraus • Entscheidung über die zu beschließenden Maßnahmen unter Chancen- und Risikogesichtspunkten
HR/ Personalabteilung	• Überleitung bzw. Synchronisation Risikokultur mit Vergütungsstrukturen/-bestandteilen • Verantwortung für die Anforderungsprofile und Stellenbeschreibungen nach den Rahmenbedingungen der Chancen- und Risikokultur (in Zusammenarbeit mit den zuständigen Führungskräften) • Dokumentierter Entwicklungsprozess der Mitarbeiter z. B. im Rahmen der Personal(-risiko-)strategie • Schulungsmaßnahmen (mit Risk-Governance-Bezug) für leitende Mitarbeiter • Dokumentierte Nachfolgeplanung für Schlüsselpersonen • (Neu-)Besetzung der Stellen nach den Rahmenbedingungen der Chancen- und Risikokultur

Funktion im Unternehmen	Aufgaben
Revision	<ul><li>Aufbau und Umsetzung des Revisionsplans für Controlling und Risikomanagement</li><li>„Three lines of defense"-Modell bzw. Umsetzung</li></ul>
Alle Führungskräfte	<ul><li>Verantwortung für die Chancen und Risiken im eigenen Verantwortungsbereich</li><li>Personalbesetzung in Abhängigkeit der Präferenz bzw. Veranlagung der Mitarbeiter und des geforderten Chancen- und Risikobewusstseins der Stelle</li><li>(Vor-)Leben der Chancen- und Risikokultur</li><li>Umsetzung des Controlling- und Risikomanagementkreislaufs im eigenen Fachbereich</li><li>Meldung von Chancen- und Risiken ggf. über den dezentralen Controlling- und Risk-Manager an das zentrale Controlling und Risikomanagement</li><li>Aktive Steuerung der Chancen und Risiken im eigenen Verantwortungsbereich</li><li>Weiterentwicklung der Prozesse und Regelwerke des Controllings und Risikomanagements</li><li>Ggf. Bestimmung eines DC&RM innerhalb des eigenen Verantwortungsbereichs</li></ul>
DC&RM (dezentraler Controlling und Risikomanager)	<ul><li>der zentrale Ansprechpartner innerhalb des Bereichs zum Thema Controlling und Risikomanagement</li><li>der dezentrale Ansprechpartner des zentralen Controllings und Risikomanagements in der dezentralen Einheit/Fachbereich</li><li>DC&RM erhebt und berichtet an das zentrale Controlling die Plan- und Ist-Zahlen und an das zentrale Risikomanagement die Risiken im Verantwortungsbereich inkl. aller damit verbundenen Informationen, wie z. B. Bewertung der Chancen und Risiken, Beschreibung, Ableitung von eventuellen Folgerisiken, Vorschlag zur Generierung von Steuerungsmaßnahmen mit dem Ziel, Risiken zu reduzieren oder, dass diese ganz eliminiert bzw. ausgesteuert werden</li><li>DC&RM erhebt und berichtet an das zentrale Risikomanagement die Schäden aus dem Verantwortungsbereich inkl. aller dazugehörigen Informationen</li><li>DC&RM stimmt alle dezentralen Risikotätigkeiten inkl. Optimierungspotentiale sowohl mit dem verantwortlichen Bereichsleiter und als auch mit dem zentralen Risikomanagement ab</li></ul>
Alle Mitarbeiter	<ul><li>aktive, eigene Identifikation, ggf. Bewertung und Meldung von Chancen und Risiken im eigenen Verantwortungsbereich und in erkennbaren anderen Bereichen</li><li>ggf. auch Direktmeldung bzw. -gespräch mit dem zentralen Controlling und Risikomanagement</li></ul>

Tabelle 31: Verantwortlichkeiten Controlling und Risikomanagement-Funktionsträger bezüglich Risikomanagement

Die Aufgaben von Controlling und Risikomanagement im Gesamtunternehmen sind auf Basis der unternehmensindividuellen Aufbau- und Ablauforganisation entsprechend abzuleiten.

Um die voran beschriebenen Inhalte auch nachhaltig im Unternehmen umzusetzen, gilt es auch hier, die Mitarbeiter dort abzuholen, wo sie stehen, und bei der Weiterentwicklung der Risikokultur im Unternehmen mitzunehmen. Auch hier bieten sich zusätzlich zu den harten o. g. Faktoren in Bezug auf die Aufgaben in den Funktionsbereichen die unterschiedlichen Change- und Coachingmethoden aus dem vorherigen Punkt an, denn nur so können die Veränderungen im Unternehmen auch nachhaltig umgesetzt werden.

2.6 Festlegung allgemeinverbindlicher Rahmenbedingungen und Nutzung des Mitarbeiterpotentials

Die in den vorgenannten Punkten dargestellten Themen schaffen einen wichtigen Rahmen, der die Grundlage bildet. Ferner gilt es, Rahmenbedingungen im Unternehmen zu schaffen, die eine positive Risikokultur schaffen und den Mitarbeitern die Sicherheit – auch bei eigenen Fehlern bzw. Vergehen – geben, wie z. B.:

- Keinem Mitarbeiter entsteht durch das Melden von Risiken oder Schäden ein Nachteil
- Melden von Risiken wird als Chance verstanden und incentiviert
- Risiken können auch über Hierarchieebenen hinweg direkt und vertraulich an das Risikomanagement (z. B. auch eine Vertrauensperson) gemeldet werden
- Risiken werden im Unternehmen als Chance z. B. für Optimierungen also positiv angesehen.

Diese Rahmenbedingungen können z. B. über Workshops gemeinsam mit den Mitarbeitern erarbeitet werden sowie einmal jährlich auf den Prüfstand gestellt und aktualisiert werden.

Der alt bewährte Spruch aus der Psychologie ‚Betroffene zu Beteiligten machen' ist auch bei der Umsetzung der Risikokultur eine wichtige tragende Säule. Mitarbeiter, die selbst ein Thema mit aufgebaut haben, haben ihre eigenen Werte, Veranlagungen und Einstellung mit integriert und werden es ganz anders mit Leben erfüllen und als Mitarbeiter, denen z. B. eine neue Arbeitsanweisung zur Umsetzung vorgelegt wird.

Daher spielen hier die Ansätze aus dem Coaching eine tragende Rolle. Auch liegt es im Ermessensspielraum eines jeden Unternehmens, externe Coaches bzw. Moderatoren zur Unterstützung mit einzubeziehen.

3 Harmonisierung bzw. Zusammenlegung der Abteilungen Controlling und Risikomanagement

Die Harmonisierung bzw. das Zusammenlegen der Abteilungen erfolgt – primär organisatorisch getrieben – aus dem Blickwinkel der personellen Aspekte durch:

- eine disziplinarische und fachliche Zuordnung beider Bereiche zum selben Geschäftsführungsmitglied
- gemeinsame Ausbildungsinhalte von Risikomanagern und Controllern
- eine systematische Jobrotation
- gemeinsame Kommunikationsstrukturen innerhalb des Unternehmens.

Bei der **Zusammenlegung** von Abteilungen geht es aus Mitarbeitersicht darüber hinaus auch immer um Positionen und die damit verbundene Besetzung der Positionen. Bei einem in der entsprechenden Abteilung arbeitenden Mitarbeiter ist das häufig von Angst um die eigene Position oder Macht geprägt – wie im Eisberg-Modell dargestellt – und kann zu Widerständen in den Abteilungen führen.

Strategie und Steuerung als Grundlage:

In der Praxis wird häufig beobachtet, dass in einer Vielzahl von Unternehmen eine Vision und die Verabschiedung einer Unternehmensstrategie bereits vorhanden sind. Jedoch ist der Blick in die Zukunft immer auch mit Unsicherheiten verbunden. Nur durch eine integrierte Geschäfts- und Risikostrategie, die sowohl Chancen als auch Risiken beinhaltet, wird sichergestellt, dass sowohl Rendite- als auch Risikomaße als Unternehmensziele und damit als Entscheidungskriterien für das Management festgelegt werden.

Wenn Risiken nicht nur ein Unternehmen, sondern eine ganze Branche betreffen, ist der im Vorteil, der am besten darauf reagieren kann. Entsprechende Vorkehrungen aus dem Management der Reputationsrisiken kommen hier zur Anwendung, wie z. B. die Vorbereitung einer Dark-Site im Internet, die im Ernstfall schnell freigeschalten werden kann, Verhaltensregeln für Mitarbeiter und Führungskräfte, wie z. B. mit Anfragen der Presse umgegangen werden soll. Für die Unternehmen einer Branche, die besser mit Reputationsrisiken umgehen, kann auch ein Risiko zur Chance für neue oder veränderte Geschäftsmodelle erwachsen.

Eine Harmonisierung von Risikomanagement und Controlling erfordert demzufolge die Einbeziehung der erwarteten Rendite, die Finanzierungsfähigkeit der Strategie und der Marktpositionierung sowie des Risikos eines Unternehmens in die Unternehmensstrategie und in die Unternehmenssteuerung.

Als eine Grundlage bieten sich heute für Controlling und Risikomanagement verschiedene Instrumente an, die auch für die folgenden Abschnitte eine Grundlage bilden:

- SWOT-Analyse und BSC (Balanced-Score-Card)
- Mehrjahresplanung unter Berücksichtigung von Chancen und Risiken
- Risk Self Assessment und Risikoappetit
- Risikotragfähigkeit u. a. als Grundlage für strategische Investitionsentscheidungen
- Geschäfts- und Risikostrategie
- Business Case unter Berücksichtigung einer Risikoanalyse

Wenn es um Veränderungen geht, reagieren Mitarbeiter sehr unterschiedlich. Sie können gleich von Beginn an sehr motiviert, unentschlossen oder aber Gegner von Veränderungen sein.

Das primäre Ziel ist, die „Betroffenen zu Beteiligten" zu machen und an der Umgestaltung der Abteilungen aktiv mitwirken zu lassen, denn nur so ist es möglich, die Veränderungsprozesse auch nachhaltig umzusetzen. In der Praxis gelingt das über Changemanagement und oft auch den Einsatz von Coaches.

Dabei hat der Coach folgende Aufgaben:

- Unterstützung der Gruppe durch richtige Fragen zu vernünftigen Ergebnissen zu kommen im Sinne von ‚Hilfe zur Selbsthilfe'
- Anwendung von Coaching-Methoden/Interviewtechniken, um in bilateralen Gesprächen einen Coachee – also dem Mitarbeiter – oder dem Team Controlling und Risikomanagement – bei Problemen zu begleiten
- Erkennen von Widerständen und Lösen von Blockaden bei Mitarbeitern
- Schaffung einer Metaebene bei der Betrachtung von Problemstellungen
- Klärung und Bearbeiten von Konflikten und Krisen im Team
- Entwicklung von Lösungsstrategien
- Gewinnung von Zuversicht, Handlungssicherheit bei den Mitarbeitern und Teams
- Stärkung der Selbsterkenntnis, des Selbstbewusstseins und Selbstvertrauen von Mitarbeitern
- Entwicklung neuer Sichtweisen auf die Thematik der Harmonisierung von Controlling und Risikomanagement durch einen Perspektivenwechsel
- Erarbeitung von Handlungsschritten zur Zielerreichung und eines konkreten Maßnahmenplans durch das Team
- Entwicklung und Stärkung der Problemlösungskompetenz und des Selbstmanagements des Mitarbeiters
- Kompetenz über die Fragetechniken des Coachings.

Mit Hilfe der Fragetechniken verfolgt der Coach das Ziel, dass die Mitarbeiter oder die Teams dadurch selbst Widerstände abbauen und eine Lösung für die Problemstellung erarbeiten. Hierdurch werden die Mitarbeiter und die Teams von Controlling und Risikomanagement direkt in die Erarbeitung des Ziels integriert. Fazit des Coachings ist es also, die eingangs erwähnten Widerstände abzubauen und eine Lösung durch das Team/die Teams zu erarbeiten, die sodann nachhaltig und ohne Widerstände umgesetzt werden kann und das Team zu einem High-Performance-Team zu entwickeln.

Besonders die Geschäftsführung des Unternehmens kann am Ende der Harmonisierung einen sehr großen Mehrwert daraus ziehen, dass Mitarbeiter der Abteilung Controlling und Risikomanagement der Geschäftsführung und den Fachabteilungen als professionellen Businesspartner zur Verfügung stehen.

Literatur

Bundesanstalt für Finanzdienstleistungsaufsicht: https://www.bafin.de/SharedDocs/Veroeffentlichungen/DE/Fachartikel/2015/fa_bj_1508_risikokultur.html.

corporateLOOK!: www.corporatelook.de/corporatebehaviour.html.

Duden: https://www.duden.de.

Hartling, Daniel: http://www.hartling.name/corporate_identity/corporate_culture.html

Hillson, D.: The Risk Management Handbook, KoganPage, 2016.

PwC: https://blogs.pwc.de/risk/allgemein/foerderung-der-risikokultur/519/.

SDI-Research: http://www.sdi-research.at.

Steinmann, H.: Unternehmenskultur, 1997.

Wirtschaftslexikon: http://wirtschaftslexikon.gabler.de/Definition/Organisationskultur.html.

Methoden zur Integration der Risiken in die Planung

Karsten Findeis und Claudia Maron

1 Einleitung

Die Integration von Risikomanagement und Controlling ist in der Praxis sehr unterschiedlich ausgeprägt. Dies zeigt sich sehr deutlich im Ablauf des Planungs- und Budgetierungsprozesses. Häufig werden unsichere Planungsannahmen gar nicht oder nicht ausreichend für die Abschätzung der Zukunft berücksichtigt. Aber auch wenn diese unsicheren Annahmen durch das Controlling direkt selbst getroffen werden, ist das Risikomanagement nicht immer ausreichend darüber informiert, welche möglichen Ursachen zu Abweichungen vom Planwert (Risiken) führen können und welche Auswirkung (quantitativer Umfang) diese insgesamt auf den Planwert haben können. Andererseits können aber auch Risiken, die dem Risikomanagement bekannt sind, dem Controlling unbekannt sein, das diese als unsichere Planungsannahme nicht berücksichtigt.

Diesem und weiteren Schwachpunkten (siehe den Beitrag von Findeis zu Praktische Möglichkeiten und Grenzen der Harmonisierung) kann mit einer klaren Regelung zur Verantwortung für den Risikoprozess begegnet werden: Wir empfehlen, den gesamten Risikoprozess nur durch eine organisatorische Einheit und zwar das Risikomanagement zu steuern. Aufgabe des Risikomanagements ist es dann, folgende Daten zu erheben:

- Risikobewertung (in Form von Erwartungswerten/arithmetische Mittelwerte[144]),
- geplante Maßnahmen mit Risikoreduktionseffekt und Kosten für die Umsetzung,
- Höhe der Rückstellungen und ggf. Sicherheitsreserven (Contingency Reserve).

Alle diese Daten sollten separiert in einzelne Zeitperioden (Jahr „n", Jahr „n + 1", ...) analog den Planungsperioden des Controllings ermittelt und den relevanten GuV-Positionen zugeordnet werden. Dies ermöglicht im Rahmen der späteren positiven oder negativen Risikoadjustierung der Controlling Planung eine sofortige und

---

144 „Der Erwartungswert zeigt, was (gemäß verfügbarer Informationen) im Mittel passieren wird und nur er ist eine sinnvolle Grundlage für unternehmerische Entscheidungen ..." Vgl. Gleißner/Kalwait (2010), S. 24.

unkomplizierte Überführung der Risiken auf die jeweils relevante Plan-GuV Position.

Im Gegensatz zur Steuerung des Risikoprozesses durch das Risikomanagement sollte das Controlling wie folgt vorgehen: Im ersten Schritt kalkuliert es die Planwerte im Sinne von wahrscheinlichsten Werten (realistisches Szenario) in einer Plan-GuV. Es berücksichtigt also zunächst noch keine Risiken.[145] Die Erstellung dieser Planung ist bereits eine große Herausforderung für das Controlling. Erfolgt der Planungsprozess zwischen den Hierarchieebenen des Unternehmens von unten nach oben (Bottom-Up), plant jede Ebene ihre eigenen Ziele und Maßnahmen. Im Ergebnis kann dies dazu führen, dass das Planergebnis (z. B. aufgrund nur einfach erreichbarer Zielsetzungen und / oder mit Planungspuffern zu hoch geplanten Kostenbudgets) zu weit vom Unternehmensziel entfernt ist. Erfolgt die Planung hingegen von oben nach unten (Top-Down), gibt die Unternehmensleitung die Ziele vor. Dies können ggf. unrealistische oder nur sehr schwer erreichbare Ziele sein, was sich dann wiederum direkt im Planresultat niederschlägt. Aufgrund des hohen Koordinationsbedarfs im Bottom-Up Planungsprozess, dem zumeist noch ein Top-Down Prozess folgt (sog. Gegenstromverfahren), um eine hohe Übereinstimmung mit den Planzielen der Unternehmensleitung sicherzustellen, wird in der Praxis, insbesondere in großen Unternehmen, das Top-Down Verfahren bevorzugt.

Ist die risikofreie Plan-GuV erstellt, übergibt das Risikomanagement alle im Rahmen des Risikoprozesses erhobenen Daten dem Controlling. Mit Hilfe dieser Risikoinformationen kann das Controlling im zweiten Schritt seine Planwerte adjustieren, d. h. Planabweichungen berücksichtigen – in Form von positiven (Chance) oder negativen (Gefahr) Anpassungen. Diese Korrekturen können in der Plan-GuV für jede einzelne GuV-Position oder pauschal in einer Gesamtposition berücksichtigt werden.

Zur Vorgehensweise der Risikoadjustierung der Planung gibt es unterschiedliche Möglichkeiten. Im Folgenden werden zwei Vorgehensweisen näher erläutert.

2 Risikoadjustierte Planung mit ungedecktem erwarteten Restrisiko

Das erste Verfahren verfolgt das Ziel, die erwartete monetäre Auswirkung aller identifizierten Risiken auf die gesamte Plan-GuV in der Zukunft abzuschätzen. Dabei handelt es sich aber nicht um das Gesamtrisiko (i. S. v. einer durchschnittlichen Abweichung aber nicht einer Abweichungsbandbreite), sondern nur um den Restbetrag, der noch nicht durch bereits getroffene finanzielle Vorsorge und geplante Maßnahmen gedeckt ist. Im Einzelnen wird hierbei wie folgt vorgegangen:

---

145 „Die bis heute praktisch flächendeckend im Controlling, im Rechnungswesen und in der Unternehmensplanung benutzten „nackten" Planwerte ohne ergänzende Informationen über die Planungssicherheit (z. B. ... Planabweichungen) sind damit praktisch ohne jegliche Relevanz." Vgl. Gleißner/Kalwait (2010), S. 25.

Im ersten Schritt wird das Gesamtrisiko (brutto) bestimmt. Hierzu erfolgt zunächst eine quantitative Bewertung der Zielabweichung (Schadenshöhe) und der Eintrittswahrscheinlichkeit für alle einzelnen Risiken. Einem pragmatischen Ansatz folgend werden jeweils beide quantifizierten Parameter miteinander multipliziert. Das Ergebnis ist ein Erwartungswert (gewichteter Mittelwert) für jedes Einzelrisiko. Sind alle Einzelrisiken bewertet, werden sie durch Addition der Erwartungswerte zu einem erwarteten Gesamtrisiko zusammengefasst (aggregiert). Jedoch muss dem Anwender dabei folgendes bewusst sein:

Durch die starke Vereinfachung wird die Risikobewertung auf eine einzige Zahl reduziert, die erwartete Zielabweichung der Gesamtrisikoposition (gewichteter Mittelwert), obwohl in der Realität tatsächlich viele verschiedene Szenarien mit unterschiedlichen, teils extremen, finanziellen Auswirkungen existieren. Eine Aussage zur Streuungsverteilung (Bandbreite) der möglichen Schäden um den Erwartungswert herum, ist damit nicht gegeben.[146] Zur Gegenüberstellung und kritischen Betrachtung möglicher Bewertungs- und Aggregationsverfahren siehe den Beitrag von Findeis/Maron zur Risikotragfähigkeitsermittlung.

Ein wesentlicher Bestandteil der Risikodeckung ist die bereits getroffene finanzielle Vorsorge. Hierunter fallen die bereits gebuchten Rückstellungen. Für Unternehmen, die im Projektgeschäft tätig sind, ist zudem ein weiterer Bestandteil zu berücksichtigen, sofern sie für ihre Projekte im Rahmen der Termin- und Kostenplanung Sicherheitsreserven (Contingency Reserve) zur Deckung möglicher Risiken bilden. Dabei kann es sich sowohl um noch nicht identifizierte wie auch bereits erkannte Risiken handeln. Dies erfolgt in Form eines Risiko-Kostenaufschlags auf die Basis-Planung eines Projekts. Im Ergebnis sind die Sicherheitsreserven analog den gebuchten Rückstellungen bereits als EBIT-Reduzierung in der GuV und damit entsprechend auch im Jahresüberschuss berücksichtigt. Für die Abschätzung der Risikoauswirkung auf die Plan-GuV ist im zweiten Schritt das Gesamtrisiko (brutto) um den Betrag der gesamten bereits getroffenen finanziellen Vorsorge (gebuchte Rückstellungen und Sicherheitsreserven) zu reduzieren.

Um die künftige Auswirkung der identifizierten Risiken auf das Unternehmen abzuschwächen, zu vermeiden oder um Chancen auch tatsächlich generieren zu können, werden i. d. R. unterschiedliche Maßnahmen geplant und eingeleitet. So kann eine teilweise oder vollständige Risikodeckung u. a. durch die Lieferanten (z. B. Garantie für fehlerhafte Komponenten), die Kunden (z. B. vertragliche Regelung einer Kostenbeteiligung) und/oder die unternehmenseigene Versicherung angestrebt werden. Neben diesen Formen der externen Risikodeckung besteht zudem die Möglichkeit, den Risiken mit unternehmenseigenen Maßnahmen (z. B. vorgezogene Wartung/Reparatur zur Vermeidung eines Ausfallschadens) zu begegnen. Für die Abschätzung der Risikoauswirkung auf die Plan-GuV ist im dritten Schritt das Gesamtrisiko um

---

146 Vgl. Rautenstrauch/Hunziker (2010).

den Betrag aller geplanten Maßnahmen zu reduzieren. Die für die Umsetzung der Maßnahmen geplanten Kosten sind als Erhöhung der Risikokosten ebenfalls zu berücksichtigen. Als Ergebnis erhält man das Gesamtrisiko (netto) in Tabelle 32.

	Geschäftsjahr (in Mio. Euro)	2018	2019	2020
	Gesamtrisiko (brutto)	75,0		
Finanzielle Vorsorge	(–) Rückstellungen	–20,0		
	(–) Sicherheitsreserven (Contingency Reserve)	–8,0		
Geplante Maßnahmen	(–) Effekt geplante Maßnahmen	–30,0		
	Risikodeckung durch Lieferanten			
	Risikodeckung durch Kunden			
	Risikodeckung durch unternehmenseigene Versicherung			
	Risikodeckung durch unternehmenseigene/ interne Maßnahmen			
	(+) Kosten der Maßnahmen	+ 5,0		
	Gesamtrisiko (netto) = Risikoadjustierung der Plan-GuV	22,0		

Tabelle 32: Kalkulation Gesamtrisiko (netto) als Grundlage für die Risikoadjustierung der Plan-GuV

Die Plan-GuV kann nun in Höhe des Gesamtrisikos (netto) korrigiert werden, d. h. der aggregierte Gesamtbetrag der identifizierten positiven und/oder negativen Planabweichungen wird in der Unternehmensplanung pauschal in einer Gesamtposition berücksichtigt (siehe Tabelle 33; Hinweis: Die Steuer wurde pauschal mit 30 % auf das Ergebnis inkl. Zinsen berechnet.)

Alternativ könnte man eine Korrektur der Plan-GuV für jede einzelne GuV-Position vornehmen. Diese beiden unterschiedlichen Vorgehensweisen haben jedoch folgende Implikation hinsichtlich des zu bewertenden Umsatzrisikos. Bei der pauschalen Risikoadjustierung, die in der Plan-GuV erst nach dem Rohertrag berücksichtigt wird, ist das Umsatzrisiko in eine Kostenposition umzurechnen (z. B. entgangener Deckungsbeitrag). Wird dagegen die Risikoadjustierung direkt in der Umsatz-Position der Plan-GuV vorgenommen, ist die Umrechnung nicht notwendig.

Plan–GuV 2018 (in Mio. Euro)	Ohne Risiken	Mit Gesamt-risiko (netto)
Umsatz	112,0	112,0
− Materialaufwand	28,0	28,0
= **Rohertrag (Bruttoergebnis vom Umsatz)**	**84,0**	**84,0**
− Personalaufwand	25,0	25,0
+ Sonstige betriebliche Erträge	3,0	3,0
− Sonstige betriebliche Aufwendungen	8,0	8,0
− **Risikoadjustierung**	---	22,0
= **Ergebnis vor Zinsen, Steuern und Abschreibung**	**54,0**	**32,0**
− Abschreibung	10,0	10,0
= **Ergebnis vor Zinsen und Steuern**	**44,0**	**22,0**
+ Zinsen und ähnliche Erträge	5,0	5,0
− Zinsen und ähnliche Aufwendungen	0,0	0,0
= **Ergebnis vor Steuern**	**49,0**	**27,0**
− **Steuern**	**14,7**	**8,1**
= **Ergebnis nach Steuern**	**34,3**	**18,9**

Tabelle 33: Pauschale Integration Gesamtrisiko (netto) in die Unternehmensplanung

3 Risikoadjustierte Planung mit Schwankungsbreiten

Im Gegensatz zum ersten Verfahren, das die einzelnen Risiken deterministisch als eindimensionalen Wert ermittelt, verfolgt das zweite hier vorgestellte Verfahren zur Risikoadjustierung der Planung ein anderes Ziel. Die Risiken werden mittels geeigneter Wahrscheinlichkeitsverteilungen beschrieben, um dann mit Hilfe einer Monte-Carlo-Simulation eine Bandbreite der Zukunftsentwicklung von relevanten Steuerungsgrößen (z. B. Cashflow, Jahresüberschuss) zu ermitteln. Diese Bandbreite zeigt die Schwankungsbreite der Planungsunsicherheiten transparent auf. Die Umsetzung dieses Verfahrens gelingt nur, wenn Controlling und Risikomanagement gemeinsam ein integriertes Unternehmens-Steuerungssystem entwickeln.[147]

Nachfolgend soll an der fiktiven HMB GmbH aufgezeigt werden, wie das Zusammenspiel zwischen Risikomanagement und Controlling am Beispiel einer GuV-Planung aussehen kann. Ziel ist es, eine risikoadjustierte Planung mit Schwankungsbreiten aufzubauen. Als Methode zur Aggregation der Risiken wird die Monte-Carlo-Simulation zugrunde gelegt.

Viele Unternehmen berücksichtigen bereits heute Chancen und Risiken in ihrer Planung, und zwar als deterministische Werte. In einigen Fällen wird auch die Szenario-

---

147 Vgl. Klein/Gleißner (2017).

Analyse eingesetzt, mit zwei oder drei eher zufallsbedingten Szenarien. Herausforderung für eine risikoadjustierte Planung und das Zusammenspiel zwischen Controlling und Risikomanagement ist es, diese eindimensionalen Wertansätze durch Schwankungsbreiten zu ergänzen und eine gemeinsame, integrierte Steuerungsmethodik aufzubauen.

Liegt die Plan-GuV vor, ist in einem ersten Schritt von der Unternehmensplanung Transparenz zu schaffen, welche Risiken in welchem Umfang bereits in der Planung enthalten sind. Für die fiktive HMB GmbH sieht dies wie folgt aus (Hinweis: Die Steuer wurde pauschal mit 30 % auf das operative Ergebnis inkl. Zinsen berechnet.):

GuV lt. Unternehmensplanung Werte in Mio. Euro	Mit Teilrisiken deterministisch	In der Planung berücksichtigte Teilrisiken deterministisch		ohne Teilrisiken deterministisch
Umsatzerlöse	100,0	4. Unsichere Absatzentwicklung	6,0	112,0
		5. Produktionsverzögerungen	6,0	
sonst. betr. Ertrag	3,0			3,0
Materialaufwand	32,0	2. Schwankungen Rohstoffpreise	4,0	28,0
Personalaufwand	25,0			25,0
Abschreibungen	10,0			10,0
sonst. betr. Aufwand	15,0	3. Zusatzkosten Maschinenreparaturen	5,0	8,0
		1. Forderungsausfall	2,0	
operatives Ergebnis	21,0	operative Risiken	23,0	44,0
Zinsen	5,0			5,0
Steuern	7,8	Steuerliche Auswirkungen	6,9	14,7
Jahresüberschuss	18,2	Summe	16,1	34,3

Tabelle 34: Rechenbeispiel Plan-GuV: Risiko deterministisch ermittelt

In einem zweiten Schritt führt das Risikomanagement eine Quantifizierung aller Risiken durch, indem die identifizierten Risiken durch geeignete Wahrscheinlichkeitsverteilungen beschrieben werden. Für die Risiken der HMB GmbH sehen die Verteilungen wie folgt aus (siehe nächste Seite):

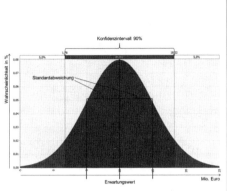

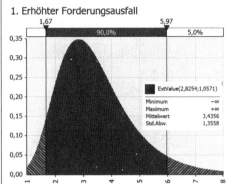

1. Erhöhter Forderungsausfall

Normalverteilung zur Veranschaulichung der Begriffe (kein Risiko der HMB GmbH);	Im Durchschnitt fallen Forderungen in Höhe von 3,4 Mio. Euro aus. Dass der tatsächliche Forderungsausfall nur sehr wenig um diesen Mittelwert schwankt, zeigt die Verteilungsfunktion. Erfahrungen aus der Vergangenheit zeigen außerdem, dass ein Ausfall mehrerer kleinerer Forderungen wahrscheinlicher ist, als ein einziger hoher Forderungsausfall. Dementsprechend wird das Risiko am besten durch eine linksschiefe Verteilung abgebildet. Mit 90 % Wahrscheinlichkeit liegt der Forderungsausfall zwischen 1,7 Mio. Euro und 6,0 Mio. Euro.
Die Verteilungen wurden durch die Software @RISK, der Palisade Corporation erstellt.	

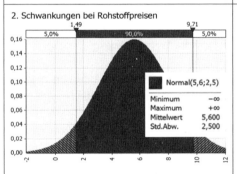

2. Schwankungen bei Rohstoffpreisen

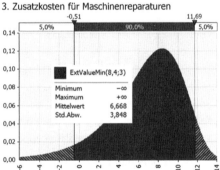

3. Zusatzkosten für Maschinenreparaturen

Eine Marktanalyse zu den benötigten Rohstoffen der HMB GmbH zeigt, dass diese in der Vergangenheit zweiseitig um einen Erwartungswert schwankten. Der Erwartungswert liegt bei 5,6 Mio. Euro, die für Rohstoffe benötigt werden. Um diesen Wert schwanken die Preise, indem sie gleichermaßen mal höher und mal niedriger ausfallen. Mit 90 % Wahrscheinlichkeit werden zwischen 1,5 Mio. Euro und 9,7 Mio. Euro für Rohstoffe benötigt.	Im Mittel sind für Maschinenreparaturen zusätzlich 6,7 Mio. Euro aufzuwenden. Dies zeigen Erfahrungswerte der HMB GmbH. Außerdem entstehen diese zusätzlichen Reparaturkosten meist aufgrund größerer Schäden, sodass entstehende Kosten in sehr geringem Umfang unwahrscheinlich sind. Aber auch Schäden über 12 Mio. Euro sind zu vernachlässigen, da sich die HMB GmbH hier meist nicht für eine Reparatur entscheidet, sondern tendenziell eher für einen Neukauf. Der Bereich der Kurve der kleiner 0 ist, ist in der Praxis zu vernachlässigen, da keine negativen Schadensbeträge entstehen können.

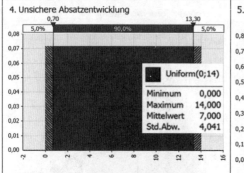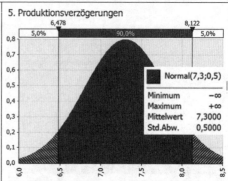

| Eine genaue Prognose der Absatzentwicklung ist für die HMB GmbH nicht möglich, da zu viele Marktfaktoren die Entwicklung beeinflussen. Ihrer Einschätzung nach wird der Absatz zu einem Umsatz zwischen 0,7 Mio. Euro und 13,3 Mio. Euro führen. Die minimale Grenze ergibt sich für HMB GmbH, da sie bereits feste Aufträge haben. Das Maximum entspricht der Kapazitätsgrenze bzw. der Produktionsmöglichkeiten mit voller Auslastung. Eine Einschätzung zu wahrscheinlicheren und unwahrscheinlicheren Absatzmengen ist der HMB GmbH nicht möglich. Deswegen sind alle Werte zwischen Minimum und Maximum als gleichwahrscheinlich anzusehen. | Eine auftretende Produktionsverzögerung führte bei der HMB GmbH in der Vergangenheit zu Umsatzausfällen, die zu 90 % zwischen 6,5 Mio. Euro und 8,1 Mio. Euro lagen. Der Mittelwert beträgt 7,3 Mio. Euro. |

Tabelle 35: Beschreibung der identifizierten Risiken mittels Wahrscheinlichkeitsverteilungen

Mittels der Monte-Carlo-Simulation, einer hinreichend großen Anzahl von Iterationen und unter Berücksichtigung der Korrelationen werden die Risiken aggregiert. Damit wird das Problem gelöst, dass Risiken nicht addierbar sind. An die Stelle eines Ergebnisses in Form von eindeutigen Planwerten, wie es in der heutigen Controlling-Praxis üblich ist, treten Bandbreiten, die den Umfang möglicher Szenarien abbilden.

In unserem Beispielfall beläuft sich der wahrscheinlichste Risikoumfang auf 30 Mio. Euro. In einem Konfidenzintervall von 90 % treten im besten Fall Risiken in Höhe von 19,5 Mio. Euro ein, im schlechtesten Fall können sich die Risiken auf 39,9 Mio. Euro kumulieren.

In einem dritten Schritt wird eine risikoadjustierte Planung erstellt. Im Beispielfall waren 2,0 Mio. Euro für Forderungsausfälle bereits in der Planung berücksichtigt. Die Validierung mittels der Monte-Carlo-Simulation ergibt ein potenzielles Risiko von 3,4 Mio. Euro (Mittelwert). Auf Grund des vorgelegten Risikoprofils entscheidet das Management genau diesen Wert in die Planung einfließen zu lassen. Grundsätzlich ist es eine Managemententscheidung. Jeder beliebige Wert aus der Verteilungskurve (Bandbreite) kann gewählt werden. Darüber hinaus legt das Management fest, weitere oder weniger Risiken in die Planung mit aufzunehmen.

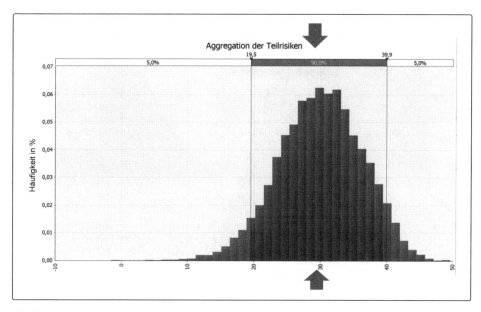

Abbildung 40: Aggregation der Teilrisiken zum Gesamtrisiko mittels Monte-Carlo-Simulation

Risikoadjustierte Planung	ohne Teilrisiken	In der risikoadjustierten Planung berücksichtigte Teilrisiken		Mit Gesamtrisiken
Werte in Mio. Euro	deterministisch	Verteilungsfunktion		Verteilungsfunktion
Umsatzerlöse	112,0	4. Unsichere Absatzentwicklung	7,0	97,7
		5. Produktionsverzögerungen	7,3	
sonst. betr. Ertrag	3,0			3,0
Materialaufwand	28,0	2. Schwankungen bei Rohstoffpreisen	5,6	33,6
Personalaufwand	25,0			25,0
Abschreibungen	10,0			10,0
sonst. betr. Aufwand	8,0	3. Zusatzkosten für Maschinenreparatur	6,7	18,1
		1. Forderungsausfall	3,4	
operatives Ergebnis	44,0	operative Risiken	30,0	14,0
Zinsen	5,0			5,0
Steuern	14,7	Steuerliche Auswirkungen	9,0	5,7
Jahresüberschuss	34,3	Summe	21,0	13,3

Tabelle 36: Rechenbeispiel Plan-GuV: Risiko ermittelt mit Verteilungsfunktionen

Ergänzend dazu werden die Bandbreiten möglicher zukünftiger Entwicklungen aufgezeigt.

165

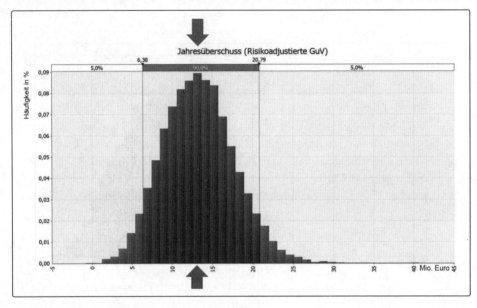

Abbildung 41: Schwankungsbreite für das Risiko Jahresüberschuss

Damit erhält das Management größtmögliche Transparenz über die wirtschaftliche Entwicklung der relevanten Steuerungsgrößen innerhalb von Bandbreiten. Erst durch die Kombination von quantitativer Risikoanalyse (Berücksichtigung von Planungsunsicherheit) und der Risikoaggregation ist eine fundierte Entscheidungsfindung möglich.[148]

Somit lassen sich bei Entscheidungen die Auswirkungen auf die GuV inklusive der Risiken abschätzen. Zum Beispiel wird bei der HMB GmbH die Anschaffung einer Spezialmaschine für ein einzelnes Projekt angesichts der aktuellen wirtschaftlichen Lage als zu risikobehaftet beurteilt werden. Hingegen könnte die Anschaffung einer Standardmaschine, die für viele Aufträge einsetzbar ist, die Chancen-/Risikosituation verbessern, sofern ausreichend Eigenkapital zur Risikodeckung vorhanden ist.[149]

4   Zusammenfassung

Abschließend bleibt festzuhalten: Dem Zusammenwirken von Controlling und Risikomanagement kommt eine sehr hohe Bedeutung zu. Erst durch die adäquate Berücksichtigung von Risiken entsteht ein integriertes Steuerungssystem. Welche Me-

---

148 Vgl. Klein/Gleißner (2017).

149 Die dargestellte Analyse betrachtet die Auswirkungen auf das Ergebnis. In der Praxis wird in einem weiteren Schritt mit dem cashflow-at-risk die Finanzierbarkeit der Strategie und entsprechender Maßnahmen geprüft.

thoden oder Instrumente zur Anwendung kommen sollen, hängt im Wesentlichen von der Unternehmensgröße und dem Reifegrad der Integration der beiden funktionalen Einheiten ab. Allen Methoden ist gemeinsam, dass sie disruptive Veränderungen nicht prognostizieren und bewerten können.

Häufig verbessert bereits ein pragmatischer Ansatz die Transparenz und die Qualität für die Entscheidungsfindung. So kann beispielsweise die Planung mit Hilfe der einfachen Methode des ungedeckten erwarteten Restrisikos risikoadjustiert werden. Diese Vorgehensweise stellt aber eine starke Vereinfachung dar. Die Risikobewertung wird auf eine einzige Zahl reduziert, die erwartete Zielabweichung der Gesamtrisikoposition (gewichteter Mittelwert). Eine Aussage zur Streuungsverteilung (Bandbreite) der möglichen Schäden um den Erwartungswert herum ist damit nicht gegeben.

Demgegenüber setzt die risikoadjustierte Planung mit Schwankungsbreiten auf die Quantifizierung des Risikos mittels Verteilfunktionen. Als Methode für die Risikoaggregation kommt die Monte-Carlo-Simulation zum Einsatz. Das Controlling plant die Risiken, aber nur mit genau einem Wert (Punktwert). Das Risikomanagement steuert die Schwankungsbreiten der Risiken für die wesentlichen Plan-GuV Positionen bei. Durch die Bandbreiten wird ein Korridor zukünftiger Entwicklungen aufgezeigt. Dies erhöht die Transparenz. Letztendlich wählt das Management einen Risikowert aus, der als Risikoadjustierung in der Planung berücksichtigt werden soll.

Für die adäquate Berücksichtigung von Risiken in der Planung verfügt somit insbesondere das Risikomanagement bereits über geeignete Methoden. Die Voraussetzungen für eine erfolgreiche Integration von Risikomanagement und Controlling sind damit gegeben. Noch bedarf es hierfür jedoch eines größeren Verständnisses und damit Akzeptanz und Willen für die Implementierung und laufende Anwendung in der Praxis.

Literatur

Gleißner, W./Kalwait, R. (2010): Integration von Risikomanagement und Controlling – Plädoyer für einen völlig neuen Umgang mit Planungssicherheit im Controlling, in: Controller Magazin Ausgabe 4, Juli/August 2010, S. 23–34.

Klein, A./Gleißner, W. (2017): Harmonisierung von Controlling und Risikomanagement, in: Der Controlling-Berater, Band 50, 2017.

Rautenstrauch, T./Hunziker, S. (2010): Erwartungswert – Die Tücken des erwarteten Verlusts im Risikomanagement, in: https://blog.hslu.ch/ifz/files/2010/09/Erwartungswert_T%C3%BCcken.pdf.

IT-technische Aspekte zur Harmonisierung von Controlling und Risikomanagement

Karsten Oehler

1 Aktuelle Herausforderungen zum integrierten Risiko-Management und Controlling

Die bisherigen Ausführungen machen deutlich, dass ein effizienter Prozess, welcher Risiko Management und Controlling (im Folgenden als RM/C bezeichnet) verzahnt und umfassend unterstützt, ohne adäquate IT-Unterstützung kaum realisierbar ist. An verfügbaren Werkzeugen zum Controlling und zum Risiko-Management mangelt es dabei nicht. Controlling- und Risikomanagement-Lösungen besitzen jeweils für sich eine lange Tradition. Leider teilen sie diese jedoch nicht gemeinsam, so dass bei der Kombination zu einer integrierten Lösung für den Anwender regelmäßig ein erheblicher Aufwand anfällt.

Etablierte Anbieter verfügen jeweils über jahrzehntelange Erfahrung und eine breite Kundenbasis. Somit kann davon ausgegangen werden, dass die wesentlichen Kundenanforderungen aus den isolierten Domänen bereits umfänglich in die jeweiligen Lösungen integriert worden sind. Aufgrund dieser stabilen Basis ist es naheliegend, bei einem integrierten Ansatz auf solche Lösungen zurückzugreifen. Hierbei stellen sich allerdings einige Probleme:

- Die beiden Lösungsklassen sind in der Regel isoliert entwickelt worden. So passen die Werkzeuge häufig konzeptionell nicht zusammen. Viele Risiko-Management-Lösungen stellen die Dokumentationsanforderungen in den Mittelpunkt. Dokumentation, Nachvollziehbarkeit und Änderungsprotokollierung sind typische Schwerpunkte dieser Lösungen. Eine Bewertung von Risiken und Maßnahmen erfolgt häufig nicht auf der Basis einer Ergebnisrechnung und auch nicht periodisiert. Eine Aktualisierung erfolgt in der Regel quartärlich, aber auch anlassbezogen. Planungslösungen ermöglichen hingegen die verteilte Erfassung und Zusammenführung von Bereichsplänen hin zu Erfolgs- und Finanzplänen. Diese Teilpläne enthalten Komponenten wie beispielsweise Treibermodellierung, Simulationen, Szenarioverwaltung etc. Die Pläne werden in der Regel jährlich oder zum Teil auch quartärlich durchgeführt. Eine spezifische Unterstützung von Maßnahmen ist häufig nicht vorgesehen.

- Die Modell-Struktur ist grundsätzlich unterschiedlich. Planungssysteme sind in der Regel auf Zahlen fokussiert und an der mehrdimensionalen Modellierung (häufig auch als OLAP – Online Analytical Processing bezeichnet) angelehnt. Auch Planungswerkzeuge, die transaktional arbeiten, simulieren eine solche mehrdimensionale Sicht. Die Einzelgeschäftsebene als kennzeichnendes Merkmal eines Abrechnungssystems steht nicht im Vordergrund, sondern die Verdichtung und Darstellung nach Dimensionen. Risiko-Management-Systeme stellen hingegen das Risiko Ereignis in den Vordergrund und sind daher üblicherweise einzelsatzorientiert auf der technischen Basis von Tabellen und Tabellenfeldern. Zudem sind diese Systeme textlastiger, da auch viele qualitative Sachverhalte erfasst werden müssen. Durch diese unterschiedliche Sichtweise entsteht das Problem, dass sich Daten nicht so einfach verbinden lassen. Einfache Attributwert-Änderungen im Risiko-Management können bereits zur Stammdaten-Reorganisation im Dimensionsmodell der Planung führen.

- Beide Systemtypen unterstützen eigenständige Prozesse mit eigenen Verantwortlichkeiten und zum Teil unterschiedlichen Beteiligten. Planungsprozesse wie die Mittelfristplanung, die operative Planung/Budgetierung oder das Forecasting werden in der Regel vom Controlling organisiert. Risiko-Managementprozesse werden nur zum Teil durch den Risiko-Manager, zum Teil auch von anderen Entscheidungsträgern wie Projekt- oder IT-Managern organisiert. Dementsprechend müssen die Prozesse harmonisiert werden. Reihenfolgen im Zusammenhang mit den fachlich inhaltlichen Berührungspunkten bzw. Abhängigkeiten müssen abgestimmt werden. Wann stehen beispielsweise belastbare Plan- oder Vorschauwerte für die Einschätzung von Risiken zur Verfügung? Die skizzierten Teilprozesse müssen bei einem integrierten Risiko- und Controlling-Prozess in der Regel neu definiert werden.

- Die Art des Zusammenspiels ist noch in der Diskussion. Von „Best Practice" zu sprechen, wäre noch zu früh. Zwar gehören Methoden wie die Bandbreitenplanung und die Monte-Carlo-Simulation gewiss zur „Grundausstattung" eines umfassenden RM/C-Systems. Geht man aber tiefer ins Detail, erkennt man grundlegende Modellierungsunterschiede, was beispielsweise die Behandlung von Korrelationen, die Nutzung von Verteilungs- bzw. Dichtefunktionen oder die Integration von Maßnahmen angeht. Insofern müssen die IT-Systeme offen ausgestaltet werden. Dies betrifft Datenstrukturen und Prozesse. Beispielsweise sollte die Anzahl der Dimensionen bei Planungssystemen nicht begrenzt sein, um Risikoattribute übernehmen und gegebenenfalls transformieren zu können. Attribute zur Risikobeschreibung sollten frei definiert werden können, um Risiken hinsichtlich ihrer Wirkung auf die Planungsziele vollumfänglich beschreiben zu können. Diese bei Standardsoftware eigentlich zu erwartende Eigenschaften werden aktuell nicht von allen Werkzeugen unterstützt.

2 Anforderungen

2.1 Methodische fachliche Anknüpfpunkte mit Auswirkungen auf die IT-Unterstützung

Es gibt zurzeit, wie dargestellt, noch keine universell einsetzbare und umfassende Controlling- und Risiko-Management-Lösung. Aus einer Vielzahl verfügbarer Werkzeuge muss ein geeignetes Portfolio selektiert werden. Hierbei ist es wichtig, ein Verständnis der Anforderungen zu gewinnen. Die fachlichen Funktionen finden sich häufig in zahlreichen Fachmodulen wieder. Dementsprechend heterogen ist auch das potentielle Systemumfeld.

Die folgenden Anknüpfpunkte sollen helfen, geeignete Lösungen zu identifizieren. Hierbei wird folgender Rahmen verwendet:

- Fachliche Kurzbeschreibung des RM/C-Moduls. Dies ist notwendig, um die benötigen Funktionen für das RM/C adressieren zu können.
- Einsatz und Stellung im integrierten Risiko-Management/Controlling
- Konsequenzen für die IT-Unterstützung. Auf spezifische Integrationsfragen wird jedoch erst später eingegangen.

2.2 Controlling-Module

2.2.1 Forecasting

Grundlage einer realistischen Risiko-Einschätzung ist eine qualifizierte Vorschaurechnung. Aus mittelfristiger Sicht stellt dies eine Extrapolation der gewöhnlichen Geschäftstätigkeit zuzüglich der erwarteten Wirkungen bereits getroffener Entscheidungen und absehbaren exogenen Veränderungen über mehrere Jahre dar. Aus kurzfristiger Sicht wird eine Jahresendvorschau oder ein Rolling Forecast erstellt.

Bei einer zu erwartenden kontinuierlichen Entwicklung können etablierte statistische Verfahren eingesetzt werden. Dies geht von einfachen regressionsbasierten Prognoserechnungen bis zu komplexen Verfahren wie ARIMA[150] und kausalen Analysen unter dem Einsatz von neuronalen Netzen oder Entscheidungsbaum-Algorithmen. Ist eine Extrapolation aus Vergangenheitswerten nicht analytisch möglich, müssen subjektive Experten-Einschätzungen einfließen. Zum Teil können diese beiden Verfahren auch gemeinsam eingesetzt werden.

Die eingesetzten Verfahren sind zwar in der Lage, Bandbreiten in Form von beliebigen Konfidenzintervallen[151] bereitzustellen. Übernommen wird in der Regel nur ein einzelner Wert, was aus statistischer Sicht einer Punktschätzung entspricht. Für die

---

150 Autoregressive Integrated Moving Average.

151 Konfidenzintervalle stellen statistisch ermittelte Erwartungskorridore dar, in der ein prognostizierter Wert mit einer vorgegebenen Wahrscheinlichkeit (z. B. 95 %) liegen wird.

Risiko-Beurteilung ist eine solche Einschätzung jedoch nicht ausreichend. Potentielle Abweichungen (verursacht durch Chancen und Risiken) spiegeln sich nicht in den einzelnen Periodenwerten wider, sondern eben gerade in Verteilungskurven. Dieser Informationsmangel ist für eine realistische Gesamteinschätzung nicht förderlich. Aus Sicht des RM/Cs sollte das Ergebnis der Vorschaurechnung daher nicht einwertig sein, sondern die Bandbreite der möglichen Entwicklungen wiederspiegeln.

Es bietet sich eine Erweiterung um einfache Szenarien wie Best/Worst/Expected an. Damit können unter anderem besonders pessimistische und optimistische Zustände beschrieben werden. Allerdings wird damit noch keine Aussage über die Verteilung zwischen den Extrempunkten Worst und Best gemacht. Noch besser, aber aufwändiger, sind hingegen Wahrscheinlichkeitsverteilungen über die erwarteten Kenngrößen.

Einige statistische Verfahren geben bereits als Nebenprodukt auch Bandbreiten in Form von Konfidenzintervallen aus. Um jedoch zur richtigen Verteilungsfunktion zu kommen, empfiehlt sich der Einsatz von statistischen Verfahren in Kombination mit einer Monte Carlo Simulation. Eine Monte Carlo Simulation bietet sich generell dann an, wenn unterschiedlich Verteilungen (hier Vorschaukurven) aggregiert werden sollen.

Forecasts aus dem Controlling sind in der Regel keine eigenständigen Systeme, sondern in die Planungsanwendungen des Unternehmens integriert. Entsprechend kommen beim Forecasting klassische Planungslösungen zum Einsatz. Elaborierte statistische Verfahren sucht man hier allerdings vergeblich. Insofern sind hier Erweiterungswerkzeuge sinnvoll. Es gibt einige Erfahrungen mit dem Einbinden von statistischen Werkzeugen in Planungslösungen. Hier sind die Werkzeuge SPSS (kommerziell) und R (Open Source) als wichtige Vertreter zu nennen. Die einschlägigen statistischen und analytischen Verfahren sind als Bibliotheken verfügbar. Einige Anbieter wie SAP, IBM oder Tagetik bieten hierzu standardisierte Schnittstellen an. Statistische Verfahren sind auch in Excel verfügbar. Eine Monte Carlo Simulation lässt sich über AddIns einbinden. Hier ist allerdings vor der schnell steigenden Komplexität zu warnen.

Wichtig bei einer effizienten Analyse ist der effiziente Zugriff auf die Basisdaten aus operativen und externen Quellen. Insbesondere bei der kausalen Analyse sind die Controlling-eigenen Daten in der Regel nicht ausreichend. Nicht zu unterschätzen ist der Aufwand der Datenaufbereitung, der üblicherweise einen Großteil des Analyseaufwands ausmacht. Dies ist auch ein Grund, warum statistische Werkzeugkästen zumindest im Controlling bislang noch wenig Verbreitung gefunden haben. Verbesserungen in der Dateninfrastruktur lassen allerdings hoffen.

2.2.2 Strategische Planung

In der strategischen Planung werden die Unternehmensziele konkretisiert und in Maßnahmenpläne umgesetzt. Wir haben Risiko ganz allgemein als die Abweichung von gesetzten Zielen definiert. Dementsprechend ist es notwendig, die Einflüsse der Risiken auf die strategischen Ziele des Unternehmens deutlich zu machen.

Nun ist die strategische Planung bei weitem nicht so quantitativ ausgestaltet wie die operative Planung. Trotzdem sollen aber die Wirkungsbeziehungen transparent gemacht werden. Dies gelingt aber selten in Form von quantitativen formulierten Beziehungen. Dies betrifft auch insbesondere externe Einflussgrößen. Nachfrageänderungen können beispielsweise eine gewählte Strategie der Marktentwicklung gefährden und stellen damit ein Risiko dar. Nur wie stark ist der Einfluss? Ohne eine quantifizierbare Modellkonkretisierung lassen sich die Wirkungsstärken kaum operationalisieren, wie es für eine automatisierte Simulation notwendig erscheint. Unter Umständen sind Analogien zu ähnlichen Situationen aus der Vergangenheit zu finden. So könnte ein Qualitätsproblem in der Vergangenheit zu einem (verzögerten) Absatzeinbruch geführt haben. Nur wie signifikant ist ein einziges Ereignis? In der Regel ist man aber mit solchen Beobachtungen weit von einer quantifizierbaren Ableitung entfernt. Noch problematischer sind indirekte Beziehungen. So ist zum Beispiel in börsennotierten Unternehmen das Marktwachstum nicht das eigentliche Ziel, sondern üblicherweise die Unternehmenswertsteigerung. Wie das Marktwachstum mit dem Unternehmenswert zusammenhängt, muss somit ebenfalls dargestellt werden. Hierzu gehören aber auch alle relevanten Zahlungswirkungen.

Ähnliche Herausforderungen versucht die Balanced Scorecard zumindest zu lindern. Über qualitative Ursache-Wirkungsbeziehung wird versucht, Erfolgstreiber zu identifizieren, denen in der Regel auch eine Vorsteuerungsfunktion nachgesagt wird. Über Kennzahlen soll eine Quantifizierung der Frühindikatoren erfolgen.

In dieser Art und Weise können Risiken ebenfalls beschrieben werden. Es gibt hierzu interessante Erweiterungen der Balanced Scorecard, die entweder eine Risiko-Perspektive vorsehen oder auf einer gesonderten Ebene die Risiken den Zielobjekten zuordnen.[152] Damit verbunden sind auch Vorschläge, dieses Konzept mit handelsüblichen Planungssystemen umzusetzen.

Die Balanced Scorecard verlangt keine Quantifizierung der Wirkungsbeziehung. Insofern ist es relativ einfach, die Risiken auf der Basis von Einschätzungen den Zielen und Zielableitungen zuzuordnen. Auf diese Weise gelingt es zumindest, den Zusammenhang zwischen den Wertetreibern und den Risiken deutlich zu machen. Vom Anspruch der Quantifizierung wird aber Abstand genommen.

Drei Gedanken sind ausschlaggebend, die BSC und das Risikomanagement zu verbinden:

---

152 Z. B. Brötzmann, Oehler, 2002.

- Integrative Gesamtsicht: Die wesentlichen Ziele und die hierzu benötigten Mittel der BSC-Perspektiven werden über unternehmensspezifische Ursache-Wirkungsketten in entsprechenden Diagrammen dargestellt. Damit ist die BSC keine bloße Sammlung von Kennzahlen, sondern zeigt die strategisch relevanten Größen, die das Geschäftsmodell jeweils im Kern beeinflussen und letztlich auch in ihrer Existenz bedrohen können.

- Frühwarnung: Das Balanced-Scorecard-Konzept unterscheidet Ziele und deren Treiber, die aufgrund der vermuteten Ursache-Wirkung-Beziehungen auch eine Vorsteuerfunktion haben. Die Ursache ist der Wirkung immer vorgelagert.[153] Damit wird der Gedanke der Frühwarnung intuitiv unterstützt.

- Umfassendes Managementsystem: Die BSC unterstützt den gesamten Managementprozess durch Festlegung von Messgrößen und Aktionsprogrammen, deren Realisierung in einem permanenten Monitoring nachgehalten wird. Risikostrategien und –Maßnahmen können hier vergleichsweise einfach integriert werden.

Insbesondere die Fokussierung auf Wirkungsketten ist von Bedeutung für das RM/C. Das Verständnis um die Auswirkungen von Risiken auf die Unternehmensziele wird transparent; auch wenn nicht unmittelbar quantifizierbar. Die Stärke der Wirkung kann zumindest mit Einflussmatrizen dargestellt werden. Einflussmatrizen stellen die Wirkungen der Indikatoren paarweise gegenüber (Abbildung 42: Einflussfaktoren). Die Zeilen- und Spaltensummen geben die Eignung des Indikators als passives oder aktives Objekt wieder. Damit lassen sich wesentliche Einflussfaktoren identifizieren.[154] Einflussfaktoren repräsentieren häufig Risiken.

Vollautomatisierte Simulationen sind aufgrund der fehlenden Quantifizierung wie erwähnt allerdings unwahrscheinlich. Alternativ dazu kann die Szenario-Technik angewendet werden. Hierbei werden Wirkungsbeziehungen in der Regel durch manuelle Eingaben aufgelöst. Man konzentriert sich auf einige wenige Szenarien. Ein Worst Case Szenario ist dabei zwar pessimistisch, aber dennoch wahrscheinlich. Ein „richtiges" Worst Case-Szenario bei einem Energieversorgungsunternehmen schlösse beispielsweise den jeweiligen GAU aller im Besitz befindlichen Atomkraftwerke ein, was bei der Unabhängigkeit der Einzelrisiken praktisch auszuschließen ist. Ein mögliches, auf alle Kraftwerke abzielendes Attentat (damit bestünde keine Unabhängigkeit der Einzelrisiken mehr) soll dabei ausgeschlossen werden.

Der Markt für BSC-Lösungen ist relativ klein. Dies liegt daran, dass die Integrationsanforderungen sehr hoch sind. So ist die Abstimmung mit der Mittelfristplanung und der operativen Planung notwendig. Meistens ist eine BSC direkt in andere Anwen-

---

153 Zwar sind auch Wechselwirkungen zwischen den Zielen und den Indikatoren möglich. Aufgrund der Aggregation und der begrenzten grafischen Darstellungsmöglichkeiten lassen sich solche Sachverhalte nur schlecht verdeutlichen. System Dynamics (vgl. folgenden Abschnitt) ist da deutlich leistungsfähiger.

154 Eine Umsetzung mit OLAP zeigt der Autor in Oehler, 2006.

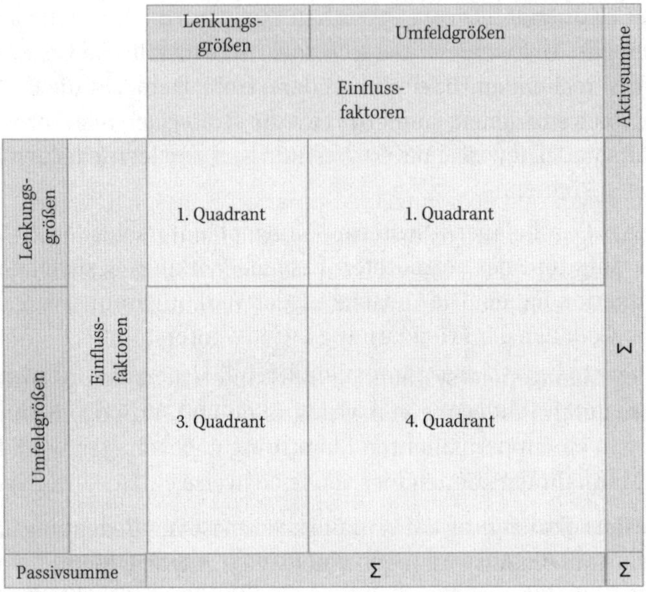

		Lenkungs-größen	Umfeldgrößen	Aktivsumme
			Einfluss-faktoren	
Lenkungs-größen		1. Quadrant	1. Quadrant	Σ
Umfeldgrößen	Einfluss-faktoren	3. Quadrant	4. Quadrant	
Passivsumme		Σ		Σ

Abbildung 42: Einflussfaktoren[155]

dungen, häufig die Planung, integriert. Mit den meisten Planungslösungen lassen sich zumindest Fragmente einer Balanced Scorecard erstellen.

Mit OLAP-Systemen ist der Aufbau des quantitativen Anteils einer BSC ebenfalls recht einfach möglich. Für die Wirkungsmodellierung werden allerdings meistens Ergänzungswerkzeuge benötigt, die dann hinzu programmiert oder in Office Werkzeuge ausgelagert werden.

2.2.3 Mittelfristplanung

Die quantitativ orientierte Mittelfristplanung soll die strategischen Maßnahmen hinsichtlich der Erfolgs- und Finanzwirkungen verdeutlichen. Damit lässt sich die strategische Planung mit der wertorientierten Steuerung verknüpfen. Der hohe Quantifizierungsgrad dieser Planung eignet sich auch für die Integration mit dem Risiko-Management. Änderungen in den Basispositionen werden bis zum Ergebnis (z.B. EVA, Gewinn, Cash Flow) durchgerechnet. Durch die Zuordnung der Risiken zu diesen Positionen wird somit der Risikoeinfluss auf die gewählte Ergebnisgröße deutlich.

Nachteilig für das Wirkungsverständnis ist die starke Ausrichtung auf finanzielle Größen. Sachlogische Zusammenhänge sind auf dieser Ebene kaum vernünftig zu hinterfragen. Dies hängt mit der hohen Abstraktion zusammen. Auf der Ebene der

---

155 Gausemeier, J., Fink, A., Schlake, O., 1996, S. 190.

Umsatzplanung über verdichtete Produktgruppen kann man beispielsweise nicht mehr viele Einflussfaktoren erkennen. Auf der Absatzebene eines konkreten Produkts geht dies schon eher. Dieser positionsspezifische und dimensionale Aufriss (zum Beispiel nach Kunden, Regionen oder Vertriebskanälen) erhöht jedoch deutlich die Komplexität, so dass häufig davon Abstand genommen wird.

Risiken können pauschal über einzelne Szenarien eingespielt werden. Einzelrisiken können in einer eigenen Dimension hinterlegt und mit ihren Eigenschaften beschrieben werden. Hierbei tritt allerdings das Problem auf, dass Risiken häufig interdependent sind. Dies betrifft nicht nur Wirkungen (manifestiert durch Korrelationen), sondern auch den Einflussverbund. Wird beispielsweise das Risiko eines Absatzeinbruchs in Prozent vom Absatzvolumen eingegeben, ist für die Ermittlung der Wirkungen in einem spezifischen Szenario entscheidend, in welcher Reihenfolge die Risikofolgen ermittelt werden, falls noch ein anderes Risiko das Absatzvolumen beeinflusst (zum Beispiel eine Betriebsunterbrechung).

Zum Teil ist es möglich, die Mittelfristplanung durch einen Business Case – Ansatz und andere Planungsdetaillierungen zu ergänzen:[156] Entwicklungsprojekte u. ä. können angebunden werden. Auf dieser Ebene sind Wirkungsbeziehungen schon deutlich detaillierter zu beschreiben. So enthalten beispielsweise Modelle für Entwicklungsprojekte Annahmen über Absatzentwicklungen oder Verknüpfungen mit Kundenanreizmodellen. Zudem wird häufig eine Schalterleiste angeboten, um Projekte in Gänze aktivieren und deaktivieren zu können. Häufig müssen verschiedene Alternativen ausprobiert werden, sodass sich ausschließende Alternativen moduliert werden, die nicht gemeinsam aktiviert werden dürfen.

In der Regel kommen hier Excel und die klassischen Planungswerkzeuge zum Einsatz. Aufgrund der hohen Verdichtung und des damit geringen Umfangs sind Excel-Modelle noch am weitesten verbreitet. Die Erweiterungen um den beschriebenen Business Case-Ansatz erfordern jedoch in der Regel den Einsatz von Planungslösungen und unter Umständen Speziallösungen. Als Werkzeug zur Umsetzung eines Business Cases eignen sich unter anderem entweder Excel oder System Dynamics. Gerade wenn es um Markteinschätzungen geht, sind dynamische Modelle hilfreich. So eignen sich Sättigungsmodelle zur Abschätzung des Marktpotenzial und der zukünftigen Entwicklung. Der Autor hat in einem Projekt eine Anbindung von System Dynamics an die Mittelfristplanung umgesetzt.

Auch Integrationsaspekte (z. B. mit der operativen Planung) sprechen für eine professionelle Lösung.

---

156 Vgl. Oehler, 2014.

2.2.4 Budgetierung/operative Planung

Die Budgetierung stellt die Konkretisierung der Mittelfristplanung auf ein Jahr dar. Damit ist es eine weitere geeignete Basis, die Risiken hinsichtlich ihrer Wirkung zu spiegeln.

Anders als in der Mittelfristplanung stehen hier Daten auf einem ganz anderen Detaillierungsgrad zur Verfügung. Dies kann helfen, die Wirkungen der Risiken deutlich besser zu quantifizieren. Insbesondere wenn die Mittelfristplanung nur grob ausgeführt ist, erscheint es sinnvoll, eine erweiterte Einflussanalyse über die operative Planung vorzunehmen.

Aber auch hier ist üblicherweise die starke finanzielle Orientierung ein Hindernis. Der Einfluss der Konzepte Beyond Budgeting und Moderne Budgetierung[157] hat allerdings dazu geführt, dass sich Unternehmen in diesem Bereich stärker auf Treiber konzentrieren. Beispielsweise kann statt der Personalkosten der spezifische Headcount geplant werden. Hieraus lassen sich Folgewirkungen wie Kapazität, Bürofläche, Firmenwagen etc. ableiten. Dies wirkt sich positiv auf die Einflussanalyse der Risiken aus. Ein Fluktuationsrisiko schließt damit auch indirekte Wirkungen mit ein.

Risiken können nun recht granular hinsichtlich ihrer Einflüsse beschrieben werden. Allerdings ist auf mögliche Verzerrungen aufgrund des Zweckbezugs hinzuweisen. Budgetwerte sind Vorgaben, die zwar realistisch sein sollen, aber auch motivierend wirken sollen. Damit entsprechen sie nicht zwangsläufig der geplanten Sicht auf Unternehmensebene. Diese sogenannte Planung-Slack ist insbesondere in Vertriebsbereichen verbreitet. Das kann zu einer Überschätzung der Risiken führen.

Die etablierten (prozessorientierten) Planungslösungen fokussieren in der Regel auf finanzielle Planungspositionen wie beispielsweise Betriebsabrechnungsbogen oder Deckungsbeitragsrechnung. Es besteht allerdings die Möglichkeit, in begrenztem Rahmen auch Wirkungsbeziehungen zu hinterlegen. Des Weiteren ist eine Verknüpfung mit Risiken möglich. Um den Einfluss von Risiken transparent zu machen, bedarf es allerdings in der Planungslösung eines flexiblen Dimensionsrahmens, die die Abbildung von Risiken und Maßnahmen miteinschließt. Frei konfigurierbare Zusatzdimensionen erleichtern die Modellierung. Ansonsten sind auch die Ausführungen zur mittelfristigen Planung hinsichtlich der Ausgestaltung relevant.

2.3 Risiko-Management-Module

2.3.1 Erfassung und Bewertung von Risiken und Maßnahmen

Risiken werden in der Regel von den Verantwortlichen identifiziert und hinsichtlich der relevanten Eigenschaften beschrieben. Hierbei kommen Checklisten und Risiko-

---

157 Die Moderne Budgetierung wird als Weiterentwicklung von Advanced und Better Budgeting aufgefasst.

kataloge zum Einsatz. Die Bearbeitung ist in einen Prozess eingebunden, um verteiltes Wissen in Bezug auf Risiken einzusammeln und zu bewerten. Diese Informationen sind Grundlage des RM/Cs.

Der Fokus eines RM/Cs liegt allerdings im quantitativen Bereich. Die fast immer erfassten quantitativen Eigenschaften im Risiko-Management-System sind Schadenshöhe und Eintrittswahrscheinlichkeit. Allerdings gelingt damit auch nur eine eher rudimentäre Simulation.

Zur Unterstützung der Bewertung können daher häufig weitere Attribute hinterlegt werden, unter anderem:

- Angenommene Verteilungen (über die Binomialverteilung hinaus, z. B. Multinominale, Dreiecks-, Gleich-, Pert-Verteilung usw.)
- Klassifikation sehr unwahrscheinlicher Risiken (Tail Risk)
- Einschätzung, ob das Risiko quantitativ oder qualitativ einzuschätzen ist
- Etc.

Aufgrund der Risiko-Einschätzung müssen Maßnahmen definiert werden, die das Risiko-Profil verändern. Dies führt zu einer neuen Risikobewertung. Aus Sicht des Controllings entstehen zudem Kosten, die entsprechend geplant werden müssen. Maßnahmen können unabhängig von Risiken definiert werden. Sie werden aber meistens einem Risiko zugeordnet.

Typische Attribute von Maßnahmen sind:

- Erwartete Wirkung in Bezug auf die Reduzierung der Schadenhöhe
- Erwartete Wirkung in Bezug auf die Reduzierung der Eintrittswahrscheinlichkeit
- Alternative Maßnahmen (häufig mit Aktivierungsschalter)
- Zeitliche Aspekte der Wirkung
- Mögliche Unsicherheiten bzgl. der Wirkung
- Veränderung der Risikocharakteristik
- Kosten bzw. Aufwendungen

Zum Einsatz kommen in der Regel GRC[158]-Werkzeuge. Die klassischen Risiko-Management-Anwendungen zeichnen sich im Allgemeinen durch eine hohe Flexibilität hinsichtlich der Tabellendefinitionen und Prozessstrukturen aus.

Zum Teil werden auch Simulationen unterstützt. Umfassende Wirkungsberechnungen im Rahmen einer integrierten Erfolgs- und Finanzplanung erfolgen aber nicht.

---

158 Governance, Risk, Control.

2.3.2 Risiko-Simulation

Eine konsequente Erweiterung einer Planung ist es, die inhärente Prognose- und Planungsunsicherheit direkt in ein Modell zu integrieren. Dies erfordert einige Erweiterungen bei konventionellen Planungssystemen. Wahrscheinlichkeiten werden konventionell nur pauschal für ganze Szenarien hinterlegt. Zusätzlich zu einwertigen Parametern wird daher im Rahmen einer Risikosimulation mit Verteilungsfunktionen gearbeitet. So könnte der Absatz beispielweise normalverteilt mit einem Mittelwert und einer Standardabweichung eingegeben werden. Daneben werden auch binäre Risiken einbezogen. So könnte der Zahlungsausfall eines (Groß-)Kunden mit Schadenshöhe und Eintrittswahrscheinlichkeit hinterlegt werden. Solche Einzelrisiken können mit der Binomialverteilung beschrieben werden. Weitere Verteilungsfunktionen sind unter anderem Multinominale, PERT-, Gleich- oder Dreiecksverteilung.

Da sich Dichtefunktionen nicht einfach aggregieren lassen[159], ergibt sich das Problem der Ermittlung von kombinierten Wirkungen der einzelnen Risiken. Bei stochastischer Unabhängigkeit der Parameter multiplizieren sich die Wahrscheinlichkeiten der Ereignisse, was bei einer Worst Case-Betrachtung zu einer extrem unwahrscheinlichen Situation führt. Normalverteilungen haben zudem auch keine Minimal- oder Maximalausprägung, so dass ein absoluter Worst Case nur theoretische Bedeutung hat. Gesucht sind aber realistische Bedrohungen, die gerade noch eine Praxisrelevanz besitzen. Dies kann bei heterogenen Risiken nur mit der Durchrechnung von Szenarien erfolgen.[160] Die Monte-Carlo-Simulation hat sich hier als Standard etabliert da sie relativ einfach zu implementieren ist.

Man kann mit dem Erzeugen von Zufallszahlen für eine hohe Anzahl von Simulationen aggregierte Dichtefunktionen durch Häufigkeiten der Ergebnisklassen ableiten. Für Simulationsläufe werden Zufallszahlen gemäß einer Dichtefunktion für die jeweiligen Risiken erzeugt. Jeder Simulationslauf wird mit den Modellgleichungen (häufig GuV, Deckungsbeitragsrechnung, besser jedoch Treibermodelle) durchgerechnet.

Aus den Simulationsläufen ergibt sich dann eine Verteilung der Zielgrößen durch Intervallbildung und Häufigkeiten der Intervallzugehörigkeit. Diese Verteilung gibt Auskunft über das Risiko in Bezug auf die gewählte Zielgröße, zum Beispiel Jahresüberschuss oder EVA. Häufig wird hier ein Konfidenzintervall herangezogen: „Mit einer Wahrscheinlichkeit von 5 % wird ein Verlust von XX nicht überschritten." Wenn beispielsweise der Jahresüberschuss als Zielgröße verwendet wird, kann die Vertei-

---

159 Dies geht analytisch nur mit sehr eingeschränkten Annahmen. Liegt zum Beispiel generell allen Risiken eine Normalverteilung zugrunde, ist dies mit dem Varianz-Kovarianz-Modell möglich.

160 In einfachen Fällen ist zwar auch eine analytische Ermittlung möglich. Dies setzt aber die durchgehende Verwendung einer Normalverteilung voraus.

lung darüber Auskunft geben, welches Eigenkapital zur Verlustdeckung benötigt wird.

Da in die Simulation zur Kalkulation aufgrund der hohen Anzahl der Läufe nicht eingegriffen werden kann, ist es notwendig, mögliche Reaktionen auf unsichere Ereignisse entweder als Wenn-Dann-Regel einzubeziehen, oder sukzessive Anpassungsmaßnahmen einzuarbeiten. So erfolgt nach der Ergebnisse-Analyse in der Regel die Ausarbeitung von Maßnahmen zur Risiko-Steuerung. Die Simulation wird anschließend mit diesen Maßnahmen erneut durchgeführt.

Entwickelt sich beispielsweise der Absatz aufgrund eines Markteinbruchs (geringe Wahrscheinlichkeit) nicht mehr wie erwartet, muss auf die geplante Modellmodernisierung verzichtet werden, da diese nicht finanzierbar ist. Stattdessen wird nun eine kleinere Alternative forciert.

Eine Herausforderung ist die Berücksichtigung von Abhängigkeiten zwischen den Risiken. Eine veränderte Nachfrage kann beispielweise auch zu einer Veränderung der Wettbewerbsintensität führen. Hier gibt es Ansätze, dies in Simulationsläufen zu berücksichtigen[161] Über eine Cholesky-Zerlegung[162] können korrelierte Zufallszahlen erzeugt werden. Herausforderung ist allerdings nicht die Inklusion in ein formales Modell. Dies gelingt meistens. So kann in der Softwareumgebung R[163] relativ einfach ein Package ausgewählt werden. Schwierig ist aber die Identifikation der Beziehungen:

- eine Korrelation sagt noch nichts über die Wirkung aus und kennzeichnet somit noch keine Kausalität.
- Indirekte Abhängigkeiten sind nur in den Einzelwirkungen zu berücksichtigen.
- Die Abhängigkeiten sind häufig nicht linear. Dies wird mit einer Korrelationsanalyse nicht abgebildet.

Eine Monte-Carlo-Simulation lässt sich mit verschiedenen Werkzeugen abbilden:

Einfache Modelle können mit Excel abgebildet werden. Über eine Makrosteuerung können Szenarien erzeugt werden. Für eine schnelle Lösung ist dies durchaus eine Option.

Es gibt auch leistungsfähige Erweiterungen in Excel, die die Erzeugung von spezifisch verteilen Zufallszahlen für die Monte Carlo-Simulation unterstützen. Zum

---

161 Dannenberg, 2009.

162 Eine Cholesky-Zerlegung ist ein numerisches Verfahren zur Zerlegung einer positiv definiten Matrix in das Produkt einer unteren Dreiecksmatrix und ihrer Transponierten. Damit lassen sich Zufallszahlen im Rahmen einer Monte-Carlo-Simulation so erzeugen, dass eine gewünschte Korrelation der beteiligten Variablen entsteht.

163 R ist eine Open-Source-Programmierumgebung, die sich wachsender Beliebtheit in statistischen geprägten Forschungswelt erfreut.

Teil wird der Funktionsapparat von Excel erweitert (durch Verteilungs-, Dichte- und Quantilsfunktionen[164]). Die Ablaufsteuerung einer Simulation wird über ein Addin implementiert, vergleichbar dem Microsoft eigenen Komplementen „Solver" und „Szenario-Manager". Anbieter sind beispielsweise Palisade mit @Risk oder Oracle mit Crystal Ball.

OLAP-Modelle können durch Programmierung erweitert werden. Speziell verteilte Zufallszahlen werden für eine große Anzahl an Simulationen erzeugt. Nachteilig ist, dass jede Verteilungsfunktion programmiert werden muss. Bei einer InMemory-Speicherung ergibt sich zudem ein Problem mit großen Datenmengen, die durch die Simulation erzeugt werden.

Spezielle Anwendungen sind verfügbar (Strategie Navigator von Future Value), die schnell eingeführt werden können. Konzeptionelle Erweiterungen sind dann aber kaum noch möglich.

Statistische Werkzeuge wie R können ebenfalls eingesetzt werden, allerdings ist hier Programmierung notwendig. Dafür steht ein nahezu unbegrenzter Raum an Funktionen zu Verfügung.

Herausforderung ist für alle Ansätze die Verzahnung mit Treiberabhängigkeiten. Dies macht die Modelle schnell sehr komplex.

2.4 Übergreifende Anforderungen

Hier geht es um die modulunabhängigen und damit übergreifenden Eigenschaften. Diese stehen gewissermaßen orthogonal zu den eben dargestellten fachlichen Aspekten.

2.4.1 Reporting

Im Reporting gibt es häufig zahlreiche Insellösungen. Die verfügbaren Berichte in vielen Unternehmen enthalten entweder Erfolgsinformationen oder Risiken, selten aber beides im Zusammenhang. Entsprechend fehlen entscheidungsrelevante Zusammenhänge für das Management, falls nicht eine Verbindung vom Berichtsnutzer manuell erstellt wird.

Spezielle Risikoberichte sind eher selten in die bestehende Berichtsinfrastruktur des Controllings integriert. Für ein RM/C werden allerdings Informationen übergreifend benötigt. Zusammenhänge ergeben sich aus Planung und Risiko-Informationen. Beispielsweise könnten für Forecast-Berichte Risiko-Stammdaten benötigt werden, um Gründe für Bandbreiten zu verdeutlichen. Lageberichte werden transparenter, wenn

---

164 Eine Dichtefunktion gibt die Wahrscheinlichkeit jeder möglichen Ausprägung eines kardinal skalierten Ereignisses wieder. Die Verteilungsfunktion kumuliert die Dichtefunktion bzw. stellt deren Integralfunktion dar. Die Quantilsfunktion gibt eine Fläche bis zu einer definierten Wahrscheinlichkeit unterhalb der Dichtefunktion wieder.

es gelingt, die gleichermaßen Erkenntnisse aus dem Risikomanagement-Prozess und der Prognose einfließen zu lassen.

Genauso können auch Daten aus Standardberichten des Controllings für das Risikoreporting verwendet werden. Dementsprechend ist ein integriertes Reporting anzustreben.

Selbst wenn Berichte verfügbar sind, mangelt es häufig an der Flexibilität, spezifische Ad-hoc-Berichte erstellen zu können. Ein Berichtswesen sollte zwar vordefiniert die wesentlichen Standardberichte (Risiko-Portfolio, Ursache-Wirkungsdiagramme, BSC) enthalten, doch aber auch die Möglichkeit eröffnen, weitergehende Darstellungen frei zu gestalten.

Wichtig ist das hybride Reporting, das Zahlen und umfängliche Texte zusammenführt. Klassische OLAP-Analysen greifen hier häufig zu kurz, denn damit ist zwar eine freie Analyse möglich, aber nur auf einem eng abgesteckten, quantitativen Datenbereich.

Mit BI-Werkzeugen gibt es teilweise ganz triviale Probleme: Felder zur Textanzeige erweitern sich nicht automatisch, wenn der Text eine gewisse Länge überschreitet. Entsprechend muss dieses Feld unnötig groß definiert werden. Dies geht zu Lasten der Lesefreundlichkeit.

Ein Data Warehouse, welches Risikomanagement- und Controlling-Daten enthält, erleichtert den Aufbau eines Berichtswesens signifikant. Da ein Data Warehouse jedoch meistens umfänglicher konzipiert ist, ist die Erstellung eines solchen Werkzeugs ein langwieriger Prozess. Eine Datenstrukturierung nur für Risikomanagement und Controlling kann mittels Data Marts abgebildet werden. Eine Berichtsintegration kann pragmatisch erfolgen, ohne dass gleich ein umfassendes Data Warehouse aufgebaut werden muss. Teilweise sind die Berichtssysteme in der Lage, aus unterschiedlichen Quellen Daten zusammenzuführen. Allerdings kämpft man dann häufig mit unterschiedlichen Schlüsselsystematiken, die notwendig sein können, um die verteilt gespeicherten Informationen in Beziehung setzen zu können.

2.4.2 Prozessunterstützung

Bereits IDW PS 340 hebt besonders die Kommunikationsbereitschaft innerhalb des Risikomanagementprozesses hervor. Kommunikation muss als regelmäßiger, formalisierter und verbindlicher Informationsaustausch verstanden werden.

Sobald eine größere Anzahl an Personen mit Eingaben, Überprüfungen, Übergaben, Weiterleitung beschäftigt ist, wird eine Prozessunterstützung benötigt.

Typische Aspekte sind:

- Unterstützung der Risikodokumentation und Risikobewertung sowie der Erstellung des finalen Risikoberichts durch einen systemunterstützten Workflow

- Integration von Prüf- und Genehmigungsstufen, Implementierung eines Vier-Augenprinzips (Segregation of Duties)
- Absicherung der verbindlichen Termine zur Erstellung eines unternehmensweiten Risikoinventars durch den Workflow.

Im Controlling: Verabschieden und Freigeben von Bereichsplänen und -vorgaben

Bestandteil einer Prozessunterstützung ist eine Ablaufsteuerung und ein Workflow-Monitor. Bei heterogenen Systemen wäre es von Vorteil, wenn eine übergreifende Steuerung möglich wäre. Dies ist jedoch weder in der Planung noch im Risiko-Management üblich.

2.4.3 Offenheit und Erweiterbarkeit

Eine Erweiterbarkeit der Lösung stellt sicher, dass auch zukünftige Anforderungen integriert werden können. Wie eingangs erwähnt, ist ein RM/C noch weit entfernt von einem etablierten Standardverfahren. Dementsprechend sollten Systemlösungen offen sein. Je geringer die Standardisierung ist, desto notwendiger ist es, zusätzliche, eigene Funktionen integrieren zu können.

Eine wichtige Anforderung ist die Anbindung an frei zugängliche und umfangreiche Funktionsbibliotheken z. B. an R, Python oder MatLab. Diese Werkzeuge entwickeln sich mit einer hohen Geschwindigkeit weiter. Damit ist es möglich, auch neu auftretende Anforderungen zu integrieren.

2.4.4 Systemintegration

Häufig stehen regulative Anforderungen an ein Risikomanagement-System im Vordergrund. Ein Risikomanagement-System beeinflusst jedoch zahlreiche andere Informationssysteme und wird seinerseits von diesen beeinflusst.

Die Risikoinformationen sollten daher in das Planungssystem eingebunden werden können. Zudem ist auch die Integration mit dem ERP-System von Bedeutung, da hier zentral viele der benötigten Stammdateninformationen gespeichert werden. Wichtige Daten, die ausgetauscht werden müssen, sind unter anderem:

- Organisationsstruktur aus dem ERP-System
- Maßnahmen zur Projektplanung, Projektverwaltung für Risikoanpassungsmaßnahmen
- Rechnungswesen-/Kostenrechnungsinformationen aus dem ERP-System
- Risiken und deren Absicherung als spezifische Risikolösungen (z. B. Kreditprüfung), Attribute zur Quantifizierung der Bandbreiten
- Interne Risiken und Absicherungen aus Kontrollsystem
- Kennzahlen aus dem Reporting
- Annahmen, Ziele und Plangrößen aus dem Planungssystem

- Austausch von Wirkungen, Treibern und Beziehungen zwischen Planung und Simulation

Der Integrationsbedarf steigt bei einer hohen Modularität im Sinne von „Best of Breed"[165]. Dann müssen in der Regel umfangreiche Informationen ausgetauscht werden.

Schwer zu standardisieren sind insbesondere Werkzeuge mit einer hohen Flexibilität. Wenn die Anzahl möglicher Felder nicht bekannt ist, muss das Integrationswerkzeug auf beiden Seiten eine hohe Konfigurationsflexibilität bereitstellen. Hinzu komm ein hoher Customizing-Aufwand.

Aus systemtechnischer Sicht ist der problemlose Austausch von Daten zwischen den Teilsystemen eine wichtige Voraussetzung für ein erfolgreiches RM/C.

Demensprechend sollte die Lösung über entsprechende Kopplungsmöglichkeiten verfügen. Eher technisch motivierte Anforderungen sind:

- Direktzugriff auf liefernde Systeme
- Transformationsmöglichkeiten (z. B. Schlüsseltransformation)
- Fehlerbehandlung (z. B. Protokolle)
- Echtzeit-Integration
- Automatisierte Stammdatenabgleiche

2.4.5 Sicherheit/Nachvollziehbarkeit

Ohne Frage handelt es sich bei dem skizzierten Anwendungsgebiet um sensible Daten. Ein entsprechendes Sicherheitskonzept mit Authentifizierung/Autorisierung auf der Ebene Dimensionselement/Einzelsatz ist selbstverständlich. Allerdings bieten Office-Werkzeuge hier häufig nicht den geeigneten Schutz.

Neben der Sicherheit sollte auch die nachträgliche Unveränderlichkeit von Eingaben sichergestellt sein. Hierzu gehört insbesondere die Änderungsprotokollierung. Dieses Prinzip wird im Rahmen von Risiko-Managementwerkzeugen in der Regel eingehalten.

Planungswerkzeuge sind hier in der Regel deutlich schwächer aufgestellt. Zum Teil kann man bei einigen Anbietern einstellen, ob eine Änderungsprotokollierung erfolgen soll. Dies geht aber gerade bei umfangreichen Anpassungen zu Lasten der System-Performance.

Eine Transparenzerhöhung wird durch Verknüpfung der Informationsobjekte erreicht, die auch im Berichtswesen genutzt werden kann. Hilfreich ist beispielsweise eine Drill-Down-Möglichkeit bis auf die tiefste Ebene.

---

165 „Best-of Breed" kennzeichnet eine Vorgehensweise, sich pro Anwendungsmodul das jeweils leistungsstärkste Produkt unabhängig vom Anbieter auszuwählen.

2.4.6 Internationalisierung/Globalisierung

Sprachunterstützung und Währungsumrechnung gehören zu den Anforderungen, die von Standardanwendungen in größeren Unternehmen/Konzernen abgedeckt werden müssen.

Die Bewertung dezentral erfasster Risiken sollte in Transaktions- oder Hauswährung der Gesellschaft möglich sein. Eine Analyse und Aggregation erfordert eine Bewertung in Konzernwährung zu Referenzkursen. Wünschenswert ist auch eine Trennung zwischen Währung (USD/EUR), Version (zum Beispiel Ist, Plan, Risikoinventur) und Kurstyp (zum Beispiel Budget-, Referenzkurs). Die Anforderungen an die Währungsumrechnung sind insgesamt deutlich geringer im Vergleich zu handelsrechtlich orientierten Konsolidierungslösungen. Hier sind Planungssysteme, die mit Konsolidierungsfunktionalitäten ausgestattet sind, in der Regel gut aufgestellt.

Sprachkennzeichen sollten nicht nur die Oberfläche, sondern auch die Inhalte steuern. Im internationalen Kontext stellt sich aufgrund der Mehrsprachigkeit die Frage nach der identischen Interpretation vorgegebener Ordnungsbegriffe.

2.4.7 Infrastruktur

Schon bei mittleren Unternehmen nehmen die Anforderungen an die Skalierbarkeit und die verteilte Ausführung von Aktivitäten zu. Grundlage dafür ist eine zentrale Datenhaltung oder eine Virtualisierung einer zentralen Sicht.

Verteiltes Arbeiten ist von zentraler Bedeutung. Office-Werkzeuge sind problematisch, wenn es um das Zusammenführen der Ergebnisse geht.

Webfähigkeit gehört mittlerweile zum Standard, allerdings sollte das nicht zu Lasten des Bedienungskomforts gehen. Zwar haben sich Werkzeuge hier in den letzten Jahren stark verbessert. Planungsmasken im Web stehen allerdings den Möglichkeiten von durch Excel unterstützten Eingabemasken nach.

Ein zentraler Diskussionspunkt ist sicherlich die Cloud-Fähigkeit. Es handelt sich bei RM/C-Daten um sensible unternehmenskritische Informationen. Insofern ist es nicht überraschend, dass hier bei vielen Unternehmen Bedenken bestehen. Es wird trotzdem empfohlen, auf die Entwicklung zu achten, da sich die Sicherheitsstandards permanent weiterentwickeln. Die Einsparungsmöglichkeiten durch „Software as a Service" (SaaS) sind erheblich.

2.4.8 Einsatz im Konzern

Eine besondere Stellung im Risikomanagement nimmt der Konzern ein. Hier treffen unterschiedliche Vorgehensweisen und auch Ziele aufeinander. Das Einheitsprinzip aus dem Konzernabschluss lässt sich auch auf RM/C übertragen.

Neben unterschiedlichen rechtlichen Anforderungen unterscheiden sich die Einschätzungen der Risiken zwischen Konzern und Tochtergesellschaft zum Teil erheblich: Schadenklassen und Bewertungsskalen müssen nationale Anforderungen berücksichtigen, aber aus der globalen Skalierung des Konzerns abgeleitet werden.[166]

Dies bedarf der Einordnung jedes Risikos als individuelles Element einer konzernweiten Hierarchie, aber auch der Zuordnung gesellschaftsspezifischer (lokaler) Attribute zu jedem Risiko. Eine Klassifikation von Risiken sollte konzernweit durch fest definierte, aber im lokalen Risikomanagementprozess erweiterbare Ordnungsbegriffe erfolgen. Die Ermittlung der Risikopositionen im Konzern beruht auf der formalrechtlichen Struktur als führender Hierarchie; Aspekte der Unternehmensführung sollen durch alternative Hierarchien oder Querschnittstrukturen gewährleistet werden.

In der Regel ist dazu eine parallele Risikobewertung notwendig. Eine autarke Bewertung jedes Risikos durch die lokalen Verantwortlichen sollte möglich sein. Konzernspezifische Analysen sollten ohne Veränderung der originären Bewertung erfolgen.

Die Konzernsicht hat auch Auswirkungen auf die Planungskalküle. Im Rahmen der Ergebniskalkulation sollten Intercompany-Beziehungen herausgerechnet werden können. Dies betrifft auch die quantifizierten Wirkungen von Risiken, so dass hier auch infolge eine Eliminierung der Wirkungen von Risiken und Maßnahmen vorgenommen werden muss. Eine besondere Relevanz der Abhängigkeiten besteht zwischen den Risiken für die Konzernbewertung, die Töchter übergreifend Risiken verbindet. Dies erfordert zum Teil eine Implementierung einer Risiko-Risiko-Matrix zur Erfassung kausaler und stochastischer Abhängigkeiten unter Berücksichtigung der Bewertungssicht.

Wichtig ist auch die Initiierung konzernübergreifender und firmenspezifischer Maßnahmen und Projekte zur Risikosteuerung. Eine Wirkungsabschätzung erfordert entsprechend eine töchterübergreifende Sicht.

Einige Risiko-Management-Systeme unterstützen die parallele Bewertung. Intercompany-Wirkungen müssen hierzu mit der Partnergesellschaft erfasst werden können. Zur Korrektur der lokalen Wirkungen können Eliminierungsverfahren aus der Konzernkonsolidierung eingesetzt werden.

Planungslösungen die eng an einer Konsolidierung angelehnt sind, unterstützen die Anforderungen ebenfalls sehr gut. Allerdings erhöht sich der Integrationsbedarf durch die zusätzlichen Anforderungen ganz erheblich.

2.4.9 Vordefinitionsgrad

Das Aufsetzen eines integrierten RM / C-Systems kann sehr aufwändig werden. Hier kann es zweckmäßig sein, auf einen hohen Vordefinitionsgrad zurückgreifen zu können. In der Tat unterscheiden sich die verfügbaren Systeme zum Controlling und

---

166 Vgl. Hoffmann, Oehler, 2011.

zum Risikomanagement hinsichtlich des Vordefinitionsgrad. Im Rahmen der Planung schwankt die Unterstützung von OLAP-Datenbanken bis zu stark prozessorientieren Werkzeugen mit fixierter Erfolgs- und Finanzplanungslogik.

Die Diskussion ist eng mit „Make or Buy" verknüpft. Dabei handelt es sich um ein Kontinuum an Möglichkeiten. Je stärker eine Anwendung werkzeugorientiert ist, desto notwendiger werden Vorlagen, die von Anbietern oder Beratern vordefiniert werden.

Es werden bei der Einschätzung nur die Pole bewertet.

Vorteile von „Make"

- Hohe Individualisierung
- Passgenauere Lösung

Dies ist aber verbunden mit einem höheren Implementierungsaufwand.

Vorteile von „Buy"

- Profitieren von Best Practice
- Verringerter Customizing-Aufwand
- Reduzierter Wartungsaufwand

Der Einsatz von Vorlagen wird diskutiert.[167] Natürlich ist es verlockend, gemachte Erfahrungen anderer Unternehmen einfach in Form von Vorlagen zu übernehmen. Im Planungsbereich gibt es schon lange diesbezüglich Überlegungen. Ein Erfolgsmodell sind solche Vorlagen aber bislang nicht.

Im Rahmen von RM/C sind Vorlagen aufgrund der geringen Standardisierung kritisch sehen. Hierzu ist das Thema eines integrierten RM/Cs noch zu innovativ.

3 Entwicklungsstand in Unternehmen

3.1 Reifegrad der IT-Unterstützung

Der Reifegrad des Risikomanagement- und Controlling-Systems bestimmt den Level der sinnvollen IT-Unterstützung. Allerdings kann der IT-bezogene Reifegrad durchaus vom fachlichen Reifegrad abweichen. So lässt sich letztendlich auch mit einer Tabellenkalkulation eine hohe Integration zwischen Risiko-Management und Controlling darstellen. Vom IT-Aspekt her ist eine solche Lösung jedoch kritisch zu sehen. Aus dieser Überlegung heraus wird den weiteren Ausführungen ein eigenständiger IT-Reifegrad zugrunde gelegt.

Komplexe Verfahren wie beispielsweise eine Monte Carlo-Simulation über ein Wertetreiber- und/oder System Dynamics-Modell müssen nur dann Bestandteil der An-

---

167 Oehler, 2009.

forderungen sein, wenn ein Unternehmen auch den entsprechenden Reifegrad besitzt oder ihn mittelfristig anstrebt.

Der IT-Entwicklungsstand ist jedoch weitgehend eigenständig zu betrachten. Dies hängt damit zusammen, dass die IT-Unterstützung stark von der gesamten IT-Strategie eines Unternehmens abhängig ist.

Gleichermaßen kann die IT-Unterstützung allerdings auch ein Hebel für einen Verbesserungsprozess gesehen werden. Mittels einer umfassenden und integrierten Softwarelösung ist es denkbar, die Abstimmung zwischen Risiko-Management und Controlling zu verbessern und damit die Reife der Unternehmen hinsichtlich RM/C zu erhöhen. Alleine die gegenseitige Bereitstellung der relevanten Informationen zwischen Controlling und Risiko-Management hat eine positive Auswirkung auf die Entscheidungsqualität.

Die folgende Tabelle gibt einen groben Überblick über die Ausgestaltung der jeweiligen Stufen.

RM-Erfahrung	Stufe 1 Harmonisierung	Stufe 2: Inhaltliche Vervollständigung	Stufe 3 prozessuale Verzahnung	Stufe 4 Vollintegration
IT-Ansatz	Die Prozesse werden informal abgestimmt.	Ergänzungen und Anpassungen werden in den getrennten Systemen vorgenommen.	Die Schritte werden systematisch abgestimmt.	Es existiert ein integriertes RM-C-System, mit dem alle wesentlichen Aufgaben erfüllt werden können
Verwendete Werkzeuge	Einfache Planungs- und Risiko-Management Systeme. Teilweise auch nur Office-basiert.	Flexiblere Planungs- und Risiko-Management-Systeme. Zum Teil wenig integrierte Nebenrechnungen (Spezialwerkzeuge oder Tabellenkalkulation)	Stärkere Schnittstellenfokussierung. Workflow-basierte Planungs- und Risiko-Managementsysteme. Professionelle Ergänzungswerkzeuge	Stark gekoppelte Planungs- und Risiko-Managementwerkzeuge. Zusatzwerkzeuge sind eng integriert.

Tabelle 37: Übersicht der IT-Reifegrade

3.2 Stufe 1: Harmonisierung

Bei einer einfachen Harmonisierung sind die Anforderungen logischerweise am niedrigsten. Hier geht es darum, die unterschiedlichen Prozesse eher locker zu koordinieren und sporadisch Daten auszutauschen. In der Stufe 1 werden einfache Ansätze zur Integration genutzt. So könnten Bandbreiten im Controlling unter Berücksichtigung von Risiken aus dem Risiko-Management definiert werden.

Den Datenaustausch könnten z. B. die ermittelten EBIT-Forecast Positionen an das Risiko-Management zur Einschätzung der Risikowirkung betreffen. Die Einschätzung in Bezug auf Schadenshöhe und Eintrittswahrscheinlichkeit aus dem Risiko-Management wird zur Erstellung einer Nebenrechnung im Controlling verwendet.

Nun können die Resultate beider Prozesse in einem gemeinsamen Berichtswesen zusammengefasst werden. Hier eignet sich die Nutzung von Reporting-Standards. Falls die Werkzeuge nicht auf den üblichen Datenbank-Standards basieren, empfiehlt sich ein Überführen in ein Data Mart/Data Warehouse. Auch zu überlegen ist es, alle Daten in eine der Lösungen zu überspielen. So können einige flexible Planungssysteme vollständig Risiko-Strukturen übernehmen.

Die Harmonisierung setzt eine grobe zeitliche Taktung voraus. Dies erfolgt in der Regel in einer manuellen Abstimmung.

Das Risiko-Management verwendet Standardverdichtungen (z. B. Schadenserwartungswert * Eintrittswahrscheinlichkeit) zu Risiko-Aggregation. Diese Kalkulation wird in der Regel von den meisten RM-Werkzeugen unterstützt. Das Controlling integriert Kernrisiken durch Hinweis/Kommentaren im Controlling-Bereich und zum Teil durch Nebenrechnungen.

Die Kopplung erfolgt in der Regel auf der Basis der operativen Jahresplanung.

3.3 Stufe 2: Inhaltliche Vervollständigung

In der zweiten Stufe werden erste weitergehende Anpassungen in den Systemen vorgenommen. Trotzdem kommen immer noch eigenständige Risiko-Management- und Controlling-Lösungen zum Einsatz.

Die Bandbreitenrechnung im Controlling wird durch substanziellere Kalkulationen ergänzt. Eine Monte-Carlo-Simulation wird als Nebenrechnung, meist in einem eigenständigen System eingesetzt. Hierzu werden Verteilungsfunktionen benötigt. Dreiecksverteilungen können ohne tiefere statistische Kenntnisse eingesetzt werden. Abhängigkeiten zwischen Risiken werden in dieser Stufe in der Regel ausgeblendet

Die Kopplung umfasst die operative Planung oder die Mittelfristplanung. Treiber werden nur grob berücksichtigt, insofern sie Bestandteil der Planung sind.

Der Einbezug von Risiko-Bewältigungsmaßnahmen in das Controlling wird forciert. Dies erfordert eine erweiterte Integration.

Verschiedene Daten müssen in die Planungslösung übernommen werden:

- Risiko-Beschreibungen
- Verteilungen
- Maßnahmen und deren Wirkungen

3.4 Stufe 3: prozessuale Verzahnung

Die engere prozessuale Verzahnung erfordert einen intensiveren und strukturierteren Informationsaustausch.

Die Methoden der Monte Carlo-Simulation werden in den Prozessablauf integriert. Aspekte zu Rating und Risiko-Tragfähigkeit steuern die Maßnahmendiskussionen. Das Risiko-Management wird mit wertorientierten Konzepten verbunden. Dies erfordert die Einbindung der Mittelfristplanung. Die Risiken werden im Hinblick auf die finanziellen Positionen beurteilt.

Im Rahmen der Risiko-Analyse und Bewertung wird auf Controlling-Modelle zugegriffen. Hierzu gehört insbesondere Treiberorientierung. Über das aktive Managen von Wirkungsbeziehungen können Risiken besser eingeschätzt werden.

Die Maßnahmen sind direkt mit dem Maßnahmencontrolling verbunden und werden budgetiert.

Der Integrationsbedarf erhöht sich entsprechend:

Übernahme der Maßnahmen

Enge Anbindung des Simulationsmodells an Planung und Risiko-Management

3.5 Stufe 4: Vollintegration

Es existiert ein zentraler Risiko-Controlling-Prozess mit einem übergreifenden Workflow. Im Rahmen des periodischen Prozesses werden nicht nur die Planzahlen überarbeitet, sondern auch die Risiken neu eingeschätzt. Es gibt eine einheitliche Datenhaltung, die Nachvollziehbarkeit und Nichtänderbarkeit sicherstellt.

Anpassungen in der Risikosteuerung sind unmittelbar auch in der Planung zu sehen. Dementsprechend wirken sich Änderungen in den Masken zur Risiko-Definition auch auf die Planungsergebnisse aus. Risikobewertungen erfolgen unter Zulieferung der Planungs- und Prognosezahlen. Diese beinhalten finanzielle Größen, aber auch interne und externe Treiber.

Monte Carlo und Detailanalysen sind integraler Bestandteile einer Systemkonzeption.

Eine Anbindung an Predictive Analytics ist umgesetzt. Entsprechende Analysen werden regelmäßig hinsichtlich des Erkenntnisgehaltes überprüft.

4 Werkzeugklassen der Unterstützung

Es fehlen zurzeit noch vollständig integrierte Lösungen. Zwar gibt es Lösungen, die sich diesem Kernbereich widmen, aber diese zeigen in der Regel Schwachstellen in der Prozess-Unterstützung bzw. im Controlling und Risiko-Management. Insofern kommt man kaum umhin, sich um Bündelung und Verknüpfung verschiedener Systeme Gedanken zu machen.

Aus der Vielzahl von Werkzeugen und der Kombinatorik der Einsatzmöglichkeiten sollen verbreitete Kombinationen dargestellt und hinsichtlich der Eignung für ein RM/C-System beurteilt werden. Es erfolgt die informale Anwendung des Anforderungsrahmens unter Berücksichtigung des Reifegrades. Folgender Rahmen wird verwendet:

- Skizzierung der Aufgabenbereiche
- Stärken und Schwächen

Bei einer Auswahlentscheidung ist man in der Regel nicht völlig frei hinsichtlich der Auswahl. Wenn ein Unternehmen auf der grünen Wiese mit der Auswahl einer Lösung beginnt, ist die Konfiguration noch relativ einfach. In der Regel sind aber schon (Teil-)Lösungen im Einsatz, die bei erfolgreichem Einsatz nicht immer zur Disposition stehen. Nicht selten sind für die Planung in größeren Unternehmen auch mehrere Systeme im Einsatz. Damit verschärft sich das Integrationsproblem noch einmal.

Durch die bisherige fehlende integrative Betrachtung ist der Markt sehr heterogen. Es lassen sich verschiedene Lösungsklassen skizzieren, die im Folgenden vertieft werden.

Szenario	Inhalt
1: Office Werkzeug mit Erweiterungen	Üblicherweise Excel mit AddIn wie @Risk oder Crystal Ball
2: Risiko-Management- und Planungssystem	Risiko-Daten können zur weiteren Verarbeitung in Planungssysteme überführt werden.
3: Erweiterung von Planungssystemen	Mit eingebauten Regelsprachen lassen sich Planungslösungen zu Risiko-Management-Systemen erweitern.
4: Risiko-Management-, Planungssystem und Tabellenkalkulation	In der Tabellenkalkulation werden die Daten aus dem Risiko-Management- und dem Planungssystem zusammengeführt.
5: Risiko-Management-, Planungs-System und statistisches Werkzeug	Wie 4, nur dass die statistischen Berechnungen in einem spezifischen Werkzeug (z. B. R oder SPSS) durchgeführt werden.
6. Spezifische Werkzeuge zum Risiko-Management	Werkzeuge, die speziell auf das integrierte Risiko-Controlling ausgerichtet sind.

Tabelle 38: Lösungsklassen

Die folgende Tabelle listet einige Eigenschaften und die Einschätzung des Autors hinsichtlich der Eignung auf. Aufgrund der Heterogenität der Werkzeuge in den jeweiligen Szenarien liegt der Einschätzung eine gewisse Subjektivität zugrunde. Im Rahmen einer Entscheidung sollte die Einschätzung aufgrund von konkreten Werkzeugen erfolgen. Hierzu können die dargelegten Kriterien verwendet werden.

	1: Office-Werkzeug mit Erweiterungen	2: Risiko-Management- und Planungssystem	3: Erweiterung von Planungssystemen	4: Risiko-Management-, Planungssystem und Tabellenkalkulation	5: Risiko-Management-, Planungs-System und statistisches Werkzeug	6: Spezifische Werkzeuge zum Risiko-Management
Prozessunterstützung	○	●	●	●	●	◑
Konfigurationsflexibilität	●	◑	◔	◔	◔	●
Änderungsflexibilität	◑	◔	●	◔	●	●
Simulationsfähigkeit	◔	◑	◑	◔	●	●
Vorkonfiguration im Bezug auf RM/C	○	●	◑	●	●	●
Skalierbarkeit	○	●	●	◔	●	●
Kollaborative Infrastruktur	○	●	●	●	●	◔
Revisionssicherheit	◑	●	◔	●	●	●
Integriertes Berichtswesen	◑	◑	●	◑	◑	●
Integrationsgrad	●	◔	●	◑	◑	●
Performance	◑	◔	◑	◔	●	●
Nebenrechnungen	●	◑	◔	●	◑	◔
Unterstützung operativer Aufgaben	◐	●	●	●	●	◑
Technisches Know How	◑	●	◔	◔	◑	●
Lizenzkosten	●	◑	◔	◑	◔	◔

Abbildung 43: Einschätzung der Szenarien

4.1 Szenario 1: Office-Werkzeuge mit Erweiterungen

Im ersten Szenario werden alle Funktionen durch Office-Werkzeuge abgedeckt. Einfache Anwendungen lassen sich schnell mit Excel erstellen. Dies ist sehr verbreitet bei Planungslösungen in kleinen Unternehmen.

Excel funktioniert im Wesentlichen zufriedenstellend in kleinen Unternehmen oder einzelnen Unternehmensbereichen. Bei höherer Komplexität zeigt sich das Problem der Strukturschwäche: Excel kennt nur Zellen, keine Dimensionen oder Hierarchien. Generelle Abhängigkeiten (z. B. Menge * Preis) müssen für alle Dimensionsausprägungen vervielfältigt werden. Dieses „Copy&Paste"-Management ist bekanntermaßen fehleranfällig. Ändern sich Organisationsstrukturen oder Produkthierarchien, ist meistens eine aufwändige manuelle Nacharbeitung notwendig.

Häufig wird auch das Risikomanagement-System mit Tabellenkalkulationen aufgebaut. Modelle zur Risikoerfassung und -bewertung lassen sich mit geringer Werkzeug-Erfahrung leicht anfertigen. Ein Portfolio nach Eintrittswahrscheinlichkeit und Schadenshöhe ist ebenfalls einfach darstellbar.

Die bei der Planungsunterstützung durch Tabellenkalkulationen auftretenden Nachteile gelten sinngemäß allerdings auch hier. Eine Zusammenfassung der Risikopositionen ist aufwändig und fehleranfällig. Weiterhin wird die Kommunikation nicht unterstützt. Und nicht zuletzt ist die Modellbildung und -wartung in Verbindung mit einem Unternehmensbewertungsmodell aufwändig.

Im Rahmen der Konsolidierung von Risiko-Management und Controlling werden Arbeitsblätter verschickt, Plandaten erfasst, Einschätzungen durchgeführt und schließlich konsolidiert. Dies ist bei einfachen Prozessen machbar, allerdings ist es fehleranfällig, aufwändig und schwer mit anderen Steuerungsprozessen zu integrieren.

Wie sieht es allerdings mit umfassenden Kalkulationen aus? Von einigen Anbietern werden so genannte Add-In-Werkzeuge bereitgestellt, die unter anderem eine Risikosimulation mittels Monte Carlo Simulation ermöglichen. Das Angebot reicht hierbei von der Generierung von Zufallszahlen gemäß spezieller Wahrscheinlichkeitsverteilungsfunktionen bis zu konkreten Verfahren wie der Monte-Carlo-Simulation. Damit kann die quantitative Analyse deutlich verbessert werden.

Stärken

- Hohe Konfigurationsfreiheit
- Geringe Lizenzkosten (auch die Kosten für die Addins sind im Vergleich zu Planungs- und Risikomanagementanwendungen eher gering.)
- Technisches Know-how größtenteils vorhanden
- Leichte Integration von Nebenrechnungen

Schwächen

- verteilte Verarbeitung/mangelnde Prozessunterstützung
- Sicherheit/Nachvollziehbarkeit/Revisionssicherheit
- Änderungsproblematik/Wartbarkeit
- Performance bei komplexen Kalkulationen

Ein solches Szenario dürfte für Stufe 1 und 2 des Reifegradmodells noch einigermaßen akzeptabel sein. Tendenziell ist dieses Szenario auch für kleine Unternehmen geeignet, bei denen der Prozessaspekt nicht so eine hohe Bedeutung hat.

4.2 Szenario 2: Risiko-Management- und Planungssystem

Ein häufiges Szenario ist der getrennte Einsatz von Risikomanagement- und Planungslösung mit dem Vorteil des Nutzens von Best of Breed mit wechselseitiger Abstimmung bzw. Übernahme.

Der Abstimmungsaufwand ist allerdings nicht zu unterschätzen. Hier sollte man darauf achten, dass entweder die Lösungen ausreichend offen hinsichtlich der Schnittstellen sind, oder noch besser, wenn die Lösungen den gegenseitigen Austausch bereits vordefiniert ermöglichen. Zwar unterstützen die meisten Systeme ASCII bzw. CSV-Format. Damit wird allerdings nur die technische Austauschbarkeit adressiert. Feld-Zuordnungen bis hin zur automatischen Stammdatensynchronisierung erfordern einen höheren Aufwand. So erlaubt beispielsweise Tagetik die Übernahme der standardisierten Ausgabe von Schleupen Risk2Chance, bei der auch neue Risiko-Objekte angelegt werden können. Bei neu einzuführenden Systemen sollte dieser Punkt eine hohe Priorität haben.

Aufgrund der Volatilität der Anforderungen ist eine hohe Flexibilität in beiden Bereichen notwendig. Zu betrachten ist, wie flexibel die jeweiligen Module sind. Je geringer die Flexibilität, desto höher ist die Gefahr einer Strukturinkompatibilität. Beispielsweise können Maßnahmen aus dem Risikomanagement unter Umständen nicht einzeln übernommen werden, wenn die Dimensionen im Planungsmodell fixiert sind.

Stärken

- Hohe Professionalisierung in den Teilmodulen

Schwächen

- Eingeschränkte Simulationsfähigkeit
- Strukturinkompatibilität
- Ggf. Integrationsproblematik

4.3 Szenario 3: Erweiterung von Planungssystemen

Für Unternehmen, die auf der „grüne Wiese" starten, bietet sich der Einsatz einer uniformen Lösung anstatt zweier Lösungen an. Einige Planungslösungen unterstützen in der Tat auch ordentliche Risiko-Management-Prozessfunktionen. Dies trifft beispielsweise für IBM TM1, Tagetik oder auch Jedox zu.

Gleichermaßen enthalten einige Risiko-Management-Lösungen einfache Planungs- und Simulationsfunktionalitäten. Allerdings erscheint hier die Planungsfunktionalität schwächer ausgeprägt als die Risiko-Management-Möglichkeiten auf der Seite der Planungswerkzeuge. Insofern wird hier von einer uniformen Lösung auf der Basis eines Planungswerkzeugs ausgegangen.

Dies ist allerdings keine unbedingte Empfehlung. Auch eine Risiko-Management-basierte Lösung könnte bei entsprechender Eignung zum Einsatz kommen. Aus Entscheidersicht ist also zunächst der Schwerpunkt zu bestimmen, also ob eher die Risiko-Dokumentation oder die Bandbreitenplanung im Vordergrund steht. Anschließend sollten die nicht domainzugehörigen Wunschfunktionen detailliert im Rahmen eines Prototyps überprüft werden.

Zu berücksichtigen ist, dass die als Zusatz aufzufassenden Funktionen der jeweilig anderen Seite eher „second best" sind: spezielle Anforderungen aus den Teilprozessen werden zum Teil nicht abgebildet. So kann beispielsweise die Änderungsprotokollierung der textlichen Dokumentation der Risiken in vielen Planungslösungen nicht sichergestellt werden. Einige Berater haben versucht, dies mit Planungswerkzeugen nachzubilden. Es bleibt jedoch eine aufwändige Zusatzprogrammierung.

Ein weiteres Problem kann die Prozessinstanziierung sein. Planung- und Forecast-Prozesse im Controlling orientieren sich am Kalender. Dies ist zwar auch im Risikomanagement vorgesehen. Trotzdem erfordern Ereignisse eine fallbezogene Anpassung. Eine solche fallbezogene Prozessinstanziierung bei signifikanten Änderungen von Einzelrisiken stellt Planungssysteme in der Regel vor gewisse Herausforderungen. Treten Änderungen in der Risikobewertung auf, sollten Maßnahmen schnellstmöglich angepasst werden. Damit wird ein Prozess gestartet, der konsequenterweise zu einem vollständigen Neuaufwurf der Risiko-Situation führt – Maßnahmen miteingeschlossen. Hierbei sollten alte Stände gespeichert werden. Zwar können in Planungssystemen ganze Szenarien gespeichert werden. Diese beinhalten jedoch meistens keine Strukturvariationen.

Als Beispiel für einen uniformen Ansatz soll eine RM/C-Implementierung mittels IBM Cognos TM1 kurz beschrieben werden. Dieses Planungssystem basiert auf OLAP. OLAP ist eine Basistechnologie des analytischen Berichtswesens und hat sich durch die Flexibilität in der Führung paralleler Versionen und Szenarien sowie alternativer Hierarchien auch für Planungsaufgaben bewährt. Risiken und Aktivitäten werden als Dimensionen dargestellt. Über Hierarchien können Risiko-Kataloge abgebildet werden. Dies und der Vorteil der engen Integration von RM/C führen zu einer hohen Eignung in Bezug auf die angestrebte Systemunterstützung.

Die Monte-Carlo-Simulation ist allerdings keine Standardfunktion von OLAP. Hierzu gibt es ein individuell programmiertes Modul zur Erzeugung der Simulationsvarianten. In einem Projekt wurden Gleichverteilung, Dreiecksverteilung und Normalverteilung implementiert. Der Aufwand zur Erzeugung von Zufallszahlen spezieller Verteilungen ist jedoch nicht zu unterschätzen.

Wichtige Dimensionen sind:

- Positionen (z. B. Konten)
- Risiken

- Aktivitäten (zum Teil als eigene Dimension oder im Rahmen der Risiko-Dimension)
- Beurteilung/Einschätzung
- Szenarien/Versionen (zum Teil zwei Dimensionen)
- Zeit (Monat, Jahr, Quartal)

Nicht jedes OLAP-System eignet sich jedoch. Verschiedene Eigenschaften sind notwendig:

- Verarbeitung und Speicherung von Text außerhalb der Stammdaten. Dies ist zur Beschreibung von Risiken und Maßnahmen unabdingbar.
- Freie Gestaltung der Oberfläche
- Prozess-Unterstützung
- Programmiererfahrung zur Implementierung der Monte Carlo-Simulation

Stärken

- Geringe Schnittstellenproblematik
- Leistungsfähige hoch performante Umgebung
- Überschaubares Knowhow notwendig
- Relativ freie Ausgestaltbarkeit

Schwächen

- Second Best im Risiko-Management
- Hohe Komplexität durch die Abbildung von Wirkungsketten
- Hoher Customizing-Aufwand
- fehlende statistische Funktionen
- Nachvollziehbarkeit von Änderungen/Änderungsprotokollierung

4.4 Szenario 4: Risiko-Management-, Planungssystem und Tabellenkalkulation

Die weitere Möglichkeit besteht darin, die Resultate der jeweiligen Teilprozesse aus RM/C in einem weiteren Werkzeug zusammenzuführen. Als Analyseplattform bietet sich hier z. B. die Tabellenkalkulation mit einer entsprechenden Simulationskomponente an. Daten aus der Planung und des Risikomanagements werden extrahiert und in Excel zusammengeführt. Vorteilhaft hieran ist sicherlich die hohe Offenheit einer solchen Lösung hinsichtlich der Ausgestaltung des RM/Cs.

Allerdings ist auch hier die Strukturschwäche von Excel-basierten Ansätzen zu berücksichtigen.[168]

---

168 Vgl. auch Abschnitt 4.1.1.

Es erfolgt eine Übernahme der Risiken aus dem Risiko-Managementsystem. Aus der Planung werden die Planungsergebnisse übernommen. In Excel wird eine Simulation durchgeführt. Über die Ermittlung von Quantilen können EBIT -und Cashflow-Auswertungen mit Bandbreiten erstellt werden.

Stärken

- Hohe Erweiterungsflexibilität durch die Fachabteilung
- Geringe Lizenzkosten (bei vorhandenen Planungs- und Risiko-Management-Lösungen)

Schwächen

- Performance bei komplexen Simulationen
- Hoher Customizing-Aufwand
- Breites Knowhow notwendig
- Schnittstellen

4.5 Szenario 5: Risiko-Management-, Planungssystem und statistisches Werkzeug

Ein ähnlicher Ansatz, vergleichbar mit Excel, betrifft den Einsatz einer statistischen Umgebung. Hier sind gute Erfahrungen mit Open Source-Umgebungen wie R gemacht worden. R zeichnet sich durch einen schier grenzenlosen Methodenapparat aus, der über frei verfügbare Packages erreicht wird. R hat sich zur Lingua Franca im statistischen Bereich entwickelt. Allerdings sind Grundlagen der Programmierung notwendig.

So lassen sich einfach Risiko-Simulationen mit Predictive Analytics-Funktionen kombinieren. Ein Beispiel ist die Abschätzung von Zahlungsausfallswahrscheinlichkeiten als Grundlage einer Dichtefunktion. Voraussetzung ist jedoch eine gute Kenntnis der Programmierumgebung. Dies kann durchaus zur Überforderung führen. Ein Kompetenz-Center, gebildet aus Fachexperten und Data Scientisten, könnte hier Abhilfe schaffen.

Stärken

- Innovative Methoden verfügbar
- Professionelle Entwicklungsumgebung
- Geringe Lizenzkosten (bei vorhandenen Planungs- und Risiko-Management-Lösungen)
- Gute Performance

Schwächen

- Hoher Integrationsaufwand

- Hoher Customizing-Aufwand
- Spezial-Knowhow notwendig

4.6 Szenario 6: Spezifische Werkzeuge zum Risiko-Controlling

Es gibt einige Werkzeuge mit einem spezifischen Fokus auf die beschriebenen Aspekte. Zu nennen wäre hier der Strategie-Navigator der FutureValue Group, Opture Risikocontrolling und XPCT von pmOne. Diese Werkzeuge erheben den Anspruch spezieller und weitgehender Unterstützung für RM/C zu leisten.

Herz dieser Anwendungen ist jeweils die Simulation.

Die Werkzeuge unterscheiden sich erheblich hinsichtlich des Konfigurationsgrads. So ist der Strategie-Navigator sehr stark vorkonfiguriert. XPCT ist hingegen ein offener Rahmen.

Wichtige Aspekte sind hier Integration und Offenheit. So ist davon auszugehen, dass eine operative Planung und ein operatives Risiko-Management anzubinden sind. Voraussetzung ist da die Nutzung verbreiteter Standards. XPCT nutzt als Kalkulation und zur Datenspeicherung eine relationale Datenbank, sodass leicht Zusatzwerkzeuge für die Integration eingebunden werden können.

Stärken

- Hoher fachlicher Fokus
- Gut integrierte Methodik

Schwächen

- Teilweise Skalierbarkeit/Infrastruktur
- Hohe fachliche Anforderungen, insbesondere wenn nur ein Rahmen ohne Methodik bereitgestellt wird.
- Schwache Unterstützung operativer Aspekte (operative Planung, operatives Risiko-Management)

5 Ein Vorgehensmodell für einen Auswahlprozess

Wie schon geschildert, ist der Reifegrad der Unternehmen hinsichtlich RM/C ein wichtiger Einflussfaktor. Jedoch sind auch weitere Einflussfaktoren zu betrachten. Deutliche Zusammenhänge zwischen Umfeldfaktoren und geeigneter Software sind erkennbar. So ist es beispielsweise naheliegend, dass die Umfelddynamik einen Einfluss auf die notwendige Flexibilität einer Lösung hat: Wenn sich nichts ändert, muss eine Softwarelösung auch nur selten angepasst werden.

Eine Fokussierung auf die unternehmensindividuellen Einflussfaktoren ermöglicht die Priorisierung bzw. die Auswahl von Kriterien. Es können verschiedene Umweltfaktoren auf ihre Bedeutung hinsichtlich der Anforderungen analysiert werden.

- **Dynamik und Komplexität der Unternehmensumwelt.** Mit zunehmender Komplexität und Dynamik steigen die Gefahren von Abweichungen und damit auch die Anforderungen an das RM/C-System. So existieren in instabilen, dynamisch-heterogenen Umwelten ausgeprägtere Risikomanagementaktivitäten als in stabil-homogenen Umwelten.

- **Unternehmensdiversifikation.** Wegen des geringeren Risikos in stark diversifizierten Unternehmen ist deren Risikomanagementsystem oftmals nicht so stark ausgeprägt wie das gering diversifizierter Unternehmen. Dennoch kann es auch hier zu einer bestandsgefährdenden Akkumulation von Risiken kommen.

- **Organisationsstruktur.** Die Organisationsstruktur des Risikomanagementsystems muss eng an die Organisationsstruktur des Unternehmens gekoppelt sein. Eine komplexe Organisationsstruktur erschwert allerdings die Erfassung, Zusammenführung, und einheitliche Bewertung von Risiken.

- **Unternehmensgröße.** Je kleiner Unternehmen sind, desto höher sollen Risikoneigung und entsprechend die Anforderungen an ein Risikomanagementsystem sein. Auf der anderen Seite steigt mit zunehmender Unternehmensgröße die Notwendigkeit zur Institutionalisierung des Risikomanagements. In der Praxis werden sich eher große und finanzkräftige Unternehmen ein aufwändigeres Risikomanagementsystem leisten.

- **Internationalität.** Anforderungen wie Mehrsprachenfähigkeit und Währungsumrechnung sind für international tätige Konzerne von hoher Bedeutung.

- **Compliance.** Idealerweise sollte ein RM/C-System nicht losgelöst von regulatorischen Systemen sein.

- **Unternehmensalter.** Auch das Alter des Unternehmens, bzw. dessen Lebenszyklusphase, wirkt sich auf die Ausgestaltung des Risikomanagementsystems aus. Für Unternehmensgründer ist die Risikoabschätzung essentiell, um Finanzierungsmöglichkeiten zu prüfen und in Anspruch nehmen zu können. Daher sollten gerade Unternehmen in der Gründungsphase über sehr detaillierte Informationen hinsichtlich künftiger Entwicklungsrisiken verfügen.

- **Branche.** Die jeweilige Ausgestaltung ist branchenabhängig. Die Branchen, in denen das Risikomanagement eine lange Tradition hat – bspw. bei Banken und Versicherungen – haben im Vergleich zu Industrieunternehmen ein ausgefeilteres und höher entwickeltes Risikomanagementsystem.

- **Technologien.** Schließlich sind auch die zum Einsatz kommenden (Fertigungs-) Technologien ein wichtiger interner Faktor: je gefährlicher und komplizierter diese sind, desto ausgeprägter sollte das Risiko-Management sein.

Darüber hinaus gibt es auch zahlreiche Abhängigkeiten zwischen den Umfeldfaktoren, die betrachtet werden müssen. Es leuchtet unmittelbar ein, dass die Branche Einfluss auf die Umfelddynamik hat. Die Anzahl der Funktionsbereiche treibt ebenfalls die Komplexität, da die Koordinationsintensität steigt.

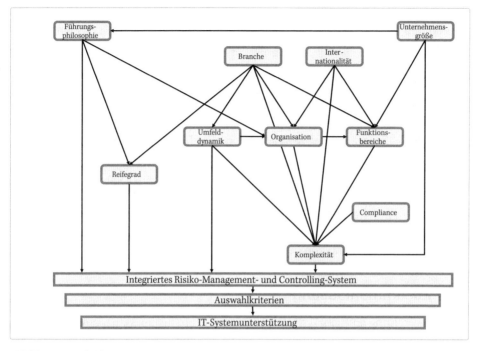

Abbildung 44: Umfeldfaktoren im Wirkungszusammenhang

Insgesamt ergibt sich ein recht komplexes Wirkungsgefüge, wie Abbildung 44 zeigt. Das Wirkungsdiagramm zeigt die wesentlichen Abhängigkeiten.

Es existieren umfassende Anforderungskataloge, die häufig bei der Softwareauswahl zum Einsatz kommen. Hier werden umfangreiche allgemeine Anforderungen formuliert, ohne die individuellen Anforderungen genau zu berücksichtigen. Dieses kostet auf beiden Seiten, Käufer und Verkäufer, unnötige Ressourcen. Es wird empfohlen, in einer Vorphase die Umfeldfaktoren zu analysieren, um Schwerpunkte bei der Auswahl setzen zu können.

Wie kann ein Auswahlprozess gestaltet werden. Dazu wird folgender Prozess empfohlen:

- Festlegung der Ziele bzw. des Nutzens, die nach Einführung einer Risiko-Management-Controlling-Lösung erreicht werden sollen.

- Festlegung bzw. Konkretisierung der Organisations- und IT-Ziele. Wenn eine generelle Outsourcing-Strategie bzw. eine Cloud- oder SaaS[169]-Strategie verfolgt wird, sieht die spätere Lösung deutlich anders aus, als bei einer eher konservativen Ausrichtung.

---

169 „Software as a Service", d. h. Nutzung einer Software als Dienstleistung in der Regel über das Internet.

- Klärung der grundsätzlichen Anforderungen anhand von skizzierten Umfeldfaktoren und des mittelfristig angestrebten Reifegrads. Es sind auch deshalb so vielfältige Werkzeuge am Markt, weil die skizzierten Aufgaben in den Unternehmen sehr unterschiedlich wahrgenommen werden.

- Identifikation der aktuellen Problempunkte und Formulierung der Gestaltungsziele. Typische Gestaltungsziele können Beschleunigung, Transparenz oder höhere Datenqualität sein.

- Auswahl der geeigneten Werkzeug-Kategorie aufgrund der Schwerpunkte.

- Betrachtung verschiedener Anbieter innerhalb dieser Werkzeugklasse. Hier wird üblicherweise zwischen einer sogenannten Long- und einer Shortlist unterschieden. Im ersten Schritt schaut man sich 4 bis 5 Produkte an. Hierbei sollte man sich auf die wesentlichen Faktoren (z. B. die Top 5) fokussieren. Anschließend geht man dann mit 2 oder 3 Anbietern (die Shortlist) in eine Detailbetrachtung, wobei häufig ein ausführlicher Workshop durchgeführt wird.

6   Zusammenfassung

Die Ausgestaltung eines integrierten IT-Systems zum Risiko-Management und Controlling stellt eine größere Herausforderung dar. Dies zeigen auch die intensiven Diskussionen um den Reifegrad.

Die Auswahl einer geeigneten Softwarelösung ist somit alles andere als einfach. Die verfügbaren Werkzeuge sind jedoch in den letzten Jahren deutlich leistungsfähiger und flexibler geworden, so dass mit der Bereitschaft zur konzeptionellen Ausgestaltung eine zufriedenstellende Lösung gefunden werden kann.

Da das Thema noch in vielen Bereichen in der Diskussion ist, gilt es, Offenheit in bestehende Lösungen zu propagieren.

Literatur

Broetzmann, F., Oehler, K.: Risk Enhanced Balanced Scorecard (REBSC) – ein Instrument für ein strategisch orientiertes Risikomanagement, in: Controller Magazin, 6/2002, S. 588–594.

Buckler, F.: Das Ende der Kennzahlen-Illusion, Münster 2014.

Dannenberg, H.: Berücksichtigung von Abhängigkeiten im Risikomanagement, in: Controller Magazin, 6/2009.

Gausemeier, J., Fink, A., Schlake, O.: Szenraio-Managment, München 1996.

Gleissner, W., Wolfrum, M.: Szenario-Analyse und Simulation: ein Fallbeispiel mit Excel und Crystal Ball, in: Controlling Berater, Challenge Controlling 2015, S. 241–264.

Hippner, H.: Langfristige Absatzprognose mit Neuronalen Netzen in der Automobil-industrie, in: Biethahn et al. (Hrsg.): Betriebswirtschaftliche Anwendungen des Soft Computing, Braunschweig 1998, S. 81–96.

Hofmann, F., Oehler, K.: Risikomanagement als Instrument der Konzernsteuerung und Gestaltungsvorschläge zur Realisierung mit IBM Cognos TM1, in: Oehler, K. Seufert, A., Schmitz, M., Hoehne, U. (Hrsg.): Financial Performance Management im Konzern, Berlin 2011.

Kalwait, R., Oehler, K.: Ansätze der Integration von Risiko-Management & Controlling, Vortrag auf dem Risiko-Manager-Stammtisch, Stuttgart 2015.

North, M.: Data Mining for the Masses, o. O. 2006.

Oehler, K.: Simulation im Controlling – Möglichkeiten und Chancen durch moderne Werkzeuge und Predictive Analytics, in: Gleich, R. (Hrsg.): Controlling Berater, 2017.

Oehler, K., Gruenes, J., Ilacqua, C.: IBM Cognos TM1: The Official Guide, New York u. a. O. 2012.

Oehler, K.: Blueprints im Performance Management – Wirkliche Projektverbesserung oder bloß Marketinghülse?, in: Keuper, Neumann, F.: Wissens- und Informationsmanagement – Strategien, Organisation und Prozesse, Wiesbaden 2009, S. 215–237.

Oehler, K.: Corporate Performance Management mit Business Intelligence Lösungen, München, 2006.

Oehler, K.: Excel im Controlling für Dummies, Weinheim, 2014.

Siemen, J.-P.: Schätzung betrieblicher Kostenfunktionen mit künstlichen neuronalen Netzen, Hohenheim 2015.